來一場穿梭時空的歷史饗宴，
嘗盡歐洲文化的百年滋味。

不只是盛宴

餐盤裡的歐洲文化史

周惠民——著

三民書局

謹以此書為家父九秩華誕壽

自序

教書三十餘年，歷經歷史教育的變遷。初登杏壇時，課程循序漸進，歷朝歷代，均屬必修，因而負擔了西洋通史、西洋近古史等課程。稍後，西洋史改稱世界史，乍聽之下，從原本以歐洲史為主的課程內容，必須包山包海。實際上也不然。生也有涯，知也無涯，如何將同一時段的印度、非洲一並講授？但仍必須配合「時代精神」，擴大教學內容。如此又過了數年之後，博雅教育成為大學教學重點，於是乎「本系」學分儘量減少，學生必須修習他系課程。這倒也修正美式教育的「科系」劃分，回歸歐洲大學的多領域學習。但如此一來，歷史系課程內容又需調整，開設各種專史，為「他系」學生啟蒙，引領這些學生「入行」，於是乎又開設了文化史、飲食史。學期有限，內容無窮，因此教學內容必須收束一些，文化史成了「歐洲文化史」，飲食史則是「歐洲飲食史」。不過即便是歐洲，地理廣袤、民族多元，如何一言以蔽之？又對歐洲飲食史自我設限，以西歐為主。有「主」必然有「從」。歐洲飲食的亞洲元素甚多，香料就得溯源到南亞次大陸，食材還有來自拉丁美洲。討論不同課題時，又自動擴張到「世界飲食史」。但篇幅有限，頗費思量。

教書絕對不是自由業，大學教師每週鐘點不多，冗物卻紛至沓來，這裡要評鑑，哪裡要研討，一本飲食文化史竟然耗費十餘年。直到退休之後，才稍得清閒，開始整理舊稿，清理文債。於焉有這本飲食文化史。只是書寫時間超過十年，眼界不同，想法有異，如何能使其前後串連？頗費思量。經與助理反覆磋商，才有今日面貌。一愚之得，尚祈方家正之。

周惠民
於石碇鄉居

不只是盛宴：餐盤裡的歐洲文化史

目次

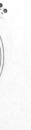

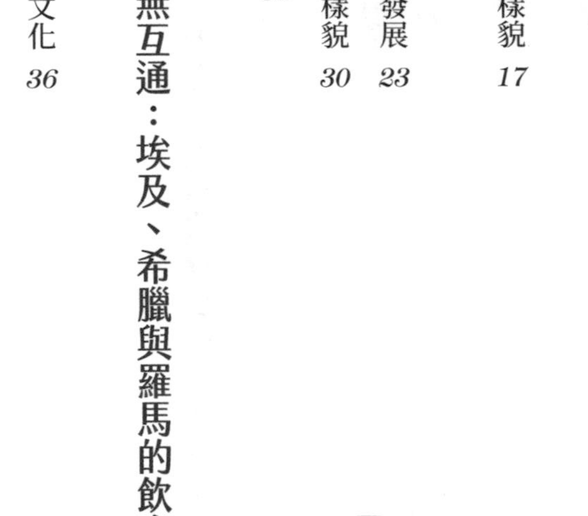

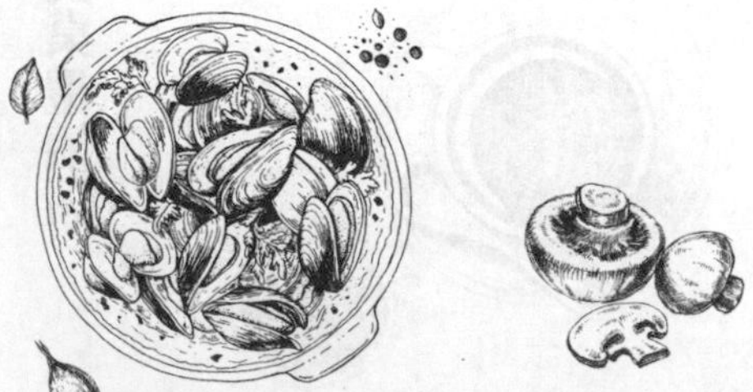

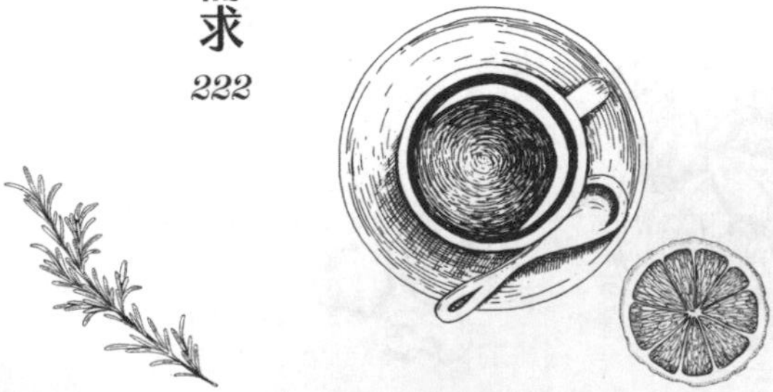

第八章　世祿侈富，足兵足食：十八世紀的歐洲飲食文化 262

第九章　闖關萬里，飲食交流：十九世紀前期的飲食文化 296

第十章　九鼎八簋，簞食一瓢：二十世紀以後的新發展 336

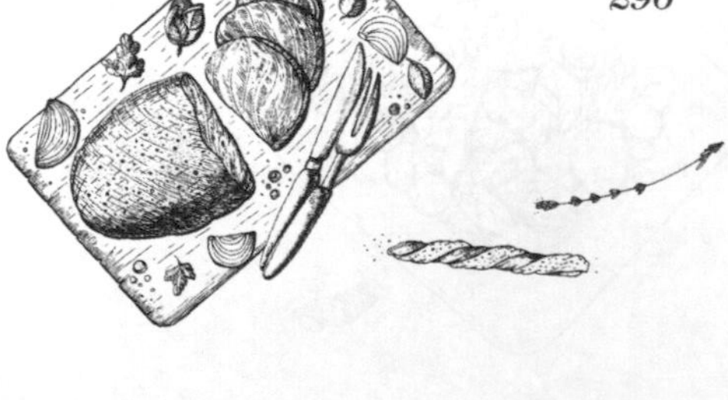

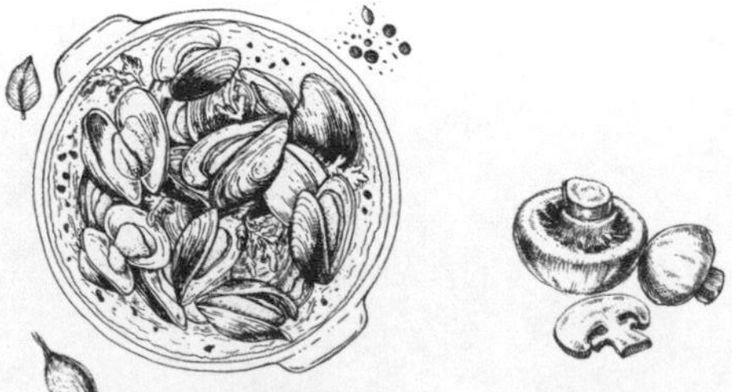

導論

理想的飲食史並不只是討論人類飲食的演進過程，而應當從地理、氣候、宗教等層面，分析特定地區飲食文化的基本樣貌，並比較特定社會中，不同階級飲食內容的差異。當社會階級流動時，飲食成為一個重要的標記，歷史社會學者埃里亞斯（Norbert Elias, 1897-1990）在其著作《宮廷社會》（*Die Höfische Gesellschaft*, 1969）中，討論飲食的禮儀及內涵如何標誌身分等級的差距。新興社會階級若欲躋身上流，學習上層社會的文化便是重要的功課，這種現象無分畛域、不論古今。例如中國中唐時期的「燒尾宴」，即為士子中舉、釋褐之後，學習正式禮節的第一課。十五世紀以後，世界各地物產及文化交流的程度愈來愈高，許多新的食材出現於各地餐桌。十九世紀以後，因為工業、技術的發展，食物供應增加，原本昂貴的咖啡、蔗糖、香料逐漸普及。新興的中間階級對飲食的要求提升，也促成飲食文化變遷。這種變化不只出現在食器、食材及加熱方式，也反映於飲食傳統和習慣的蛻變。討論近代飲食文化時，關心的面向自然更為多元。

飲食原本僅是單純、樸素的動物生理需求，文化卻是人類方能建構的秩序。人類滿足生理需求後，進一步追求文化。「飲食文化」便是人類飲食從簡單到複雜的文化實踐。從歷史角度觀察，飲食轉化的方向讓我們理解到，人類總是將進食求生的活動變成充滿符號和意義的儀式展演。我們或許能讓一些聰明的動物也享用燭光晚餐，但牠們對飲食活動中的著裝規則、餐具擺設、食物擺盤、席間賓客談話觸及的情境氛圍，甚至樂隊為符合用餐目的而特別演奏的曲目等，這些超過飲食基本功能以外的任何文化內涵或象徵意義，牠恐怕是一無所知。人類則天生不能滿足於識口充腸，任何人群聚落都會發展出特有的飲食文化，飲食自當是重要的知識課題，理解飲食文化，則是將飲食視為個人教養之重要環節，這才是本書寫作的目的。

我們不只是因為今日飲食普遍西化才要了解歐洲飲食文化；不只為說明今日飲食內容的擴大、取得的便利；不只為以今識古，彰顯今人錦衣玉食的程度，更是要解釋飲食與文化的關係。《論語．鄉黨》指出孔子在飲食上「食不厭精，膾不厭細」、「失飪，不食。不時，不食。割不正，不食」。孔子即便簞食瓢飲，寧可不食，也務求合禮（理）、周正，「雖疏食菜羹，瓜祭，必齊如也」，指出孔子即使粗菜淡飯，飯前仍要獻祭，而且要與大齋戒同樣嚴肅。正可說明他從文化與教養出發，對飲食的基本要求為合禮，合禮者方是「合理」。考慮到生物的生存目標，我們實在沒有理由在吃飽以外追求「吃好」，但站在人類的立場，顯然我們不只是「為活而吃」，還要「吃有吃相」。

本書並非飲食指南，而是從學術出發，討論人類飲食基本概念的變遷，說明飲食如何從維生機制演變成社會階級表徵，從本能走向文化；也講求科技更新對飲食內容的影響，乃至現代人類味覺為何與如何演化。本書雖以西歐飲食文化史為重點，但必須自石器時代開始說明，才能將發展脈絡描述清楚。

第一章

俶載南畝，我藝黍稷：人類飲食文化的起源

學者在法國一處尼安德塔人（Neanderthals）遺址中找到四千多塊骨頭，拼湊出一百三十七隻野牛；波蘭的遺址中發現許多野馬的殘骸，德國的遺址中則有許多馴鹿骨頭，其他獵物包括長毛象等大型動物。尼安德塔人男性身高約為一百六十八公分，女性約為一百五十八公分，跑的速度不快，武器也不先進，如何獵捕這些大型動物？學者解答：他們利用地形之便，合力將動物趕入山谷中，迫使這些獵物跳下斷崖死亡。不過追捕合圍的過程中，往往有負隅頑抗情況。尼安德塔人骨骸中常可見到折斷後癒合痕跡，可以想像，要飽餐一頓必須付出的代價。

飲食的最主要功能是維持生命，原始人類與所有的生物一樣，都需要攝食、代謝，以茁壯、延續並繁衍族群。直立人(*Homo erectus*)等原始人類的飲食行為與一般動物並無太大差別，不僅完全以採集為生，甚至有撿拾大型肉食動物殘餘食物的「腐食」行為，其唯一目的是維持生命。

「攝取養分」與「進食」有極大差別：人類餵養家畜與家禽，牠們的飲食活動缺乏自主性，不能稱為「進食」；野生動物如虎、如狼，雖可以主動選取食物，但人們形容「狼吞虎嚥」，就說明動物覓食缺乏文化意涵。至於現代人飼養寵物如貓、狗，餵食的內容漸漸從廚餘、剩飯轉變成罐頭或特製飼料。這種變化是人類為求一己之便，並非關切寵物進食時的風度與優雅，狗與貓仍未能發展出飲食文化。

距今約四十萬年前，「直立人」逐漸發展成「智人」(*Homo sapiens*)。智人的體質特徵介於直立人和晚期智人之間，腦容量接近現代人水準，能夠利用生活環境中現有的材料如木材、石材等製作合適的工具，以利採集與狩獵。這些工具雖然相當簡單、粗糙，但也實用，例如將石頭固定在樹枝上，便成為手斧或投擲器，能夠從遠距離攻擊動物；將皮繩兩端綁上石頭，向上拋擲，能獵捕鳥類；石片可以切割物體。

學者稱使用這種工具的時期為「石器時代」，而又根據石器的製作技巧，分為「舊石器」(Paleolithic) 與「新石器」(Neolithic) 兩個時期。智人生活時期大致可歸類為「舊石器時代」。

工具進步使採集內容擴大，數量增加，飲食自然豐富許多，甚至可以根據各種特殊原因，如埋葬死人、祭祀行為及其後的原始宗教發展，這些具有明確文化意涵的活動，讓飲食史研究以舊石器時代作為開端。儘管這一時期的人類並未能留下文字紀錄，但考古學者透過其活動遺址中找到的繪畫與雕刻作品、各種食物殘餘與工具，可以了解這時期人類的行為與飲食狀況。

石器時代的區分

「舊石器」與「新石器」僅是相對概念，各地的石器文化發展進程不一，有的地方仍處於舊石器時代，有的地方則已經開始從事農耕，組織社會，發展出較高的文明，乃因地球各地的生活條件不一，謀生的難易程度自然也不相同。

舊石器時代的早期人類靠採集與狩獵維生，追隨獵物移動，並無畜牧活動，也未發展農業。為便於生活，可以就地製造簡單的工具。因為沒有固定居處，族群人數有限，不易積累文明。

至於水草豐美、獵物隨手可得之處，人類不需要花太大力氣便可以生活，對製造工具的需求不大，使用的石器發展較為緩慢。雖也較舊石器時代的工具進步，如石器製作較為精細，常見的有鑲嵌在各種材質上的細小石器，但仍無法與新石器時代的工藝技術比美，因此該文明階段稱為「中石器時代」(Mesolithic)。例如北歐地區因為沼澤發達，水草豐美，獵物與食物來源充足，中石器時代便長達數千年。歐洲其他地區，如英格蘭、尼德蘭、地中海一帶也都有中石器的遺址。

至一萬年前，有些地方的人類因為生活環境改變，必須發展出更精密或實用的工具才能滿足生活需求，例如開始發展農業，養殖身邊的小動物，以因應糧食不足的困難，還能製作陶器以烹煮各種潛在可供攝食的物質，作為食物。他們還逐漸定居，照護作物，以擴大食物來源，呈現出一種新的文化樣貌，稱為「新石器時代」。

舊石器時代的基本樣貌

研究文化發展時，往往必須從地理條件著手。地理條件提供生物繁衍與發展的舞臺，但也限制動物的活動。學者一般將人類起源定於距今兩百萬年至一萬年前的「更新世」(Pleistocene)時期，地殼在此期間經過長久變化後，逐漸穩定；雖然冰期與間冰期於此時交替出現，地表仍十分寒冷，但已可供生物生存與繁衍。現代世界可以見到的絕大多數物種，大約都在更新世時期出現。

在舊石器時代，人類平均壽命較短，族群數量不大，競爭有限，而自然環境中的動、植物種類多，採集並無困難，求生上受天候影響相對小，所以舊石器時代的原始人類食物供應比較充足，鮮有饑饉。只是地理條件對不同地區人類的食物內容有一定影響，例如熱帶地區居民必須多食用植物性食材，溫帶地區居民則可以有較多肉品。

人類學者根據非洲考古遺址中的化石發現，三百萬年前，非洲原始人類(直立人)只食用菌類、漿果、樹皮、水果、堅果以及各種草木的葉片等可採集的植物，偶爾能透過獵殺動物，捕捉魚類和爬蟲類，撿拾貝類，攝食一些小動物。由於動物性蛋白質的攝取十分有限，故腦部發展不足，身體條件亦差，智力相對低下，解決自然環境限制的能力較弱，無法有效繁衍與發展。直到森林逐漸減少，食物來源減縮，採集無法滿足生活需求時，原始人類必需適應新的食材，並發展新的技能。

兩百五十萬年前，原始人開始使用隨處可得的石材，製作各種工具，或狩獵動物，或製作生活所需之各種工具。尤其重要的是，考古學者在他們生活的洞穴中發現木炭、灰燼、燒骨遺物，認定此時期人類已掌握用火技術。此外，他們發展狩獵技巧，甚至組織狩獵團隊。藉合作取得較多的肉類，飲食的內容逐漸趨向雜食，動物性蛋白質逐漸增加，甚至有腐食與食人的實例。

學界對古代人類的飲食習慣有許多猜測與想像。一旦有了新的考古發現，便會提出許多假設與理論，希望能建構原始人類的生活樣貌。許多學者研究古人的飲食行為與食材內容提出假設：吃肉是人腦和社會進化關鍵，認為早期原始人類狩獵的工具與技巧進步以後，可以得到較多的動物性蛋白質，這樣的變化直接影響身體構造與功能，吃肉可以提高直立人的體質，智力也進一步開發，增強適應能力。

人類的腦容量逐漸增加，思考與推論的能力因之變得更為周延縝密，肢體開始熟練於平衡及精密的動作，製作工具的技術逐漸成熟，並發展出組織能力、語言能力，甚至可以使用記號，幫助記憶。因為狩獵的需求，必須集體行動，各有分工。在合作的實踐裡，包括集體分配食物、共同抵禦危險，逐漸發展出群居社會，對族群繁衍與文化累積都有重要影響，社會組織因此規模擴張、更為複雜，成為原始社會、人類文明進化的重要關鍵因素之一。

舊石器時代的飲食

獵殺動物來填飽肚子，吃肉的習性不只提高原始人的身體素質，增強適應自然界的能力，也形成群居社會生活的基礎，因為大家必須集體狩獵，集體分配肉食，共同抵抗自然界的危險。現代人類的熱量主要來源為碳水化合物，穀類作物為其主要內容，但舊石器時代的人類尚未馴化這些作物，不需處理穀類或豆科植物，沒有熟食的必要，尚須面對許多消化器官的疾病以及寄生蟲的威脅，自然沒有發展出飲食文化的條件。

整體而言，舊石器時代人類的飲食內容包含許多蛋白質、脂肪，但沒有太多的碳水化合物。以澳洲為例，西方文明進入此一獨立陸塊前，當地遺世獨立的原住民之飲食內容以當地動植物為主，包括各種漿果、野生植物，肉類則有蜥蜴、鴯鶓、鱷魚與袋鼠等，稱為「灌木食物」(bushfood)。這種飲食內容維持近六萬年歷史，大約可以推見舊石器時代的飲食狀況。有些營養學家與人類學家從中獲得靈感，認為現代人類是由直立人演化而來，身體器官經過兩百萬年的調整，能夠適應這樣的飲食內容，到了新石器時代，因為掌握加熱烹調技術，飲食內容擴大，反而對新食材過敏，例如麩質、油脂等，所以開始提倡「舊石器時代飲食」(paleolithic-style diet)。

許多醫學專家推薦的舊石器時代飲食內容，強調食用水果、堅果、各種種子、橄欖油、椰子油、棕櫚油，各種肉品、魚類、蛋類，其他食物則有蕈類及蜂蜜。應避免各種加工食品、穀類、蔗糖、澱粉，及精煉油脂、乳品。因為舊石器時代並沒有畜牧業，自然也沒有乳製品，故應當排除。至於舊石器時代人類常吃的各種昆蟲、蛆等，並不見得容易取得，或即便取得，也未必敢於食用。不過，這種飲食法引起許多正反意見，至今尚無定論。

有學者認為：舊石器時代人類的漁獵技術無法滿足生活所需，必須併行採集。也有學者觀察到考古遺址中常常出現的大型肉食性動物殘骸上，布有明顯砍切痕跡，但這類大型動物並非當時人類所能狩獵，因此推論當時人類也撿拾動物食餘的腐骨以獲取更多熱量。

人類採集的植物內容會根據環境條件而有不同。例如豆科植物一直是人類蛋白質的重要來源，以色列的克巴拉洞穴 (Kebara Cave) 遺址中出土許多豆科植物的種子與豆莢，顯示當地人類在遠古時期已經開始採集豆科植物。最近考古發掘也證實兩萬三千年以前的舊石器晚期，人類已經食用穀類作物。只是這些穀類多為採集而來，數量不大，在當時人的飲食內容中所占比重不大，也未能馴化這些植物，說明當時農業並未出現。不過學者認為：此時人類已經有較佳的調整自己以適應自然環境的能力，農業及畜牧活動應已萌芽。

舊石器飲食的新設計——地瓜甜椒燉羊肉

材料：

	橄欖油	2 大匙
A	洋蔥	1 顆
A	甜椒	1 顆
	蒜頭	1 顆
	番茄膏	1 大匙
	羊肉塊	400 公克
B	辣椒粉	1 大匙
B	大蒜粉	1 茶匙
B	卡宴辣椒粉	1/4 茶匙
B	胡椒、鹽	適量
C	番茄	2 顆
C	地瓜	4 顆
C	雞高湯	250 公克
	香菜、蔥綠	適量

作法：

1 蔬果洗淨，洋蔥、甜椒切丁，番茄切塊，地瓜去皮切塊，蒜頭切末

2 湯鍋倒入橄欖油中火預熱

3 加入 A，拌炒至軟化，再加入蒜頭

4 倒入番茄膏，攪拌均勻，直到蔬菜上色

5 加入羊肉塊，拌炒至 7 分熟

6 加入 B 調味，攪拌均勻

7 倒入 C，煮至沸騰後轉小火燉煮 15 分鐘，直到地瓜和羊肉熟透

8 撒上香菜和蔥綠後即完成

註：史前時代的人們尚未發展「烹飪」的概念，此食譜乃根據「舊石器時代飲食」之理念設計。

另有學者推估：舊石器時代的人類營生活動仍以狩獵為主，獵捕動物有一定的季節與氣候條件限制，難免遇有糧食不足的情況，必須發展畜牧或農業，以為因應。人們首先豢養一些溫馴而易於圈養的動物，可以在糧食供應較為短缺時當作食物。有些動物平時還能提供乳汁，也是重要的蛋白質來源。只是畜牧業起於何時？人類何時馴化動物、畜養家畜？必須有更進一步的研究。

舊石器時代中期到晚期，歐洲許多地方開始馴化大型鹿，以取得乳汁及肉類；在中國飲食史中，鹿也一直占有重要地位。一般而言，鹿的體型大，繁殖力強，在世界各地都有。鹿雖然沒有固定的棲地，但有建立領域的習性。鹿的胃較小，只能挑選易於消化的食物，如嫩葉、嫩草、軟芽、水果、蘑菇等等；鹿因為食性的關係，馴養不易；雖然無法圈養，卻容易獵取，而為舊石器時代以來人類重要的蛋白質來源。這種情況雖顯示人類能將野生動物馴化，使其受人類役使，但究非易事。人類生存環境中有多少種動物？但真正為人類馴化的動物有多少種？其馴化的標準為何？馴養家畜與選育品種的工作如何發展？

馴化動植物及至農牧活動開始後，飲食文化的樣貌自然改變。學者認為：農牧業開始出現的時間，因地區不同，生活環境中的物種不同，家禽家畜的內容自然不同，造成飲食文化的極大差別。

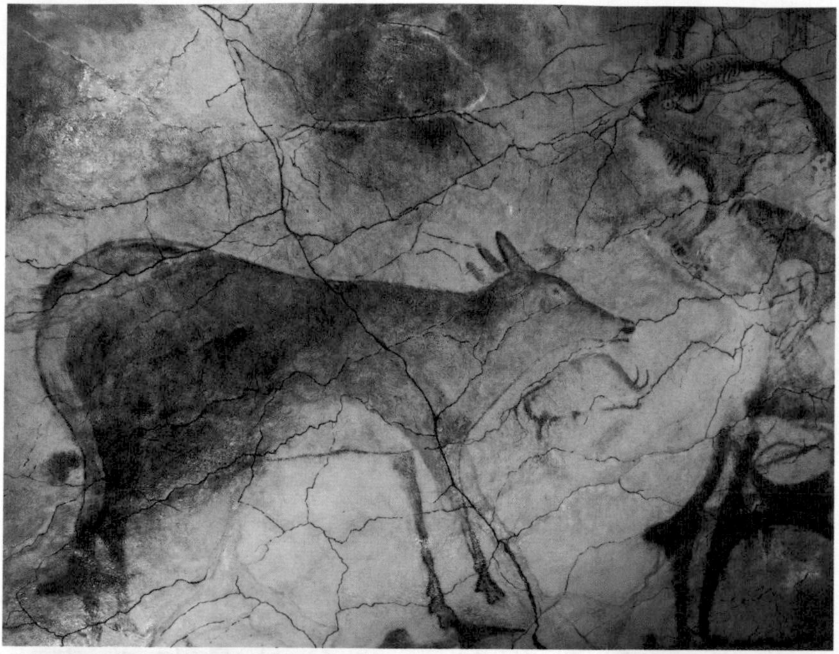

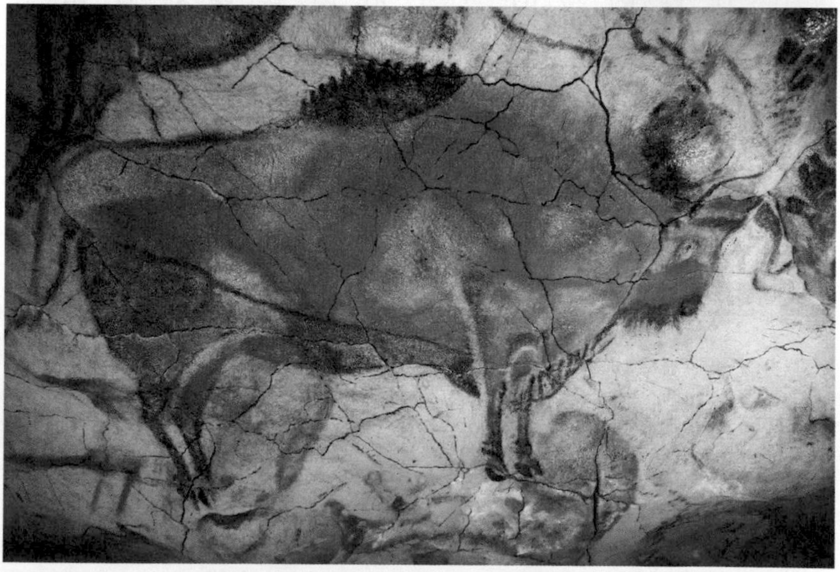

位於西班牙北部的阿爾塔米拉洞 (Cave of Altamira)，可見舊石器時代的鹿（上）、牛（下）壁畫。

草原地區有駱駝、驢、馬，溫帶地區往南推進，則有牛、羊。家兔、犬、家貓也都出現在人類生活環境中；豬、犬、羊、雞更是普遍。這些動物提供生活中的肉類、皮毛、乳類，也成為役獸。人類也飼養魚類及昆蟲，如池塘中的鯉、鯽，樹叢中的蜜蜂，甚至養在家中的蠶，都能提供人類生活所需的各種資源。學者在義大利一個尼安德塔人遺址中，發現十一萬年以前的尼安德塔人已經採集貝殼，供作食用；在非洲平那可遺址 (Pinnacle Point) 中也找到十六萬年前的智人留下的貝殼堆。除了貝殼外，魚類當然也是重要的食材。剛果一座九萬年前的舊石器遺址中找到許多捕撈工具，甚至有一個大型鯰魚骨，長達一百八十公分。

兩萬五千年前，人類開始培植香蕉與根莖類作物等；大約同一時期也開始釀造酒類。研究顯示，當時人類將野生葡萄放入皮革製的囊中，便可以自然發酵，成為含酒精飲料。這時期中，一些引起幻覺的作物如大麻、罌粟也出現在日常生活中。

我們研究石器時代人類的飲食活動時，因為缺乏文字記載，也沒有實物或圖像，頗難具體認識。學者只能透過一些考古發掘的零碎資料，設法重建其飲食習慣及內容；倒是人類學家研究許多原始部落時，可以找到一些比對的基礎，也提供我們認識古代文明的一個新管道。例如非洲布須曼人 (Bushman) 的文化應當與舊石器時代狩獵—採集文明相似。亞瑪遜河流域仍有許多與外界完全隔離的原始村莊，學者為避免打擾該地居民的生活，並未展開相關研究。文化保存與人類好奇心之間，總有一些拉鋸。

新石器時代的基本樣貌

距今一萬年以前，冰河時期結束，地球氣候變暖，生活條件有明顯改變。更新世巨型動物可能間接因此滅絕，但原本長期冰凍而無法活動的地區都成了動物的新棲息地。動物增加以後，人類也跟著發展：為適應新的環境，人類必須發展出新的工具與謀生技能，當農業開始發展時，大概因為生產方式逐漸固定，舊石器時代許多人類便逐漸由游

十九世紀末的布須曼獵人，至今仍有不少布須曼人以狩獵和採集維生。

獵走向定居，從事各種分工，社會結構也開始發生變化，可說新石器的發展便是適應的努力。

一萬多年以前的人類為何改變兩百萬年以來的生活方式，突然發展農業，並且努力嘗試馴化新的作物，不斷從事體力勞動，改變生存環境，發展不一樣的社會組織？許多學者不斷探討這個問題，並提出不同的說法。

奧地利一位地理學者提出「賸餘說」(Überflusshypothese)，認為原本舊石器晚代的人類已經定居。他據此前提推論：農業初起之時，因土地廣大，人口稀少，往往穀物充足，人們不僅可以較為倚賴農業以維生，更發展食品加工技術，以保存勞動成果。例如穀類發芽後可以釀成啤酒，加快了農業生產的發展。另有一種「短缺說」(Mangelhypothese)：因為天氣突然變化，食物短缺，人類尋求其他的飲食來源，於是發展出農業。學者指出，近東、西非、拉丁美洲與華南、華北等地的農業發展進程比較符合「短缺說」的模型。但這兩種理論也未必矛盾或衝突。不過從經濟生產的角度看，農業生產的成本遠遠高過採集與狩獵活動。以兩萬年前的條件為準，如要獲得與狩獵動物相同的熱量，農業活動必須要付出更多時間與體力，這還沒有計算氣候等自然條件的不確定因素。農業生產必須限定在特定的地點，等於失去其他地區自然餽贈的機會。在這樣簡單的計算下，人類為何仍要發展農業？這也是許多學者爭論的重點。

一九八〇年代，幾位學者提出「自然演化與人為努力說」(The evolutionary/intentionality theory)，認為農業為自然演化，人類保存一些野生動物作為蛋白質來源，成為馴化家畜的開端，逐漸定居一地，馴化過程越來越擴大，遂發展為定居的農業文明。舊石器時代，還有許多種古人猿 (hominid)，到了新石器時代，只剩下「智人」一個「人種」留下來。

從採集到農耕

採集經濟時期，獵人往往無法儲藏其多餘的食物，到了新石器時代情況改變。農人已經充分掌握耕種技巧，也能保存食物，村落中出現穀倉保存種子及餘糧。人口開始增加，一些從事專門工作的工匠出現，他們不種植作物，而以技術及工藝品換取生活必需物資。農耕成為一種專業後，不同農民會有自己的心得與發現，當農民群體擴大，可以互相學習時，不僅能夠提高自己的產量，擴大產品的內容，文明的累積也更加迅速。但其速度及內涵受環境影響，而各有表現。

西亞地區生活條件相對較為嚴苛，人類必須設法從事各種經濟活動，以滿足生活所需，所以很快發展出較為複雜的工具，也開始從事農業生產。西亞位於亞非歐三洲交界，在阿拉伯海、紅海、地中海、黑海和裏海之間，分為伊朗高原、美索不達米亞平原、阿拉伯半島、小亞細亞半島幾個區塊。

位於西亞的美索不達米亞 (Mesopotamia) 原為希臘語「兩河之間（的土地）」，為底格里斯河與幼發拉底河系統 (Tigris-Euphrates river system) 間的土地，這兩條河流不定期氾濫，沖積成區域廣大的沃土，地貌多元但地勢低平，除北部有明顯的亞熱帶氣候特徵、夏季乾熱外，其餘地區都屬亞熱帶乾旱與半乾旱氣候。年平均降雨量多在兩百公釐以下，以冬雨為主。在常年有水的河岸和沼澤地帶，可以生長喬木、灌木，其原生植物種類頗多，比較容易找到可以馴化的作物。此地為人類文明的重要發源地，很早以前便已發展農業，灌溉系統發達。約在一萬兩千五百年前，幼發拉底河中游地區及兩河流域周邊地帶已經出現人類活動也有類似發展，許多考古證據顯示：一萬兩千年前，當地已經出現許多聚落，也有商業活動。距今一萬年前，當地房屋形式逐漸由圓形轉變為方形，極可能是因為當時人口增加，需要更多的空間供居住或屯糧。

本區人類最早從游牧生活過渡到定居農業文明，也發展出畜牧業。在糧食供應充足的前提下，人口逐漸增加，發展出較大的社群，社會逐漸分工，發展出領導族群與規劃能力，並推動較大型的工事。七千年前，蘇美人已經發展出核心農業技術 (core agricultural techniques)，包括：大規模開發農地，單一作物、灌溉系統、使用專業農業人力等。

除了兩河流域以外，其他地區也有類似發展，美洲地區馴化了玉米、馬鈴薯、番茄、青椒、南瓜及許多種豆科植物。印度在距今九千年前種植燕麥、小麥。中國與印尼等地也開始種植稻米、芋頭、綠豆、紅豆與黃豆等作物。亦有其他氣候類似的區域卻往往因地貌單調、物種不多的緣故，未必適於農業發展。

伊朗高原為興都庫什山 (Hindu Kush) 和札格洛斯山脈 (Zagros Mountains) 等包圍，海拔高度都在三千公尺以上，屬亞熱帶乾旱與半乾旱氣候，南部邊緣則為熱帶乾旱氣候。而阿拉伯半島為世界最大半島，屬古老地塊上形成的臺地式高原地形，太陽輻射強烈，又常年受熱帶大陸氣團控制，氣候乾旱、降雨稀少、蒸發強烈，年均溫都在攝氏二十度以上，絕對最高溫可達攝氏五十五度。沒有常年性河流和湖泊。綠洲總面積不大，但可生長棗椰、膠樹與檉柳，也能種植穀物、果蔬。

約旦河 (Jordan River) 發源於西南亞，向南流經以色列、巴勒斯坦、約旦，全長兩百五十一公里，最終注入死海。約旦河並不寬廣，水流量也不大，但對人類文明有重要意義。位於約旦河下游西岸的耶利哥城 (Jericho) 是最古老的城市之一，出土的文物顯示距今一萬兩千年前，當地已經發展出農業與畜牧業。估計在一萬三百年前，耶利哥已經有三千人居住，並從事各種公共建設，例如當地居民曾修築一道城牆，動機雖不明確，有人猜測與戰爭有關，也有人認為這道牆是防止冬季山區豪雨沖刷而下，眾說紛紜。遺址中並未發現製陶與煉鐵，推測此時當地仍處於舊石器時代晚期至新石器時代初期。安納托利亞高原位於西亞，位處黑海和地中海之間，中心為乾旱高原，四周山脈圍繞，人口多半聚居在海岸地區。這裡也是農業的最早發源地之一，小麥便是最早在此馴化的作物。

阿拉伯半島的西北地區為地中海東岸區，屬地中海氣候，冬季溫和多雨、夏季炎熱乾燥，年降雨量多在三百到九百公釐之間。適合植物生長的季節短，只能發展果實較大的小型作物（地中海式植被）為主，包括橄欖樹、槐、無花果等。小亞細亞半島西南緣也屬於地中海氣候，年均溫為攝氏十七到十九度，年降雨量約為九百公釐。自古以來，地中海許多地區糧食作物的產量相當有限，橄欖、葡萄等經濟作物則可以適應這種地理條件。稍後引進的糧食作物如小麥、燕麥等尚能適應，但產量有限。非洲也有幾個地區適合農業發展，如衣索比亞高原 (Ethiopian Highlands)、西非及薩赫勒地區 (Sahel)。這些地區地形隔絕，農業發展與兩河流域不同。

新石器時代的農業發展

農業主要包括兩個大領域：畜牧與耕種。畜牧業主要以豬、牛、家禽、羊與漁業為主，起源甚早。農耕業則以果樹與稻穀作物為主，葡萄種植與釀酒業也是農業生產中的重要環節，這些農業活動大都可以追溯到距今約一萬年前開始的新石器時代。農業活動受到地理環境的支配，畜牧業多在貧瘠的土地上發展；較為肥沃的土地上則多以農耕活動為主。大約一萬兩千年以前，最近的一次冰河期結束，人類開始有系統、有計畫的從事農耕，許多學者認為美洲、中國與近東地區大約同時進入農耕文明。

這與氣候暖化有關，當人口增加、人類開始從事農耕活動時，多數的部落或大家族選擇定居。為提高產量，人類開始開鑿溝渠，引水灌溉，並從事育種、農產加工等經濟活動；為交易有無，市集乃至市鎮也開始出現，社會逐漸分工。當交易興盛，知識與技術快速傳播，互相影響之後，人類文明累積速度加快，可以製造新的工具，建立新的生產秩序，遂脫離石器時代。兩河流域的發展，便是一個重要的例證。

學者認為兩河流域是最早出現人類文化活動的地方。當冰河期非洲與歐洲的許多物種都滅絕，西亞地區因為地形變化極大，有高原、平原及沙漠，物種豐富而多元，許多作物在此馴化，成為供給人類生活所需的糧食作物。小麥、燕麥、亞麻、鷹嘴豆、豌豆、扁豆等都發源於此；也馴化許多動物如牛、山羊、綿羊、豬及野馬等。到了較為晚近的時代，許多改善人類生活的重要發明一一出現。為了搬運，出現車輪；為了保存紀錄、求神問卜，因而發展出字符及文字；欲大量製作陶器，人們發展出轉輪；為求手工藝更為精美，弓鑽 (bow drill) 也應運而生。此時，人類交通較為發達，各地文明開始接觸，互相學習及啟發，工具的種類因此逐漸增加。

馴化動物

古人類在發展農業同時，也開始馴化許多動物，使之成為役獸，並可生產乳汁、取用毛皮及肉品來源。家禽中以雞的馴化最為重要，提供雞蛋、肉品；許多動物的糞便還可以作為燃料與肥料。世界各地都有馴化動物的紀錄，動物經馴化後，也隨著人群移動，與作物一樣向外傳播。最早馴化的動物經過長期馴養後，至今仍是人類重要的生活物資來源及伙伴。早在新石器時代以前（一萬五千年以前）便已經馴化犬，此後陸續有羊（山羊、綿

弓鑽為由木棍、弓和線組成的簡易工具，透過來回拉動弓，帶動被線纏繞的木棍。藉由木棍和所接觸物體的高速磨擦，人們能於木頭、石頭或骨頭等堅硬物體上鑽鑿孔洞。

羊）、牛（乳牛、役牛）及豬等，中東地區則最早馴化單峰駱駝。

狗是家畜馴化中最重要的。科學家相信，狗是在不同時期、不同地點，由狼馴養，逐漸演化而成今日的家犬，例如丁格犬 (dingo, *Canis lupus dingo*) 便可能是由伊朗狼 (Indian wolf, *Canis lupus pallipes*) 馴化而成。但起源於何時，則尚有爭議。當然，馴化的定義也影響時間的計算。即便馴化之後，當時犬與狼的界線尚非十分明顯，所以馴化的起源並不容易界定。許多地區馴化狼的動機可能以食用為主，如果作為役獸，時間可能晚些。

許多證據說明家犬由狼馴化而成。美洲地區也發現九千年前狼的骨骸，證明人與狼有共生關係。尤其值得注意的是：家犬與狼可以交配。許多地區找到狼與家犬交配的例證，俄國境內便有許多紀錄。阿拉伯灰狼 (Arabian wolf, *Canis lupus arabs*) 也可與家犬交配，但會造成外觀的改變。以色列曾經發現一萬四千年前的犬骸，其特徵與丁格犬相去不大。至於亞洲其他地區發現的犬類遺跡約在五千年前上下，如越南發現丁格犬的顱骨，距今約五千五百年。西安半坡文化、甘肅秦安大地灣新石器文化等地均有許多犬類的紀錄與屍骨。

八千年前，高加索南部、美索不達米亞北部、北非及印度等地居民開始馴養原牛 (aurochs, *Bos primigenius*)，馴化後的原牛體型與身體特徵均改變。原牛也向亞洲東部遷移，並在巴基斯坦一帶逐漸被馴化圈養。其體型及特徵與歐洲家牛 (cattle, *Bos taurus*) 有很大不同。現代科學也證實，非洲北部與歐洲中部的牛隻並非源自同一世系，與兩河流域的牛隻亦有差異。西班牙、義大利地區的牛隻則混入了非洲家牛血統。說明牛在各地均受重視，並用各種方式，培育適合自己需求的生物特性。今日，各地農民依然用其他品種牛隻與家牛交配，以便提升品質。牛隻除了提供肉類外，也提供牛乳，製成各種乳製品。七千年前，西亞和歐洲南部地區就已經食用牛乳。

原雞（*Gallus gallus*）與現代家雞在體形上相似，身體結構亦同，被認為是今日家雞之祖。其大約分布於中南半島、南洋群島、印度及中國雲南、廣西及海南一帶，約八千年前在中國馴化即向外傳，可與家雞（*Gallus gallus domesticus*）雜交。雞與一般飛禽有比較顯著的差別，經過人類長期豢養以後，雞的飛行能力逐漸隱沒，而雞可以在不交配的狀況下，定期產卵，又能自行覓食。雞的功能多，體型小，成長快速，十八週大的母雞即有產卵能力，經濟效益極大，成為農業生活中最重要的家禽。

原雞

馴化植物

在土地貧瘠，物資缺乏的地區，人類會盡量擴大食物來源，尋找可供食用的作物。古人類開始選擇作物時，必然優先考慮熱量高、味道佳、結穗時不易掉穗、種子易於保存者。二粒小麥 (emmer)、一粒小麥 (einkorn)[1] 與大麥 (barley) 就具有這些優點，成為人類最早馴化的糧食作物。小麥起源於亞洲西部的伊朗與土耳其一帶高原地區，在西亞和西南亞至今仍存有許多的野生一粒小麥、野生二粒小麥。距今八千年前，外高加索與裏海沿岸馴化栽培的二粒小麥偶然與山羊草屬的節節麥 (*Aegilops tauschii*) 雜交，形成普通小麥 (common wheat)，這種作物耐寒，對環境耐受性更佳，便取代一粒小麥和二粒小麥，成為人類最廣泛栽培且熟悉的小麥。

外高加索和裏海沿岸居民將這些作物馴化後廣泛栽培，迅速傳播到兩河流域。當地因為土壤肥沃，水源充足，適合這種新作物的成長，農業文明遂在此扎根、茁壯。五千年前，

1 二粒小麥與一粒小麥一樣，是近東地區最早被馴化的作物之一，它在古代世界廣泛種植。野生二粒小麥成熟的種頭會破碎，並將種子散落在地上，而馴化的二粒小麥的種頭仍保持完整，從而使人類更容易收穫穀物。

小麥已經出現於印度與西歐各地。大約在此同時，小麥也進入中國。中國西北地區農民率先耕種，並進一步向東、向南傳播。考古工作顯示：五千年前，河西走廊、關中平原、黃海海濱都出現小麥。甲骨文中的「來」字便是根據麥的穗與根所作的象形字。安納托利亞的人們顯然嘗試過種植黑麥（裸麥，rye），但一度放棄，一千多年以後黑麥才又成為人類的糧食作物，在歐洲廣為種植。

考古學者在敘利亞的傑夫阿莫 (Jerf el-Ahmar) 地方發現新石器時代的小扁豆 (lentil) 種植遺址，認定這是人類種植小扁豆的起源之地，並傳播到各地，成為近東地區穩定的蛋白質來源。隨著馴化種類增加，耕種內容多元，食物生產自然增加，進而可以保存、儲藏部分多餘的收穫，食物供應更為穩定，對人口增加與文化累積都有重要的意義。

鷹嘴豆 (chickpea) 的傳播也循類似的模式：大約一萬五百年前，今日土耳其與黎凡特 (Levant) 兩地出現了

鷹嘴豆

馴化的鷹嘴豆，九千年前，兩河流域也出現鷹嘴豆，這種作物富含蛋白質、氨基酸、維生素、粗纖維及微量元素，營養價值甚高，立刻快速傳播，從地中海沿岸再傳入印度，歐洲許多地方也有種植，成為歐洲各地的重要食材。

二十世紀末，考古學者在約旦河谷的積嘎伊 (Gilgal I) 遺址中找到許多新石器時代的聚落，並出土了當時居民採集、儲藏的作物，包括無花果、大麥、燕麥等。這些作物都是新石器時代人類不斷擴大馴化的結果，說明新石器時代的農耕與馴化技術進步，許多馴化的作物成為人類的主食，並隨著人群的交流與移動而向外傳播，豐富人類的飲食內容。

新石器時代的飲食樣貌

一萬多年以前，西亞地區居民收集許多穀類與豆科作物，逐漸馴化這些植物，可能先作為飼養家禽的飼料，並嘗試利用陶器蒸煮、加熱，將原本不適合人類食用的植物轉為可供食用。例如穀類大多粗糙且帶硬殼，加水煮熟後可以軟化纖維，供作食用；豆類則含皂苷及胰蛋白酶抑制劑 (trypsin inhibitor)，原本人類胰臟會分泌「胰蛋白酶」分解蛋白質，但許多豆類中的抑制劑會抑制胰蛋白酶，導致生食部分豆類（如黃豆）會引起消化不良，然只要加熱則可解決。

這些努力引發一連串重大的改變：除了栽種、採收穀類與豆科植物，發展出農業之外，也強化烹飪技巧。「飲食文化」所以稱為文化，是進食者有意識的改變食材內容、烹調方法與進食的方式。當栽種植物成為常態後，人類自然選擇定居，建立居所，形成村落，部落社會的組織更為緊密，財產制度出現，家庭結構也逐漸轉變。飲食文化進入了新的發展階段。

人類相食與疾病

許多文化遺址中還找到人類相食 (cannibalism) 的證據，除了被支解的人骨以外，糞便中也可找到許多人類的 DNA，顯示這時期有食人肉的習慣。學者相信，這應是因為食物短缺所致，當然這種作法也可能與宗教或祭祀行為有關連，目前無法確認。

一九〇三年，英格蘭的考古工作者在英格蘭西南部的薩默塞特郡 (Somerset) 切達峽谷 (Cheddar Gorge) 發現許多人類的骨骸，稱為「切達人」(Cheddar men)。研究顯示：這一個族群生存於一萬四千七百年前，使用燧石工具，從遺留的骨骸中，可以明顯看到其腿骨留下切痕，顯示屠宰與食用人肉的跡象。一九八七年，考古工作隊又確認早期切達人不僅食人，並用死者的頭骨製作容器。學者並不清楚食人的動機：宗教獻祭？饑饉？族群戰爭？或者是一種葬式？也不清楚這些死者是死後才遭分食？還是殺害以為食用？學者認為，要到農業發展以後，食人的習俗才逐漸消失。

另一個值得注意的問題是食人與疾病傳播的關聯。二十世紀中，新幾內亞的原始部落中仍有食人習俗，當地女性會分食死亡的親屬，因此造成許多食肉者的特殊疾病，稱為「克魯症」（Kuru，意為笑死），患者細胞

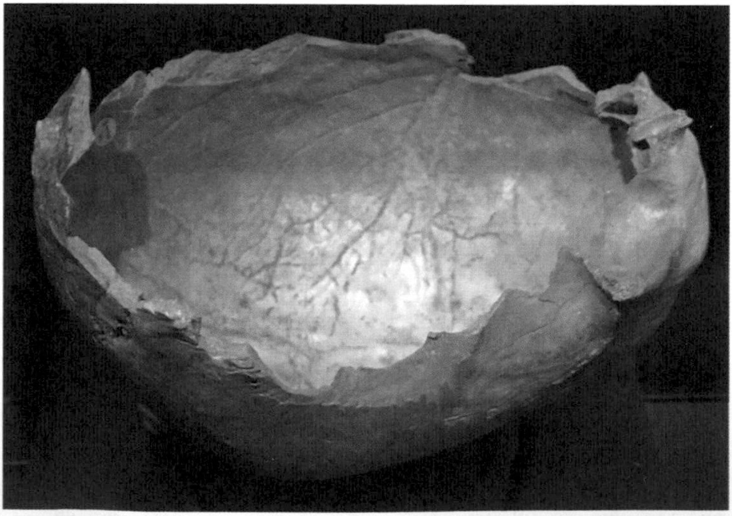

在切達峽谷發現的人類頭骨殘骸，考古學家推測切達人曾用之作為容器。

功能失調、腦部細胞死亡致其空洞化，導致記憶力衰退或混淆，動作不協調，末期則失語、痴呆，死時可能伴隨怪異笑聲。經研究發現這種疾病是由死者以人傳人的方式直接傳播，這與後來的「狂牛症」(mad cow disease)、「庫賈氏病」(Creutzfeldt-Jakob Disease，簡稱CJD) 傳播途徑類似。學者推測，許多古代人類可能觀察部分疾病的傳染途徑之後，自願放棄食人行為。

舊石器人類的空間移動範圍相當大，往往可達數百公里，說明其狩獵經濟的特徵，學者也因此懷疑此時期人類對植物性食材的依賴程度。舊石器時代的大型動物較多，肉類供應較多，比起新石器或中石器時代而言，舊石器時代人類攝取較多的養分。從舊石器時代人類的遷徙行為看來，當時人類的體力勞動量大，食物較少油脂，許多現代文明病如糖尿病、心血管疾病等，都較少出現於古代社會。

此外，疾病與人群發展的關係，包括人傳人與人畜共通疾病兩者。史前人類的部落組織並不大，部落間的接觸也較少，交流並不頻繁，缺乏相對的免疫能力。當部落接觸時，諸如通婚或戰爭，便可能爆發流行疾病。許多透過動物傳染的疾病也可能威脅人類族群，人類與野生動物接觸，經常可能感染各種疾病，麻疹、天花、結核與白喉疾病等都是透過動物傳染。

第二章　稅熟貢新，有無互通：

埃及、希臘與羅馬的飲食文化

古羅馬城市面積大約只有十八平方公里，卻有近百萬的居民，空間狹小是可想而知。一般人住處僅能容膝，自然沒有浴室、廚房，就連生火造飯都困難，不過羅馬人的飲食選擇卻相當多。羅馬出現許多高樓，鄰街的地面層往往是商店，許多人在街頭擺攤賣熟食，也有大鍋菜。只要拿個瓦罐，買一份菜湯，就可以回家蘸著麵包吃。嫌味道不足，還可以淋些魚露，根本無需開火。

埃及位於北非，歷史久遠；希臘位於歐洲東南部，歷史稍晚於埃及；羅馬的歷史更為晚些。三地雖然有些距離，但都位於地中海沿岸，許多物產與自然條件類似。埃及與希臘接觸甚早，文化與經濟關係密切，羅馬則受到希臘文化極大的影響，共同形成日後的地中海文明。

埃及的物產與飲食文化

自然條件

埃及主要位於非洲東北部，連接亞、非兩洲；也可通往印度洋，交通位置重要。但埃及全境相當乾燥，多為沙漠地帶。僅有尼羅河三角洲和北部沿海地區屬地中海型氣候，年降雨量在五十到兩百公釐之間，必須靠尼羅河 (Nile) 河水灌溉，才能發展農業。尼羅河由南向北流入地中海，其所沖積出來的海口三角洲面積達三萬多平方公里，甚早以前就成為人口稠密的農業區。

埃及是古代重要的糧食產地，西亞地區馴化的穀類作物甚早傳到兩河流域及北非的埃及。埃及人就在此地建立重要文明，也留下無數文明遺跡，包括象形文字及金字塔。地中海地區許多民族甚早從事商業與運輸，將埃及的穀類銷往地中海其他地區，埃及的飲食文明也建築在其發達的農業之上。許多現代歐洲人的食材與飲食方法，多半可以在古埃及文明找到根源。

主食

古埃及的主要經濟活動為農業與畜牧業，尤其盛產小麥，埃及飲食也以小麥烘焙的麵餅為主。埃及製作麵包的歷史可以追溯到史前時期，到了古王國時期 (c. 2572–c.2130 BC)，埃及人已經有專門製作麵包的作坊。他們先將小麥磨粉後搏揉成麵糰、發酵，再盛入三角錐狀的陶罐，用火烘烤成麵餅，是埃及不同社會階級的共同主食。但即使是麵包，也有差別，富裕者會在麵糰中加入果乾、芫荽（coriander，又稱香菜）等，以增加風味，平民則僅限於麵包。

西元前十六世紀起，新王國時期開始 (c. 1550–c.1069 BC)，埃及文明進一步發展，饢坑逐漸普遍。饢坑是在地面往下挖掘下寬口窄的土坑，用黏土固定坑壁，生火將坑壁加熱後，置入麵糰，再以泥、石等遮住坑口，使之呈封閉狀態，開始烘焙。這種方法不僅較易控制火候，也節省燃料，至今從西亞到中亞地區仍使用這種烘焙方式。埃及新王國時期的許多墓室壁畫可以看到相關製作麵包的圖像。

從法老拉姆西斯三世 (Ramesses III, 1217–1155 BC) 墓穴的壁畫可見製作麵包的情景。人們先在容器中搗碎穀物後，置於篩中除去外殼，再用磨石將其研成更細緻的麵粉。加水和成麵糰、用手揉捏或以攪拌方式塑形，置於火爐上烘烤，變色後翻面。

飲料

一般天然水源暴露於地表，往往受到不同程度的生物汙染，未必適合飲用。如果將含糖分的物質加水，環境中的微生物便會與之作用，如果遇到酵母菌，便會發酵，將糖分轉化為酒精，而酒精可以殺菌。

早在六千年前，兩河流域已經有啤酒釀造業。工人使用發酵後的穀類生產啤酒，可以保存較長的時間，也因酒精的殺菌作用，可以避免疾病傳染，成為日常生活中的主要飲料。埃及人甚早就知道含酒精飲料較為安全，普遍飲用啤酒。埃及啤酒釀製方法不同於今日：啤酒作坊將麵餅與水調和之後，簡單烘焙成「啤酒餅」，將之置入球狀細頸的陶罐中，兌水。陶罐中的酵母菌迅速發酵，形成粥狀的啤酒，飲用時無須過濾。通常釀造啤酒的工作由家庭中的婦女擔任，但也有專門酒廠，供應市場需求。例如修建金字塔的工人每人每天獲得的四到五瓶啤酒，便是來自工廠。飲用時，連餅帶酒一起，是時人重要的熱量來源。從蘇美人、埃及人留下的各種壁畫，我們可以認識當時製造啤酒的工序。古埃及的官員及軍隊薪水中也包括麵包與啤酒。

另一種啤酒釀製方法是先浸泡小麥，使之發芽；再烹煮另一批小麥，兩者混合，小麥芽可產生酶，將澱粉分解成醣，再加入酵母菌，發酵成酒。這種製法至今仍盛行於非洲許多地區。

二〇二一年，考古團隊在埃及古城阿拜多斯 (Abydos) 沙漠發掘一處古埃及遺址，推測為五千年前的啤酒工廠，廠中有許多釀造用的陶罐，以穀類為原料，生產品質較高的啤酒。

埃及的食材

埃及土壤肥沃，水源充足，氣候適中，極有利於農業活動，生產各種食材。穀類作物包括大麥及製作麵包的各種小麥；其他可供食用的食物，包括豆科作物，如豌豆、扁豆、蠶豆、鷹嘴豆等，是重要的蛋白質來源。另有許多根莖類作物，如大蒜、洋蔥、蘿蔔；葉菜類作物，如萵苣、洋芹等。當地也盛產各種水果，許多壁畫常以水果裝飾，說明水果在日常生活中的份量。種植水果需要更多的照顧，如施肥、授粉與灌溉等。埃及考古發掘中找到葡萄、西瓜、無花果、油棕等。新王國時期又傳入許多新品種水果，如蘋果、橄欖、石榴等。到了希臘人統治時期，梨樹、桃樹也都進入埃及，豐富了埃及人的飲食文化。

猶太人曾在埃及生活過一段相當長的時間，直到摩西 (Moses) 時，猶太人才遷出埃及，渡過紅海，前往迦南地。《舊約》中描述許多猶太人在埃及時期的飲食及食材，除了無花果與葡萄外，還有扁桃仁、苦菜、韭菜、大蒜、黃瓜、西瓜、棗子、核桃、芥菜、栗子、芹菜等。

無花果的糖分及蛋白質含量甚高，除生食外，可以曬乾，以便保存。棗子不僅可用以發酵釀酒，也是平民重要的甜味來源。

另一種甜味來源是蜂蜜，但因採集不易，價格並不便宜。當時也有專門養蜂取蜜的農戶，但多半屬於農民的副業。考古學者在埃及發現六千年前的蜂蜜，貯藏於陶罐中，並未變質。

古埃及直立的養蜂模式仍為現今埃及養蜂人所用

當時的食用油來源頗多，除了橄欖之外，還可以榨取萵苣籽、蘿蔔籽、芝麻與葵花籽，製成菜籽油，也使用動物脂肪。

肉品與魚類

埃及臨海、有河，水產也相當豐富。《舊約》中提到的動物性食材還包括羊、牛、鹿。飛禽則包括斑鳩、鴿子、鵪鶉等。一般農民會飼養家禽家畜，或自行食用，或提供市場所需，也有狩獵所得的野味，包括松雞、鵪鶉、鴿子等。至於常見的雞則出現甚晚，西元前四世紀之前的墓葬中未曾發現雞骨，說明雞至少要到兩千四百年前才傳入埃及。

古埃及的泥塑隨葬品。可見工人正在釀酒、製作麵包和宰殺牛隻，為墓主準備身後飲食所需。

埃及人食用的肉品種類不外乎牛、綿羊、山羊及豬。原本許多學者根據羅馬人的描述，認為埃及人因為宗教因素，不會食用豬及牛，尤其認為埃及人視母牛為神聖，與埃及女神伊西斯（Isis）關係密切，推論埃及人用公牛獻祭，但祭祀之後將之埋葬。但考古結果卻發現許多解體的豬與牛，顯然是供作食用。

埃及人也食用老鼠及刺蝟。烹煮刺蝟時，先將刺蝟用泥土包覆，再放入火中燒烤，煮熟後敲破泥塊，即可將刺剝離。一般飛禽類及魚類價格便宜，大部分人都能負擔。鵝肝醬應當是埃及人首先製作的，四千五百年以前，埃及人開始飼養鴨、鵝時，便同時發展了灌食鴨或鵝的技術。如果實在無法購買肉品，仍可食用各種豆類補充蛋白質，例如《舊約》中記載的豆湯極可能是埃及猶太人的蛋白質主要來源。

香 料

尼羅河沿岸地區，水源充足，氣候溫暖，適合植物生長。除了小麥等穀類作物外，還有各種蔬菜與香料，芫荽、蒔蘿（dill）則是可以兼做蔬菜與香料的作物。

自古以來，埃及人就栽種芫荽。考古學者在埃及圖坦卡門（Tutankhamun, c. 1341–c. 1323 BC）的墓穴中找到許多芫荽種子，顯示芫荽在古埃及上層社會的價值。古埃及人甚

新王國時期的墓穴壁畫，呈現古埃及人多樣的食物來源。

早發展出植物精油治療法，常使用芫荽、蒔蘿及迷迭香 (rosemary) 等各種植物提煉的精油，用作按摩、吸入或是沐浴之用。古埃及人用芫荽提煉的精油緩解關節或肌肉疼痛，並用以治療腹脹，消化不良。蒔蘿也是埃及人常用的香料，含有香芹酮成分，通常用於安定心神。埃及法老阿門諾菲斯 (Amenophis II r. c. 1388–c. 1353 BC) 的墓室中就有蒔蘿種子出土。

百里香 (thyme) 也是種常見的香氛精油，古埃及人用於塗敷、按摩。迷迭香的功用與芫荽類似，也用於緩解疼痛，安神。

烹飪與進餐

古埃及烹飪的方法包括燉煮、烘焙、水煮、燒炙、油煎等技法。埃及人烹調時會使用香料與新鮮香草，香料仰賴進口，價格高昂，只有富人能夠負擔。肉類多以鹽醃製保存，有些水果曬乾成果脯後，可以保存較長時間。麵包為主食，通常與啤酒在同一個地方製造，發酵麵糰的酵母也可以用來釀製啤酒。一般家庭都自己製作麵包與啤酒，如果有多餘，也將之出售。

至於埃及人的進食方式與內容，可以從埃及古王國時期或新王國時期留下的許多飲宴相關圖像加以了解。一般宴會多在下午開始，如非已婚男女，則必須分坐。座位安排自然也依照社會階級排列，上層階級設有座椅，稍次者有凳子，再次者僅能坐在地板上。上菜之前，會上水盆及薰香精油，有驅蟲功能。侍者再獻上百合或是花圈，女舞者伴隨樂隊起舞，娛樂嘉賓。

進餐時，酒類供應充足，食物內容非常豐盛，有烤牛、鴨、鵝、鴿子，有時也有魚類，以燉煮為主，並有大量麵包、新鮮蔬菜及水果。甜點則有棗子糕，用蜂蜜調味。宴會中，主客會一起敬拜哈所 (Hathor) 女神。

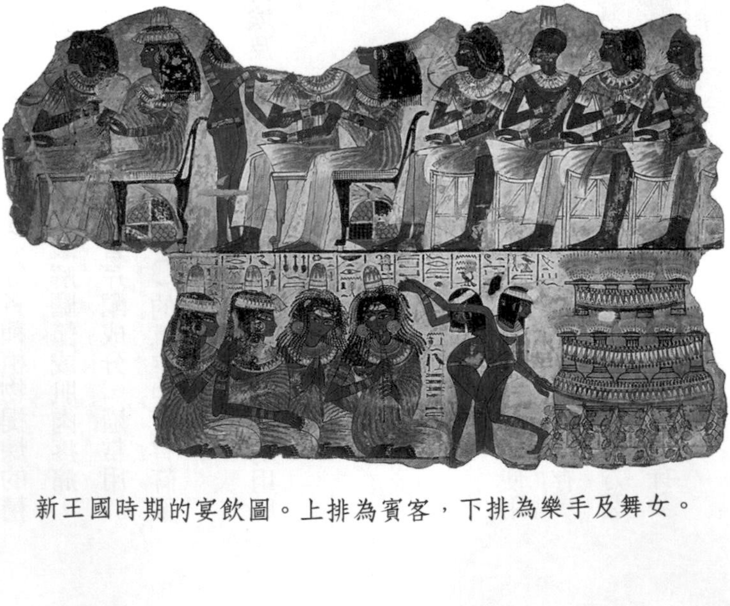

新王國時期的宴飲圖。上排為賓客，下排為樂手及舞女。

希臘的物產與飲食文化

自然條件

愛琴海 (Aegean Sea) 是地中海東部海灣因火山作用而形成的一片水域，是古希臘地區的重要水域，特稱為愛琴海。克里特島 (Crete) 是整個愛琴海中最大的島嶼，面積八千多平方公里，耕地廣大且肥沃，四千七百年前的邁諾安文明 (Minoan civilization) 發源於此，伯羅奔尼撒半島 (Peloponnese) 則是三千六百年前的邁錫尼文明 (Mycenaean civilization) 發源地。三千兩百年前，多利安人 (Dorians) 崛起，控制希臘許多地區，造成極大破壞，希臘進入「黑暗時代」。直到兩千五百年前，希臘城邦聯軍戰勝波斯帝國後，希臘歷史才進入另一個重要時期。

愛琴海海岸線曲折多灣，海上交通發達，船隻可以在地中海各地航行，溝通有無；兩千多年以前，埃及、希臘與羅馬之間的往來方便，形成一個重要的生活圈。法國學者布勞岱爾 (Fernand Braudel, 1902–1985) 的《菲利普二世時代的地中海和地中海世界》(*La*

Méditerranée et le monde méditerranéen à l'époque de Philippe II, 1949）就是根據此一事實，發展出將地中海文明視為一個整體的觀念。

「地中海」意為「陸間海」(Mediterranean)，由歐洲、非洲及亞洲三大陸塊包圍而成。地西部經直布羅陀海峽與大西洋相通，東部經達達尼爾海峽及博斯普魯斯海峽連接黑海。地中海大部分地區屬於地中海型氣候，特徵為夏季乾燥、冬天有雨。夏季適合作物生長的季節缺乏灌溉用水，不利一般農業發展，只能種植耐乾旱的柑橘、橄欖、無花果及葡萄。其洋流自成體系，風浪平穩，東岸多為火山形成的曲折港灣，島嶼眾多，利於航行，使得地中海地區自古以來即成為重要的交通孔道，促成三大陸塊間的物質交換。

其中居於地中海東岸一小塊狹長海岸的腓尼基人是重要的航海民族，組成不同的小型城邦，與希臘類似，著名城邦如泰爾(Tyre)、希頓(Sidon)、貝里士司(Berytus)及迦太基(Carthage)，城邦各自獨立，沒有共同的政治認同。因為物產有限，腓尼基人以貿易維生，貿易內容包括錫、橄欖油、羊皮紙、葡萄酒及各種工藝品，如陶鍋（chutra）等，其航線遍及地中海各地。像是希臘的「陶鍋」與埃及的鍋具相當類似，都是腓尼基人販運而來，以陶土塑形、加熱燒製而成，燉湯燉菜皆可，但易碎。猶太人居住在埃及時也曾使用類似的鍋具。〈利未記〉教導猶太的飲食誡命中，提醒瓦罐、陶鍋中如掉入任何「不潔淨」之物，無論爐子還是鍋臺，都要打碎。

其實腓尼基人、克里特人、希臘人皆從事航運及貿易，而埃及的物產順利運銷歐洲，則促成希臘與羅馬文明的發展。

飲食文化

古希臘生產許多蔬菜，包括許多豆科作物，不僅適合當地的自然條件，與之共存的微生物更具有將空氣中的氮氣轉化成含氮化合物的能力，可以恢復地力。希臘也生產許多水果及堅果，無花果、葡萄乾、石榴都常見，可供作點心。古希臘人宴會時，常以無花果乾下酒，並提供烤過的腰果、鷹嘴豆及山毛櫸科的果實等為零食，如板栗種子可為「糖炒栗子」，槲樹種子可為糧食或製成飼料。

古希臘種植許多高麗菜，作為重要蔬菜。歐洲原本有一種體積較小的十字花科蔬菜甘藍（*Brassica oleracea*），可以在土質惡劣、鹽分高的土壤中生長。但希臘後來推廣一種源於西亞的高麗菜品種，這種高麗菜在距今三千年前由西亞地區的農民馴化，推廣到各地，也進入歐洲許多地方。希臘醫學認為高麗菜有治療痛風、頭痛及解除野菌中毒的功效。但高麗菜含硫化物，希臘人認為葡萄園附近如栽種高麗菜，會影響葡萄風味。

希臘人常以蔬菜煮湯，也可搗成菜泥，用橄欖油、醋、香草或魚露 (garum) 調味。貧民還會採集橡樹籽，磨粉後混入麵糰中食用，以節省糧食。橄欖則多供榨油，也可生食或醃製保存。

希臘大部分耕地不適合種植穀類，因此產量有限，但因地中海交通方便，又接近埃及，是以希臘自古以來便從埃及進口穀物，尤以小麥與大麥為主。儘管如此，希臘地區如同小亞細亞、埃及一帶有著濃厚的大母神 (Magna Mater) 信仰。早在人類進入產食階段前，許多文化便已崇拜象徵生產力的大地 (Mutter Erde)，進入定居產食的社會型態後，這種泛靈信仰 (Animism) 的崇拜漸漸化為人神同形同性 (anthropomorphism) 的大地女神，祂們身兼生產力、豐收、穀物之神，甚至還兼理生育及死亡之歸屬，在希臘神話信仰體系中，即是女神狄蜜特 (Demeter)。

狄蜜特給予大地生機，教導人類耕種技巧，同時她也是正義女神。她將麥穗傳給崔波特勒牧斯 (Triptolemus)，授以農耕技術，並交代要尊重父母、尊重諸神賜與的果實（包括穀物）、愛護動物；這三點教導，成了希臘素食者的重要信念。許多古希臘人主張素食，盡量以清水與麵包維生，甚至禁止食用某些菜蔬，如蠶豆，著名哲學家、數學家畢達哥拉斯 (Pythagoras, c. 570–495 BC) 就對豆類深惡痛絕；許多素食者對殺戮甚為反感，還有些素食主義者進一步奉行禁慾主義。

希臘的主食

地中海型氣候並不適於種植小麥，只能依賴進口，價格高昂，僅有富人能夠負擔，一般人食用大麥或二粒小麥。小麥蛋白質含量高，適合糰揉，發酵後烘焙成餅或麵包。當時烘焙的工具是簡單的陶罐，類似埃及人的作法。希臘人先在地上生起炭火，將圓陶蓋子加熱，然後移開炭火，將麵糰置於稍熱的土地上，再將預先加熱的圓蓋覆於麵糰上，形成密閉空間，再覆上餘燼，烤熟麵糰。這種烘焙方法今日仍可見於塞爾維亞及巴爾幹半島許多地區。稍後，希臘家庭中才出現帶腳的陶爐，可烘烤食物。

大麥較小麥易於種植，但蛋白質（麩質）含量較低，不適合粉食，多煮成麥粥，或先炒過，再磨成粗麵粉，簡單定形、烘焙，製成大麥餅(maza)，可以浸入湯中食用，也可直接沾蜂蜜或乳酪食用。希臘的地理條件可以栽種裸麥，裸麥可以在較差的地理條件下生長。裸麥的蛋白質含量豐富，但麵筋無法糰合，與小麥差異甚大，且顏色較深，可製作成黑麵包，價格便宜，供平民食用。另外，豆科植物是史前時期和希臘時代的重要食材。其中，野豌豆屬作物在一萬年前已被馴化，是史前時期的重要食品，希臘人雖也食用，但仍主要作為動物飼料。

肉品

希臘各地因地理條件不同，生活程度也不一，對肉品的消費能力與態度也不同。鄉間可以狩獵，捕獲飛禽與小型動物如兔類等，補充蛋白質。農民常飼養雞、鵝等家禽，較有錢的地主則飼養山羊、豬、綿羊。許多考古發掘顯示：青銅器時代晚期，希臘有些地方的人除了一般肉品外，也食用狗肉。

希臘城邦發達，許多地方發展出離農的城鎮。這些城市居民的日常生活仰賴市場供應，各種食材中，豬肉較為便宜，但一頭小豬要價仍為一般公務員三天工資。其餘肉品更為昂貴，所以一般人多食用添加各種成分的香腸，無法經常食用新鮮肉品，只有祭祀期間才會宰殺牲口，使得適合長期保存的香腸成為日常生活中主要的肉品來源。除了肉品外，希臘人喜愛內臟，將胃視為珍品。

西元前三世紀的詩人希波拉楚斯 (Hippolochus) 記載馬其頓的一場婚禮時說：

有好多雞、鴨、斑鳩、鵝以及堆成小山的各色食物。又用一個大銀盤子，裝著鵝肉、野兔、小山羊還有許多不同形狀的糕點，還有大量的鴿子、松雞及各種飛禽。還有一頭燒烤的豬，肚子裡裝著燒烤的鴨及禽鳥。還有豆泥、雞蛋、蠔及扇貝。

斯巴達人喜愛食用「黑湯」(mélas zómós，或稱血湯)，經常供應給斯巴達軍人食用。黑湯的調味極重，係以豬腳／肉及豬血燉煮，有時還加上野味或魚，用鹽及醋調味而成，可搭配大麥餅食用，也可以加上無花果、乳酪。斯巴達的年長者幾乎只吃這種食物，將肉留給年輕人。再者，黑湯使用大量豬肉，這與古代希臘地區平常食用的羊肉、家禽或牛肉不同；而斯巴達人日常均食用肉品，對希臘其他地方而言，只有富人才能負擔。但這種風味特殊的斯巴達菜餚並未引起其他地方的共鳴，一位希巴里斯人(Sybaris)甚至說：「寧可死一萬次，也不要吃黑湯。」西元前二世紀，斯巴達式微，這一道菜也就逐漸被人遺忘。

希臘人祭祀的時候，往往會以牛羊或豬肉作為祭品，祭祀完畢，自然是參與祭祀者一起享用。在著名的《伊里亞德》(*Iliad*)第九書中記載了一些有關希臘人如何烹調肉品的場景：

先將生肉仔細的切成小塊，挑上叉尖。在此之前，已經燃起熊熊的柴火。當木柴燒盡後，把餘燼鋪開，懸空架出烤叉，置於支點上，遍撒出神聖的食鹽。烤熟後，再把肉塊裝盤。

斯巴達的家常菜——斯巴達黑湯

材料：

	材料	份量
	橄欖油	2 大匙
	洋蔥	1 顆
	豬腳肉	600 公克
A	葡萄酒醋	230 毫升
A	水	1000 毫升
A	鹽	1 大匙
A	月桂葉	2 片
	新鮮豬血	500 毫升
	魚露	1 小匙

作法：

1 湯鍋加入橄欖油中火預熱後，加入切丁洋蔥，拌炒直到上色、軟化

2 加入切丁的豬腳肉拌炒

3 依序加入 A，煮滾後轉小火燉煮 1 小時左右，直到豬肉熟透

4 加入新鮮豬血，小火持續攪拌約 15 分鐘

5 淋上魚露，即可上桌

註：斯巴達黑血湯的正確作法已失傳，此食譜為現代改良版，除淋上魚露外，亦可隨喜好加入胡椒、蜂蜜或紅酒。今德國北部的「黑酸湯」(Schwarzsauer) 及東歐許多地區，仍有與之作法相似的食物。

水產

希臘為半島，海灣地形發達，自古以來，便充分利用海洋資源，飲食也是如此。許多古希臘的壁畫與文獻中，對水產有各種描述，也記載許多魚的種類及烹調方法，包括魚、蝦、貝、蚌，最常食用沙丁魚和鯷魚，經常鹽漬後保存，隨時可以食用，還可以銷往內陸地區。湖泊及河川中的淡水魚有鰻魚、白斑狗魚、鯰魚、鯉魚等。

魚的價格有明顯差異，鸚哥魚算是平價魚，旗魚、鮪魚、羊魚價格稍高，大西洋中的黑鮪（金槍魚）價格最貴。對希臘人而言，鰻魚、鯛魚屬於珍饈，鯡魚則是較賤。西元前五世紀的密塞庫斯(Mithaecus)留下一本食譜，內容不完整，但有一個製作大眼赤刀魚的食譜：魚去頭去內臟後洗淨，切片，撒上

西元前四世紀希臘飾有水產的盤子，可見鯿魚、電鰩、扇貝、淡菜、海螺和蝦子等食材。

乾乳酪粉及橄欖油。食譜中沒有提到如何加熱，這與一般的燻製或醃製不同，似為生食。

禽鳥、蛋類與乳（製）品

古希臘人也食用禽鳥，四千年前出現雉雞記載。兩千六百年前，家雞傳入希臘，《奧德賽》(*Odyssey*) 一書中提到各種食材，包括鵝、鵪鶉、松雞、閹雞、雉雞、綠頭鴨、雲雀、鴿子等，都屬圈養。野生鳥類則有鶺鴒、鷓鴣、鸊鷉、大鴇、鴴、花雞、畫眉鳥、八哥等，均供食用。希臘人養殖鵪鶉，除了食肉外，也食用鵪鶉卵，其他如雉雞、鵝也是蛋品的重要來源。

希臘山坡地形可飼養山羊或綿羊，羊乳產量頗豐，除飲用外也可製成乳酪。希臘人喜食乳製品，新鮮乳酪及酸奶都是常吃的食物。西元前八世紀時，希臘人製作乳酪的技術已經相當成熟，在《奧德賽》中常提到各種製作乳酪的術語。希臘人用綿羊乳或山羊乳製作乳酪，也有牛乳製的。雅典市場上可以看到新鮮乳酪及陳年高品質乳酪，後者價格要比前者高出三倍。

通常食用新鮮乳酪可搭配蜂蜜或蔬菜，也用作烹煮許多菜餚的佐料，但各地烹飪方式概念不同，對佐料、調味也各有見解，例如西西里島 (Sicily) 的塞拉庫斯 (Syracuse) 在三千六百年前的邁錫尼文明時期為希臘人的領域，當地廚子在烹調魚類時往往加上乳酪，對其他希臘人而言，頗不認同。此外，他們對奶油的興趣不大，只有愛琴海北面的色雷斯人常食用，因此有「吃奶油的人」(Butter Eaters) 的說法。

希臘的飲料

希臘人最常見的飲料是水，婦女每天重要的工作之一便是取水，還將水分成不同的特性：強、重、輕、乾、酸、辣，有的水甚至有酒一般的香氣。一般喝水時使用的器皿為雙耳杯 (skyphos)，多為木製、陶製，也可以用金屬打造，價值自然不同。其他器皿如雙耳高腳杯 (kantharos)、斯巴達式高腳杯 (spartan goblet)、角杯 (rhyton)、高腳盤 (kylix) 等。

由於地中海型氣候適合葡萄生長，葡萄酒在此區域非常盛行，用途亦廣。希波克拉底斯就經常以葡萄酒為藥。葡萄酒雖廣受喜愛，但產量有限，價格不菲，故飲用時必須加水稀釋，節省費用。羅馬人承襲了希臘飲酒的文化，通常也將葡萄酒兌水飲用。

希臘人會釀造紅酒、白酒與玫瑰紅酒，售價因酒的品質有極大差別。塔索斯 (Thásos)、雷斯波 (Lesbos) 與奇歐斯 (Chios) 是比較著名的產酒地，克里特島則後來居上。

上排由左至右分別為角杯、雙耳高腳杯和雙耳杯，下排則為高腳盤。

此外，初榨後的葡萄渣 (pomace) 可以再加工榨汁，加水攪拌，二度發酵，做成供平民飲用的酒。希臘人也會在酒中加入蜂蜜、百里香、薄荷葉或其他草藥，製成藥酒。一世紀起還有一種新作法：將松香加入酒中飲用，有振奮精神之效。希臘人視飲葡萄酒為大事，從希臘的藝術創作中可以看出一些端倪。

地中海沿岸多產葡萄酒，也成了當時貿易的重要內容，腓尼基人航行各地，控制當時的商業與運輸，葡萄酒是主要商品。葡萄種植與釀造技術也傳播各地，北非與義大利半島上葡萄莊園林立，說明葡萄酒的生產區域不斷擴大。

西元前五世紀希臘人用於加水稀釋葡萄酒的容器，瓶身描繪酒神和其追隨者走在葡萄樹下，護送火神赫菲斯托斯 (Hephaestus) 重返奧林帕斯山。

香料與調味

魚露（garos）是希臘最重要的調味品，希臘人製作菜餚離不開魚露，也同樣是羅馬飲食不可或缺的一部分。通常製作魚露的作坊會在海邊，接近原料（魚、鹽）產區。魚露之作法：將魚、鹽混合後，調和其他香料，放在容器中，置於陽光下曝曬，並不時翻動，兩、三個月後，魚蛋白發酵分解呈液化狀態，再過濾裝瓶，即可使用。魚露製成後，裝入雙耳瓶中，運銷各地。因為其含鹽量高，可以完全取代鹽的功能。魚露也可以經過濃縮提煉，形成膏狀的「魚膏醬」（muria）。即便是這樣簡單的魚露，也有貴賤之分：因為使用不同的魚為原料，價格也有不同，最受歡迎的是鯖魚內臟製成的魚露。此外，魚露過濾後，裝瓶出售，品質最佳，價格較高。過濾後的殘渣（allec）則出售給一般民眾，可以拌入麥粥中當做主食。

肉桂（cinnamon）是樟科樟屬的植物，這一屬中有許多種類都含有「香豆素」，

可以用於保存魚露的雙耳瓶

是使大多數人感受愉快的香味。中國的玉桂（cassia，也稱官桂）及錫蘭肉桂（Ceylon cinnamon）皆屬之。錫蘭肉桂甚早便從印度洋經紅海輸往埃及，再沿地中海傳播到鄰近地區。希臘女詩人莎芙（Sappho c. 630–c. 570 BC）在著作中提到安德洛瑪刻（Andromache）與特洛伊英雄赫克脫（Hector）舉行婚禮時便使用大量香料，如肉桂。希臘人能夠清楚描述玉桂與錫蘭肉桂的差別，顯然對這兩種香料都熟悉。

希臘人也對黑胡椒（black pepper）的烹飪與醫療用途非常清楚。一本書中描述亞歷山大在印度作戰時將這種香料帶回希臘，其中便對黑胡椒與蓽拔（long pepper, *Piper longum*）進行十分精確的區分。西元前四世紀的詩人阿切斯特拉圖斯（Archestratus）曾留下一些烹飪紀錄，其中可知希臘人也使用其他香料，如蒔蘿、芫荽、八角、孜然、茴香、芸香及芹菜籽等。

希臘的用餐習慣

古希臘人悼念死去的幼童時，會在墳中放置陶製家具，後世從這些擺飾得以認識古希臘人生活細節，諸如餐桌擺設與飲食的社會意義。

古希臘人的空間移動有限，不會離家太遠，飲食多在家中，一天進食三至四次，穀類為主要熱量來源。早餐 (akratisma) 內容為大麥麵包蘸葡萄酒，有時加上無花果或橄欖。午餐 (ariston) 相當簡單，黃昏時的晚餐 (deipnon) 則是一天中最正式的一餐。因為午餐相當簡單，許多人在下午還會吃一點午晚餐 (aristodeipnon)，也許吃了這一頓後，便可省去晚餐。

此外，也經常食用麥粉製的煎餅 (tagenias)，其可提供相當熱量，製作也容易，三餐皆可食用。若用其他穀粉製作，名稱則不同，如斯佩特小麥 (dinkel wheat) 粉末製成的稱為斯佩特餅 (staitinos)，淋上蜂蜜、芝麻或新鮮乳酪食用。

進餐時，男女分開，如果居所狹小，則男人先進食，然後才輪到女性。奴隸在旁侍候。亞里斯多德 (Aristotle, 384–322 BC) 提到：「窮人沒有奴隸，則由婦女或子女侍候，男人身為提供者，地位明顯居上。」

希臘人習慣坐於椅子上進餐，板凳、躺椅則是宴會時才使用，許多希臘遺物上留下貴族在大床上或躺或趴的進食場景。桌子多為方形，高度未必令人舒適，坐椅子上進餐時嫌高，宴會時嫌矮。四世紀以後，流行圓桌，桌腳裝飾成獸腳。

希臘貴族或富人宴會時喜歡使用金屬或玻璃餐具；但平常並不使用餐具，都是用手取食。餐叉尚未發展，偶爾使用刀子切割肉品，湯匙用來食用湯品。餐盤的形制與材料也是與時俱進，食物盛在陶盤中上桌，有時也以餅和麵包代作餐盤，取用其他菜餚，麵包不僅可以當作容器使用，還可以作為餐巾，清理手指上的油漬、湯汁。

許多古希臘作品描繪餐會時男性聚飲的場景，飲宴主要為：「餐會」(symposium)與「饗宴」(syssitia)，只限男性參加。喝酒前先要抽籤選出一位「宴會之王」，決定酒兌水的比例。宴會開始，先向酒神戴奧尼修斯(Dionysus)獻酒後，參與者便可遊戲、飲酒、休息。餐會時，賓主先用過簡單餐點，再飲酒，下酒菜有腰果、烤豆、烤穀子或蜂蜜蛋糕。富人舉辦宴會時還有雜耍表演，樂師伴奏，費用頗高，只有富人才能負擔。一般人家也可以舉行餐會，但規模與內容有明顯差距。男性宴會雖不邀請女性，但有女性陪酒。

躺著進食、他人侍候，為權力及奢侈的象徵，此類圖像廣見於古希臘的壁畫和陶器上。

「饗宴」是同一個社會階級或宗教團體間的餐會，較為正式，不像「餐會」喧鬧。賓客多半來自貴族階級或軍隊，不限成人，青少年也可參加。荷馬在《伊里亞德》第九書中提到「饗宴」的情況：「年輕人將美酒注滿兌缸，先在眾人的飲具裡略倒一點祭神，灑過奠酒後便開懷痛飲，喝得心滿意足。」

羅馬的飲食文化

古羅馬文化起源甚為多元，包括希臘、伊特拉斯坎及拉丁等。早在羅馬文化出現之前，居住在義大利半島南部地區的多為希臘人，只是因地理條件不同，這些義大利地區希臘人的飲食與生活習慣與愛琴海地區有些差異。

到了羅馬共和初期（西元前六世紀），羅馬的「民族」概念逐漸發展，形成「羅馬文化」，並以羅馬城為政治與文化中心。西元四世紀時，羅馬帝國才逐漸將政治與經濟重心遷到以君士坦丁堡為中心的地中海地區。這一千多年間，羅馬從部落組織發展成一個龐大的政治體系，征服許多土地，吸納原本土地上的人民與文化。羅馬的飲食文化也融合了各地不同元素，從傳統的部落飲食文化轉為希臘式，再轉向地中海式，將地中海周邊飲食文化融合成羅馬的飲食方式，呈現出大融合的景象。

羅馬初起之時，貧富階級間的飲食差異並不明顯，當貴族階級權力擴張、商業發達及富人階級興起後，飲食文化的差異就越來越大。

羅馬的上層階級原本食用兩餐：「早餐」(ientaculum 或是 iantaculum) 及下午的「主餐」(cena)，夜間還可吃「夜點」(vesperna)。羅馬勢力擴張之後，許多進口食物供應充足，其飲食文化亦於此時逐漸受到希臘影響。一方面，主餐的內容豐富、菜色富於變化；另方面，用餐時間往後移。為此，羅馬人又加了一頓「早午餐」(prandium)，夜點則逐漸取消。

至於下層階級，因為體力活動的需求，按著既定的生活節奏飲食，沒有太大變化。且他們的食物非常簡單，工人階級的主餐大約只有麥粥（pulmentum 或稱 puls），用斯佩特麥加水煮成，以鹽調味，加上一些油脂，或者加上一些蔬菜。經濟條件較佳者可以搭配蛋類、乳酪或蜂蜜，偶爾可以吃些肉或魚。

羅馬人如何用餐

羅馬共和初期，專業廚師尚未普及，一般人烹調不講究技法，擺設簡陋，僅以木杓或手取食。到了帝國時代，專業廚師才逐漸出現。

羅馬人不斷向外擴張，吸納了各種異地文化，羅馬飲食的內容除了因為認識其他民族進餐方式與內容有所變化外，亦反映了階級差異。窮人仍以黑麵包、蔬菜為主，偶爾有些肉品；酒品大量兌水稀釋，價格便宜。富人則仿效希臘生活，尋求各種昂貴食材，宅中建有飯廳；炫富的內容也包括飲食質量俱佳、家廚烹調技藝高超等。

富人的宴會

上層社會參加飲宴時，都在長躺椅上進食，通常晚宴在一個獨立飯廳中，廳中設置三張這種長椅，圍成ㄈ字形，一張長椅可躺三人，開口處為服務人員出入口。這種宴會廳也就稱為「三躺椅廳」(triclinium)。中央躺椅為主位，左邊為大，右邊為小。通常主人座位之旁為其家人。客人會從躺椅的後端入席，趴坐時以左肘支撐。

羅馬共和時期結束前，社會風氣變得低俗浮華，貴族及富人都喜歡炫耀財富，從家具到食物，樣樣可以比較，品味欠佳，卻十分張揚，主餐可以增加到二十二道菜，用酒洗手，請客一擲千金。

吃飯時，用手指取食，也有湯匙，較大的稱為「里古拉」(ligula)，可以取用熱食，較

上圖為西元一世紀龐貝城 (Pompeii) 的三躺椅重建。下圖則是見於瑞士布德里堡 (Château de Boudry) 中，描繪五世紀羅馬人宴飲的馬賽克。

小的稱為「蝸牛匙」(cochlear)，一端細長，有細籤功能，可以用來插取貝類、蝸牛，功能與叉子類似。廚師會先將菜品切成適當大小，放在淺盤中，直接取食。每道菜後，用水盆淨手，也可用餐巾擦拭。客人還可以自帶布巾，以便飯後將剩餘菜餚或主人的禮物打包帶回。

主餐之後，會有一個特定的禮敬神明時段，祭品包括肉品、糕點及一壺酒，糕點通常用番紅花染色。此時客人也可以稍事休息、活動，或者準備告辭。

西元前一世紀的羅馬銀製餐具組

第二輪酒 (comissatio)

羅馬人在正餐之後，喜歡繼續喝酒、喧鬧，進行「第二輪酒」活動，意為「快樂的移動」，並經常伴隨賭博及遊戲。第二輪酒極可能喧鬧整夜，為能夠延長喝酒的時間，參加者往往使用大量香水、鮮花，希望藉著香氣避免迅速喝醉。

十九世紀畫家阿爾瑪—塔德瑪 (Sir Laerence Alma-Tadema, 1836–1912) 想像古羅馬宴飲的畫作《埃拉加巴盧斯的玫瑰》(*The Roses of Heliogabalus*, 1888)，其中可見賓客趴於三躺椅上飲酒作樂。

參與第二輪酒者可以擲骰子決定主持人，主持人用不同的手段勸酒。他可以制定飲酒規則，決定酒兌水的比例，指定表演者，甚至制定處罰規則，稱為「酒則」(rex bibendi)。

典型的羅馬主菜

主菜包括各種肉品，如家畜的牛、豬，家禽的雞、鴨、鵝，及魚、兔等野味。牛肉被視為工人階級的食物，因其燉煮甚久才能食用，所以貴族階級並不喜食。羅馬菜譜當中小牛肉的菜色亦不多。不過在考古發掘中，發現許多屠宰牛隻的證據。

羅馬人喜歡吃豬肉，所有部位都是美饌，例如豬的子宮、乳腺等，尤其是剛生育的小母豬，一直都是珍品。當時人也圈養野豬，宰殺前還要灌食，增加脂肪。

羅馬人用牛肉與豬肉灌製香腸，種類甚多。其中最簡單的是血腸 (botulus)，在街上有攤販販售。另一種豬肉漿加上許多香料製成的燻腸 (lucanica) 甚受歡迎。這類燻腸至今仍存，例如葡萄牙的燻腸 (linguiça) 與羅馬燻腸相當類似。

最著名的一道菜是燒烤整豬，豬腹內用香腸與水果填塞，燒烤食用。食用這道烤豬時，將豬隻立直，切開豬腹後，香腸等物紛紛落下，吸引許多目光。這道「特洛伊烤豬」(porcus troianus)，引用了特洛伊戰爭的木馬的形象。

當時已經飼養鵝，也有灌食增肥的作法，這種作法與今日的鵝肝醬相同。其他禽類還有雞、鴨，雞的價格高於鴨。雞也在閹割後飼養成閹雞，雞在宰殺前也要先經過灌食，確保肉質鮮美肥潤。

野兔肉算是珍貴食材，兔腿肉尤其受重視。羅馬人原本要人工繁殖野兔，作為食用，但效果不彰，所以野兔價格相當貴，大約是家兔的四倍。

魚類價格要高於一般肉類，其中羊魚(mullus)被視為最珍貴的食材。據說這是因為羊魚離水死後，魚鱗會變紅，大家喜歡將之拿到桌邊料理，欣賞魚鱗的變化。但帝國時期以後，這種時尚作法突然消失。至於羅馬人烹魚的方式，

龐貝城內描繪多樣海中生物的馬賽克，羊魚是位於左上角的紅色魚類。

也歷經許多變化，原本是切塊烹煮，後來才整條烹煮。羅馬人也曾嘗試養殖魚類，但效果不彰。

今日歐洲菜餚中有許多配菜，配菜的概念在羅馬並不存在。無論哪一個社會階級，羅馬人喜歡在進食時食用麵包；只有最窮的窮人無法負擔麵包的費用，仍是以麥粥裹腹。羅馬人控制埃及以後，從埃及進口大量小麥，使麵包價格下降，種類繁多，成了最重要的主食。西元二七〇年以後，羅馬城中出現了新式的麵包坊。

羅馬最重要的調味汁是魚露，因為製作時氣味極大，羅馬政府禁止魚露工廠設在人群聚集處。羅馬人使用的許多香料泰半為進口，胡椒尤其重要。羅馬人也常用一種類似茴香之性質與作用的香料，稱為 silphium，其不僅作為調味品，也運用於各種草藥中，治療不同疾病。因為無法馴化，只有野生採集，似乎已經滅絕。

羅馬的烹調觀念相當特別，烹調必須將食材的形狀與味道完全改變，才算成功。魚露氣味濃烈，調入蔬菜或肉品後，食客也無法辨識其原味。其他菜餚也是如此，務使食客不知道食材的原本樣貌。

現存許多羅馬時期的文獻，包括阿比企烏斯 (Apicius) 等人所編輯的食譜，我們可以看到羅馬人食用的菜餚，許多考古發掘也出土了當時使用的器皿、鍋具與爐具，甚至有獸骨、廚

在龐貝城內，除了有描繪各種麵包的壁畫，還可見到烘焙麵包用的烤爐遺跡。

餘等實物。羅馬大部分地區靠海，海產供應本就不缺，魚類是日常生活中重要的蛋白質來源。羅馬人不只養殖蠔與貝類，也養殖蝸牛，在許多羅馬考古遺址中發現烤過的蝸牛。

一本作於西元前四十九年的《羅馬的蝸牛》(*Lumaca romana*)，描述義大利半島中部的塔奇尼亞 (Tarquinia) 人民如何養殖蝸牛，稍後的羅馬作家也另有幾本相關作品討論。這說明蝸牛養殖是重要的農業活動，當時許多人都在家附近設置蝸牛圈 (cochlea)，選用優良品種蝸牛，以供食用。

食物運補及饑荒問題

羅馬形成了一個龐大的帝國體系後，如

古羅馬馬賽克，描繪肥美的蝸牛被裝在精緻的盤子上。

何確保人民能夠獲得足夠的糧食供應？如何有效組織人力，組織運輸網路成了當務之急。羅馬人並非利用其周邊地區為其提供食物，而是跨區、跨國的運輸，例如穀物仰賴其他地區的供應，埃及、北非及西西里島都是羅馬穀物的進口區。萬一運補發生問題，諸如天候不佳時沉船事件時有所聞，海盜劫掠也會造成供應中斷，這些都是羅馬人必須面對的問題。

羅馬境內經常發生災荒、饑饉，嚴重時甚至讓軍隊得不到必要的補給，無法作戰。饑饉也造成羅馬人的民怨，甚至引發民變，社會不安。羅馬的因應之道包括：將部分人口驅離羅馬城，減少糧食消耗。一旦要驅離人口時，格鬥士、奴隸或外地人便首當其衝。

下層階級人民必須不斷為其生存奮鬥。根據統計，每月消耗五十公升的穀物可以提供中度工作量的人口每天約三千到五千大卡的熱量。以今日標準而言，大約已經可以滿足其熱量的需求。但根據當時的統計，每人每月分配的穀物僅二十七到四十五公升之間不等，不能滿足當時人民的熱量需求。羅馬政府為穩定民生，甚早就開始實施穀物配給制度，並由「糧食供應官」(praefectus annonae) 負責。西元前二世紀時，羅馬城中約有二十萬人納入配給範圍，每人每月可以獲得約三十三公斤的小麥。凡羅馬公民，居住在羅馬城中者，均納入配給計畫。稍後，其他地方如埃及的亞歷山卓城 (Alexandria)、北非行省也設置此官，他們負責調度糧食，提供羅馬所需。

羅馬帝國時期的香料貿易

胡椒原產於印度半島南端，後傳入南亞各地，在熱帶地區種植頗廣，而且甚早就成為貿易商品。埃及法老拉姆西斯二世（Ramesses II, c. 1303–1213 BC）生活於距今三千多年，他死後被製成木乃伊，鼻孔中就有黑胡椒粒，學界一直探究這些胡椒如何抵達埃及？還有哪些功能？似乎尚無完整論述。兩千四百年前，希臘人也開始使用胡椒，用途似乎頗廣，但學界還是缺乏確切認識，倒是羅馬人留下許多有關胡椒應用的文字與圖像。當時，東西交通已經相當發達，來自印度的胡椒已經常態出現在地中海地區，希臘地理學者史塔拉波（Strabo, c. 64 BC–c. 24）記載：「羅馬每年派遣大約一百二十艘船隻，趁著季風前往印度，購買各種商品。回程時則先前往紅海，貨物改走陸路，經尼羅河與紅海間的運河前往尼羅河，再由亞歷山卓港啟運，前往義大利。」

原本輸往羅馬的胡椒包括兩個種類：蓽拔與黑胡椒。後因黑胡椒的運輸成本較低，歐洲人遂多使用黑胡椒，鮮少有人認識蓽拔。羅馬帝國時期，眾多商船前往印度半島南端的馬拉巴（Malabar）購買黑胡椒，因為交通方便，運輸量大，羅馬境內胡椒的價格已經不斷下降，使用的人也越來越多，但黑胡椒仍是種奢侈品。在羅馬帝國時期留下的許多烹飪書籍中，黑胡椒的運用相當廣泛。最著名的廚師阿比企烏斯在其《論廚藝》(*De re coquinaria*) 一書中便經常提到胡椒，說明黑胡椒是宮廷及貴族階級飲食的重要調味料。

羅馬人也從希臘人處認識並學習使用來自印度的肉桂，希臘原本流傳許多關於肉桂的傳說，例如有飛蛇看守肉桂或是「肉桂鳥」(cinnamon birds) 專門收集肉桂築巢等，這些傳說乃是當時掌握香料貿易路線的阿拉伯人創造，以便隱藏香料來源或嚇阻其他商業冒險者的加入；到了羅馬帝國時期，因為商路大通，使其神秘性大減，但仍屬稀有，所以主要用作藥材，尤其是春藥及薰香。據記載，羅馬皇帝尼祿 (Nero, 37–68) 的妻子波佩雅 (Poppaea, 30–65) 去世之後，尼祿在羅馬街道焚燒肉桂，以為哀悼，說明肉桂在貴族階級間的特殊意義。二世紀之後，羅馬人才漸漸將肉桂作為調味之用。

羅馬帝國時期的香料罐，最右者即為胡椒罐。

第三章

具膳餐飯，適口充腸：

中世紀初期西歐地區的平民飲食

阿什肯納茲猶太人(Ashkenazi Jews)過安息日(Shabbat)或重要猶太慶典時，常將鯉魚或其他有鱗片的魚清理乾淨，將頭取下，自切口處將魚肉取出，去骨、洗淨、剁碎，再與洋蔥、麵包粉、雞蛋、胡椒及鹽攪拌，摶揉均勻後，鑲回魚皮中，再將魚頭放回，使魚形狀完整。將魚放入魚湯中燉煮，再以胡蘿蔔片裝飾。待其冷卻後，魚湯中的膠質凝固。食用時全魚上桌，佐以甜菜根及辣根調製的醬。這種冷盤也有簡易版本：將魚肉剁碎，以洋蔥、麵粉、雞蛋攪拌後，摶成丸狀，煮熟後切片，以胡蘿蔔片裝飾，在淋上魚湯，待其成為魚凍即可。

五世紀左右西歐的自然與人文發展

西元三〇六年，君士坦丁 (Constantine I, c. 272–337) 成為羅馬統治者，他長期面臨萊茵河 (Rhine) 東岸的日耳曼諸部落威脅，耗損財政，而羅馬本身的發展受限，糧食運輸困難，因此君士坦丁計畫將帝國東遷，以便取得地中海各地的物資與糧食，也更接近宗教與文化的中心。君士坦丁考察各地之後，選中拜占庭 (Byzantium)，並於三二四年下令在此營建新都。拜占庭的建設相當順利，君士坦丁乃於三三〇年五月宣告遷都於此，稱之為「新羅馬」(Nova Roma)，不久則改稱「君士坦丁堡」(Constantinople)。

羅馬東遷之後，對西歐地區的管理與建設自然減少，而帝國邊境的日耳曼各部落，逐漸移入萊茵河以西地區，在五世紀以後建立許多滲透政權，其後他們因為兼併或通婚、結盟等，部落型態發生不同程度的變化，但大致維持封建政權的形式。各邦國多採世襲，階級嚴明，身分固定。

儘管查士丁尼 (Justinian I, 482–565) 在西元五三六年前後一度收復義大利，企圖重建政府，但當地殘破不堪，重建不易；加上羅馬帝國的貨幣與貨物都不再流入，造成貿易衰退，公共建設落後，西歐再次進入自然經濟狀態，除了少量的貨品外，各地都必須自給自足，缺乏外來刺激。查士丁尼死後，羅馬帝國再度放棄西歐地區，當地的日耳曼政權則逐漸確立其統治，形成完全不同的政治與社會風貌，文化發展也另闢蹊徑。由於西歐幅員遼闊，各地物產不同，多因地制宜，也發展出具有特色的飲食文化。

從羅馬帝國遷都君士坦丁堡到義大利出現文藝復興，前後約一千多年，統稱為「中世紀」(Medieval)。學者為便於研究，將之畫分成幾個階段。不過，中世紀具有負面的歷史意象：「文藝復興」時期以後的歐洲史家認為，在文藝復興時期之前，僅有希臘、羅馬時期屬於文明時期。從羅馬帝國滅亡以後，直到文藝復興之前，並沒有任何值得稱道的文化，只是一個介於兩個文明時期期間的「過渡」階段，故稱之為「中世紀」[1]。這種說法也完全否定位於君士坦丁堡的帝國與羅馬帝國之間的關聯，認定羅馬帝國已經在五世紀時滅亡，西歐成了一個獨立發展的地區。但是，從飲食文化的角度看，五世紀以後的歐洲地區並未與地中海文化圈脫離關係，反而繼續從阿拉伯與拜占庭帝國不斷引進各種新事物、商品、技術、禮節與知識。

1 歷史學界原本還有「黑暗時期」(Dark Ages) 的說法。

歐洲中世紀自給自足莊園社會，出自林堡兄弟 (Limbourg brothers, fi. 1385–1416) 的《貝里公爵的豪華時禱書》(*Très Riches Heures du Duc de Berry*, c. 1412–1416)〈六月月令圖〉。

歐洲學者所稱的中世紀時間長達一千年，在不同的歷史時期中，各有特色與發展主軸。我們可以根據不同的時代特徵，將中世紀分成三個主要階段，大約以羅馬遷都君士坦丁堡為始，到十世紀為止的這段時間為中世紀早期；十一世紀農業發展到十四世紀黑死病蔓延為中期；十四世紀到十六世紀為晚期。這些分期未必根據重大歷史事件，發展進程也因地區而有區別，例如文藝復興的進程，南歐要比北歐早一百年左右，分期只是便於確認部分的特徵。

近年來，歐洲學者對中世紀歐洲地區暖化現象（稱為歐洲暖化時期，The Medieval Warm Period）及隨之而來的小冰河時期（Little Ice Age）有極大的興趣。幾個國家的地理學與考古學等相關領域學者合作，探討中世紀時期北半球的氣候變遷及其影響。研究指出：西元九五〇年到一二五〇年的三百年間，由於太陽運動活躍、火山活動相對靜止，造成西歐洲許多地區溫度上升，加上洋流變化，也導致許多地方的溫度改變。但一二五〇年之後，西歐停止暖化，氣候變冷。這種氣溫變化影響了農業活動，十世紀到十三世紀中期，歐洲農業生產情況良好，而小冰河時期，農業生產受到極大影響。

經濟史家指出：西歐暖化時期，農業生產發達，供應充足，使得貿易增加，生活相對富裕，西歐地區人口增加。當時社會組織有重大改變，從五世紀起，羅馬帝國勢力撤出西歐，羅馬的貴重金屬不再流向西歐，西歐地區缺乏交易媒介，也沒有帝國行政組織維護水利、交通等公共建設，西歐乃轉向以貴族領地為中心的「莊園社會」，人民生活安定，但缺乏交流。直到十一世紀末期，法蘭西與英格蘭的領主開始參與十字軍 (Crusaders) 活動以後，西歐地區才開始與外界互動。

日常食品

食材種類是飲食文化的重要課題之一。世界各地的原生物種數量都相當有限，但足以提供當地居民食用。在歷史發展過程中，物種不斷交流，部分強勢外來物種會改變當地生態及飲食內容，例如西歐的主食為小麥，但歐洲開始食用小麥的時間，遠晚於歐洲人類活動的歷史。西亞地區居民馴化大麥與小麥後，先傳入地中海東岸黎凡特，八千五百年前，希臘與塞浦路斯 (Cyprus) 開始耕種。當時西歐地區的主要居民克爾特人並不認識小麥，七千年前，大麥與小麥才進入西歐，並徹底改變歐洲的飲食習慣。

穀物與菜蔬

裸麥原生於西亞，原本被視為雜草。人類種植裸麥成為主食的時間晚於其他穀類，古羅馬遺跡中才明確出現裸麥，但因其品質不佳，多數供窮人食用。羅馬人將裸麥帶進歐洲，在萊茵河、多瑙河 (Danube) 一帶種植，稍後傳入北歐、愛爾蘭及英國等地。裸麥具有耐寒、耐旱特性，可以在無法種植小麥的地區種植，故自中世紀初起，中歐與北歐許多地區種植頗多。德意志人、克爾特人與斯拉夫人多用裸麥烘焙麵包，但裸麥的成分以澱粉為主，質地緊密，不易形成鬆軟氣泡，也不易成形，因此往往加入小麥粉烘焙；此外，兩者混食，有助於減少裸麥的苦味。稍後，小麥與裸麥的雜交種黑小麥 (triticale) 也成為人類主要糧食作物之一。

其他許多非歐洲原生種的作物也在歷史發展過程中漸次傳入歐洲。胡蘿蔔原生於中亞伊朗、阿富汗等地，原本食用其葉片與種子而非根部；在胡蘿蔔馴化及傳播過程中，各地居民不斷選種、育種，去除苦味，增加甜度，根部變得柔軟多汁，成為普遍食用的蔬菜。瑞士及德國南部地區發現距今四千到五千年的胡蘿蔔種子，應為榨油之用。西元一世紀時，希臘人才提及胡蘿蔔根部烹煮後可食用，與今日歐洲人生食胡蘿蔔的方式不同，可能是尚未培育出供食用的塊根。今日仍有利用胡蘿蔔葉與種子的品種。六世紀初，拜占庭帝國編輯了一本藥典[2]，內容包括四百多幅動植物圖片，栩栩如生，書中著錄胡蘿蔔及另一種同源於中亞的作物蕪菁，白色、球狀，羽狀葉片。希臘、羅馬人都清楚其食用功能，中世紀時期成為歐洲的日常食材。其他供食用的植物如蘿蔔、甘藍、高麗菜（捲心甘藍）等，也十分常見。

西元一〇〇〇年左右，歐洲進入氣候較溫暖的時期，有利於農業發展，穆斯林傳來的新作物更在歐洲各地傳播。我們可以菠菜為例：西元八二七年，穆斯林將菠菜引進西西里島，十世紀

2本書現藏維也納，故稱《維也納藥典》（西方學界也稱之為 *Anicia-Codex, Anicia-Kodex, Anicia-Juliana-Kodex* 或 *Codex Juliana Anicia*）。

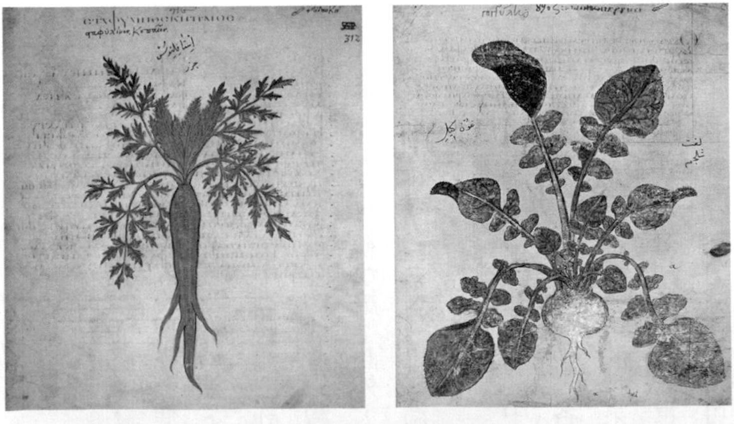

《維也納藥典》內的胡蘿蔔（左）和蕪菁（右）

起，阿拉伯人控制的地中海區中，菠菜已經是相當普遍的蔬菜，十二世紀以後，伊比利半島也出現菠菜。十四世紀起，法國、英格蘭等地都有菠菜。這種蔬菜可以在春初生長，而此時各地尚無新鮮菜蔬，菠菜正可以滿足空缺，因此廣受歡迎。一三九〇年時，英格蘭著名食譜《醬汁譜》(*Forme of Cury*) 就已經詳述烹調技法。

中世紀時期，不列顛的盎格魯—薩克遜人種植高麗菜，也留下許多相關的圖像及文字記錄。當時高麗菜在西歐地區已是一種重要的蔬菜，因為種植容易，價格低廉，成為窮人重要的食物。文獻記載，一四二〇年歐洲許多地方發生饑饉，麵包昂貴，巴黎窮人無法負擔，只能以高麗菜

坎皮 (Vincenzo Campi, 1536–1591) 的《水果小販》(*The Fruit Seller*, c. 1580) 中可見女子販售各色歐洲原生的蔬菜和水果。

及蕪菁度日。

歐洲因為氣候關係，水果種類不似熱帶地區豐富，主要的原生種水果包括：黑醋栗 (blackcurrant)、大馬士革李 (damsons)、杜松子 (juniper berry)、梨 (pear)、覆盆子 (raspberry) 及歐洲越橘 (bilberry) 等。歐洲並不產蔗糖，近代以前，歐洲的甜味來源主要依賴蜂蜜與水果。蜂蜜的價格相對高昂，平民多用漿果，製成醬汁、果醬或釀醋。

家畜與肉品

西歐大部分地區適合大型動物如馬、牛、羊與豬隻生長，自古以來，畜牧業相當發達，乳製品的產量與種類相當豐富。牛奶與羊奶為乳製品的重要原料，可以製成乾乳酪與各種酸奶。除食用外，乾乳酪也是重要商品，可以運送到城市販售，換取現金或其他生活必需品如鹽、布料等。

歐洲牛的功能相當多，生產乳製品外，也可供作役獸，食用牛肉的風氣不盛，肉品的主要來源為豬隻。豬隻為雜食性動物，可以放養，平時農家飼養幾口豬隻，入秋之後，便可以利用農閒，宰殺豬隻，製成各種肉製品如燻肉、香腸等，除少部分自用外，大部分肉品運送到市集販售，成為家庭重要的經濟補充。歐洲許多地方至今仍以十一月十一日聖馬丁節 (St.

Martin's Day) 前後為屠宰日，屠宰之後，舉行慶典 (Schalchtfest)，期間市場會供應多種特殊肉品。歐洲各地農民也飼養許多小型的家禽如雞、鴨或鵝，雞的體型較小，飼養也較容易，是最重要的家禽，除了供應雞蛋之外，也可運進市鎮販售，換取現金。鵝與鴨的飼養條件較嚴苛，也就不像養雞般普及。至今，歐洲流傳的雞肉食譜遠多於鴨、鵝，即為明證。

歐洲河川、湖泊雖然眾多，也盛產各種魚類，但捕魚是封建領主獨占，一般人不得染指。但鯉魚為底棲性魚類，土腥味甚重，貴族階級不願食用，常常開放其領地內人民捕食。

小布魯赫 (Pieter Brueghel the Younger, 1564–1636) 的《秋》(*Autumn*) 描繪農人入秋後宰殺豬隻。

猶太民族「鯉魚丸子」的作法至今仍然未變，波蘭等東歐地區的農民，也有以鯉魚為耶誕節主餐，波蘭名菜猶太式鯉魚 (gefilte fish)，可以作為這類菜餚的代表。另有一些無鱗的魚類如鰻魚，猶太人以其為經典所禁食，不願食用，一般平民也對此種魚類頗有忌諱，但許多地區的窮人則因其數量眾多，價格極賤，樂於食之。

日常飲品

飲料提供人體需要的水分，亦為所有生物之必須，中世紀時期的歐洲亦然。但因為成分、製程不同，飲料的價格也相去甚遠。所以飲料除了維持人體運作外，也是社會階級的重要指標。

猶太式鯉魚

歐洲人沒有飲用開水的習慣，但也知道未經煮沸的水不適合飲用，故其飲料多為牛乳、果汁或酒類，如西打 (cider) 與啤酒。但更為普遍的應是啤酒，將穀類煮熟後，令其發酵，再加上一些香料如蛇麻花 (hops) 等調味，便成啤酒，其酒精濃度一般而言在4%左右，也是無菌，頗為普及。許多地方的薪水也包括每日供應一定數量的啤酒，例如中世紀歐洲大學的教職員薪水，可見其為日常生活必需品。

葡萄酒也是重要飲料，但因其產區有限，價格視其與產地的交通而定。德國萊茵河、默瑟河 (Mosel) 沿岸許多地區均盛產葡萄，專供釀酒。法國也出現紅酒專作區，產品銷售到歐洲各地。此外，義大利、伊比利半島也都盛產葡萄酒。但非產地的價格便相對高昂。為求節省，飲用葡萄酒時，常會勾兌一些清水，其酒精含量自然相對降低。蒸餾酒的出現較晚，阿拉伯人將製作技術傳入後，歐洲才出現蒸餾酒，但此時期並不普遍，少有供作飲料使用。

無酒精飲料

泉水是日常生活中最主要的水分來源，歐洲人固然知道泉水應當比河水、池水適合飲用，並在泉眼處砌上圍牆，保護水源，許多城鎮也會自附近山區尋找水源，埋設水管，將泉水引進城鎮之中，供居民使用，政府也可能重新修建古羅馬人的引水道，提供水源。但是這些泉水附近往往也是垃圾堆積處所，汙染水源。歐洲人對清水一直有所疑慮，也是其來有自。

由於歐洲在不同季節出產不同的水果，諸如蘋果、櫻桃、梨、野莓果、李、梅、桑葚等均相當豐富，但因交通運輸不便，故多榨成果汁，直接飲用，或再加工發酵成酒精飲料；各種蔬菜也均可榨成汁飲用。但各地物產不同，飲用的情況也有差異，例如歐洲盛產蘋果，許多農民往往將過剩或遭蟲鳥啄食的蘋果榨成蘋果汁，經過發酵後貯藏。其餘各種含果糖的漿果、水果均可同樣處理，成為果汁或含酒精的無菌飲料，可以安心飲用。

此外，乳品是人類最早熟悉的飲料，種類相當多，但中世紀歐洲對乳品有不同的處理方式。中世紀歐洲的乳品包括牛乳、山羊乳、綿羊乳及驢乳；北歐地區習慣飲用牛乳，南歐多為羊乳。至於亞洲游牧民族喜歡將馬乳發酵成馬奶酒，因馬乳與驢乳的成分與人乳類似，往往也成為養育嬰兒的人乳代用品。

中世紀時期，新鮮乳品是重要的食材，不僅產量有限，保存也不易，向為珍稀之物，因此乳製品主要提供老人及幼童作營養品，在猶太經典中有「流著奶與蜜的地方」的說法。由於當時人們視乳品為「液態肉品」(liquid meat)，在齋戒期間便不得食用；如有飲用乳

老布魯赫 (Pieter Bruegel the Elder, c. 1525–1569) 的《收割者》(*The Harvesters*, 1565) 中於樹下休息的農人很有可能在食用、飲用乳製品。

品需求者，便以杏仁漿為代用品。其中，牛乳被當時人認為不易消化，故通常製成乳酪，也可將新鮮乳酪放入湯中食用。還有製作乳酪的剩餘產物乳清[3]，通常被稱為「農民飲料」(Getränk der Bauern)，為一般成人飲用。

含酒精飲料

含酒精的飲料出現甚早，但多為小型作坊製作，品質並不一致。酒精的含量也沒有固定的標準。含酒精飲料的製作，利用蔗糖、蜂蜜、穀類、水果汁等材料，製成含糖的液體後，再經過酵母發酵。

蜜酒是歐洲較早期出現的含酒精飲料。蜂蜜原本因含水量甚低，酵母菌無法存活、分解，但將蜂蜜稀釋之後，酵母菌即可將蜂蜜水轉換成蜜酒。蜜酒的味道香甜，酒精濃度約15%，釀造時還可加入香草，如鼠尾草、薰衣草或月桂葉。在日耳曼神話體系中，蜜酒是諸神及英雄的飲料，中世紀早期，北歐因為不能種植葡萄，多在野外尋找蜂蜜釀酒。東方

3 農民將乳品加工製成乳酪時，因酪蛋白凝結，剩餘的液體稱為乳清，含有蛋白質、少量脂肪、乳糖、維生素和礦物質。乳清生產過剩時還可以作為家畜飼料。

香料進入歐洲後，丁香、薑及八角粉都可以加入蜜酒中。

中世紀時期，蜜酒仍十分普遍。但十二世紀以後，歐洲的供需體系改變，啤酒與葡萄酒逐漸普及，而蜂蜜來源減少，價格越來越高，超過進口的中等價位葡萄酒，蜜酒消耗量逐漸降低，尤其是上層社會對蜜酒的需求減少。十四世紀時，歐洲大城鎮中還可以見到經營蜜酒的的商家，其中，巴紹 (Passau) 生產的蜜酒在德意志地區享有盛名。每年消耗幾十噸蜂蜜，但生意每況愈下。十五世紀時，平民階級也改喝啤酒，蜜酒的市場不斷萎縮，某些地區專門作為病人飲用。

葡萄酒則自古以來都是歐洲地區的重要飲料。中世紀時期，隨著歐洲氣候暖化，葡萄種植的地區擴大，甚至在英格蘭南部地區也可以種植葡萄，法國逐漸出現葡萄專作區，葡萄酒成為重要的商品。此外，葡萄酒的銷售與基督教化有一定程度關聯，因為根據基督教義，耶穌在最後的晚餐時食用酒及麵包，這就演變為基督教信仰體系中的「聖

採收葡萄，出自十四世紀的《健康全書》(*Tacuinum sanitatis*)。

體聖事」(Eucharist)，在彌撒之後舉行「聖餐禮」，由主祭神父將餅和酒「祝聖」，分給信徒。九世紀以後，歐洲各地居民逐漸改信基督教，因應宗教儀式的使用需求，紅葡萄酒占有相當位置。例如在北歐地區便需要大量的桶裝葡萄酒，擴大了葡萄酒市場，幾個修道會專注葡萄酒的生產，形成紅酒經濟專作區。是故葡萄酒的價格不斷下降，平民也可以飲用，不再是貴族專有的飲品。

許多喜慶場合或公開儀式也都有祝酒的習俗，尤其經過教會祝福過的酒，更在民間受到相當歡迎。例如一四一四到一四一八年間，羅馬公教在康絲坦茲(Konstanz)召開宗教會議，一位參加者的紀錄顯示：會議期間，陳列許多來自各地的不同酒品，產地包括希臘半島南端、亞得里亞海的伊斯特拉半島(Istria)及法蘭西的亞爾薩斯(Alsace)等地。當時紅酒生產限於技術，酒精濃度大約在7～8％之間，今日則為10～16％。

中世紀時期的葡萄酒有不同的等級，初榨的葡萄汁釀造第一等的葡萄酒，第二次榨的葡萄汁含量甚低，必須加入其他物質如醋或水，甚至還有第三榨，品質更為低下，專供窮人飲用。中世紀後期，因為東方傳入的蒸餾技術逐漸普遍，許多葡萄莊園會將葡萄酒蒸餾成燒酒，一直到十五世紀，燒酒都是藥用居多，若葡萄品質不佳，則必須加入調味的物質，製成藥酒成甜酒。

水果酒(vinum mustum)係由水果榨汁釀造而成，價格較葡萄酒更為便宜。無論是梨、蘋果等「梨果」或是桃、李等「核果」，都可壓榨果汁，釀造酒類，但各地製法不同。萊茵河、波登湖區(Bodensee)、奧地利等地習慣用蘋果釀造，稱為「蘋果酒」(Apfelmost)，在巴伐利亞地區(Bavaria)主要以梨子(Birnenmost)或葡萄為原料(Traubenmost)。這些「新酒」(Most, junger Wein)酒精含量大約在3～4%之間，為免過度發酵，農民多半在秋天釀成，否則酒精含量可以達到12%。但酒精含量高達12%時，酵母菌便會遭酒精殺死，停止發酵。這種蘋果酒窖藏過久時，往往變酸，轉變成水果酒醋。

古日耳曼人、希臘人及羅馬人都飲用這種果汁釀酒，羅馬人老普里尼(Pliny the Elder, c. 23–79)就曾記載「各種用梨或蘋果釀成的酒」。當時釀酒用的蘋果與食用蘋果種類不同，各地鼓勵水果的種植。十三世紀中，一般民眾飲用稀釋後加熱、調味的水果酒，當啤酒逐漸盛行後，這種飲料才逐漸消失。

啤酒的歷史甚為悠久，羅馬作家塔西陀斯(Tacitus, c. 56–c. 120)在《日耳曼記》(*Germania*)中記載：「日耳曼人常飲用一種由穀類釀造的飲料，有點像葡萄酒。」中世紀早期，除了修道院外，也出現各種專門釀造啤酒的酒廠。大概所有的穀類都可以作為啤酒的原料，只是有的先使穀物發芽，也有未發芽的，將穀物蒸餾後發酵，釀成啤酒。

儘管葡萄酒的價格不斷下降，許多人都可以負擔，但啤酒仍是許多地區的主要飲品，雖然當時人們並不認為啤酒有益健康。中世紀時期，因為釀造技術尚未成熟，啤酒酒精含量較近代的啤酒為低。當時釀造為高層發酵，酵母菌多存在於汁液的上層，理想溫度為二十度；下層發酵指酵母菌下沉到汁液底部，理想溫度為四到九度。故根據中世紀時期的條件，僅能在冬天釀造；且當時的啤酒因為無法保存，並沒有商業價值，僅能自用或在家附近銷售。

中世紀早期以前，釀啤酒時通常是添加杜香 (marsh Labrador tea) 或香楊梅 (sweetgale) 等植物，或添加其他草藥賦香，如甘草、櫻花、顛茄、茴香、月桂葉等香料作物。至中世紀早期，開始添加蛇麻花，一方面可以防腐，也可以增加酒液的香味；十四世紀以後，這種作法在德意志境內已經相當普遍。十六世紀以後，釀酒時還加入特定的香料，稱為香料啤酒 (Grutbier)，各地都有其特定的香料配方。

十五世紀以前，科隆 (Köln) 的富商為控制當地釀造啤酒的銷售，立法禁止蛇麻花進口，以免傷害其既有的利益。紐倫堡 (Nürnberg) 則在一二九三年制定法律，規範啤酒的衛生條件及售價，包括規定僅能以大麥為釀酒原料。一三四八年，威瑪 (Weimar) 也規定，釀造啤酒僅能使用麥芽與蛇麻花。此後，許多德意志城鎮都陸續出現類似的規範。

根據統計，在中世紀盛期，德意志地區每人每年的啤酒消費量約為三百公升，啤酒成了重要的產業及稅收來源，各城鎮因此都需要規範。烏爾姆（Ulm）最早徵稅，一二二〇年時，當地的啤酒商就已經開始繳營業稅。漢薩同盟（Hanseatic League）在十三世紀時也大量銷售啤酒，從漢堡（Hamburg）出發，前往尼德蘭與波羅的海、北歐等地。還有一些地方想方設法保護自己的啤酒廠，例如設置啤酒禁制區（Bier-Bannmeile），規定區內的啤酒廠有獨占權，禁止外地啤酒進入。

調味料與香料

自古以來，人類根據其地方所生產的各種動植物維生；烹飪之時，也以果腹為優先考量，味道如何尚在其次。久而習之，發展出配合地理條件的特定味覺，並適應其特定環境。

中世紀以前，歐洲大部分人都使用居住環境周遭所產的植物作為調味品，內容簡單，售價便宜。當部分特殊食物為身體所必需，本地又不能生產時，就會透過交易方式取得，當時大約只有食鹽屬於重要的貿易商品，許多不產鹽的地區依賴進口食鹽，例如中歐地區。萊茵河沿岸許多古老城鎮都有「鹽街」（法語稱 rue de sel，德語稱 Salzstraße），就是市集販售食鹽的集中地段。歐洲許多沿海地區也製作醃魚，使用大量海鹽醃製漁獲後販售到缺鹽地區，以補充食鹽。至於希臘與羅馬使用的魚露也含有大量食鹽，提供人們日常生活所需的鹽分。故販售食鹽為世界各地的普遍現象，屬民生必需，價格再高昂，也必需食用，並無貴賤之分。

食鹽是身體必需的重要物質，成人體內大約含一百五十公克鹽，可以平衡人體電解質、穩定神經系統、消化系統，更是骨骼組織所必需。人類原本從其他動物的肉品、血液或乳汁中獲得食鹽，但農耕文明發展之後，人類多以穀物和蔬菜為主食，必須另外補充鹽分；因此食鹽的開採或交易，一直都很重要。

新石器時代人類已經開始使用陶器煮鹽滷，提取食鹽。山西運城的鹽湖和羅馬尼亞波亞納斯拉蒂納 (Poiana Slatinei) 的考古遺址都發現古老鹽作坊。但也有某些特定地區既不產鹽，又缺乏對外交通，透過身體自我調節，形成低血壓現象，卻不妨礙其健康。例如委內瑞拉的雅農瑪米部落 (Yanomami)，他們以漁獵維生，也採集各種植物，但因缺乏食鹽而長期處於低血壓狀態，卻也適應良好，引起許多科學研究者的好奇。

除食鹽以外，倒也難得有其他遠方調味料或香料為生活必需。因此，在中世紀歐洲，烹飪時使用的調味料，是不假外求的。但十世紀以後，因為貿易興起，香料成為重要的國際貿易內容。許多來自遠方的「香料」，包括砂糖、胡椒及肉桂等，開始出現在歐洲許多地區，因為價格昂貴，僅貴族可以負擔，但又非民生必需，也沒有降價的必要，一直成為身分與地位的重要表徵。

廚房的發展

熟食非為美食

大部分食材必須烹調，以便食用。古代烹調的目的不在於色香味美，而是要擴大食物來源，因為許多食物未經加熱，無法食用。例如穀類種子裡含有植酸鈣、鎂等礦物質，非經烹煮，人體無法消化吸收。烹煮也可以去除食物毒性，如黃豆、荷蘭豆、扁豆、四季豆等豆類食物含豆類皂素，生金針含秋水仙素，生樹薯含天然氰化物，這些食材都必須充分加熱，破壞毒素後食用，避免引發腸胃炎、腹瀉。烹調還可以改變食物的蛋白質結構使之變性，如核果、花生等，加熱烹煮後比較不易引起過敏反應。烹煮還有讓蔬果釋出營養素、軟化纖維質的功能，例如茄紅素、胡蘿蔔素、維生素A、D、E、K等經過烹煮，更易於吸收。

此外，加水烹者也可使食物體積變大，提供更多人食用。例如麥粥由大麥、裸麥、燕麥或小麥等穀類磨成粉，豆類如豌豆、豇豆等加水燉製成糊狀，可以加上鹽、牛油、牛乳等，使一點點食物能夠膨脹許多。

新石器時代以來，人類處理食物的方式並沒有太多的變化。中世紀歐洲一般平民家中有簡單的火塘，將陶製或生鐵製的鍋具置於三腳鐵架之上，即可烹煮食物，鍋中置水或其他液體，置入穀類、蔬菜，煮成粥或湯，搭配麵包食用。

廚房空間配置的變化

中世紀早期，集居的大市鎮極少，絕大多數人居住於村落中，房屋多為木結構，泥土混和稻草為牆，茅草為頂，房舍並不寬敞，牆也不高。歐洲各地多在居室挖一淺坑，四周用黏土或石塊堆砌一圈，形成火塘，可以生火、烹飪，火塘置於房屋中央，以免走火；富裕人家也會在客廳中設置明火塘，以便取暖。火塘在世界各地都相當常見，也都有引發火災之虞，有人在火塘四周架設小罩，以免火星釀禍，夜間則以陶蓋置於餘燼上，減少空氣供應，但仍可保存火苗，次日加柴後即可生火。當時沒有煙囪，火塘通常燃燒木材、樹枝，一生火則屋中全是濃煙，汙染空氣、有礙呼吸道健康，但好處是可以燻除蚊蟲，同時煙燻火塘上吊掛各種食材，以延長其保存期限。過了極長時間之後，人們才學會在屋頂開一小口排煙。西元八二〇年，瑞士聖加侖(St. Gallen)的修道院在火塘之上修建一個管道，將煙導出室外，算是西歐地區最早有煙囪的證明。但城鎮中的下層階級及鄉間的烹飪火塘仍沒有設置煙囪。

十一世紀以後歐洲人口較為集中的城鎮逐漸出現，建築方式也有些變化，其中較為明顯的變化是以紅磚為建造房舍的材料。地中海地區使用紅磚建造房舍的起源甚早，古希臘及羅馬人已經普遍使用，但多為大型公共建築如浴室等。中世紀早期，北歐缺乏石材的地區也學習義大利的磚造建築，稱為「磚造哥德式」(Brick Gothic)。紅磚逐漸成為城鎮重要建築材料，並出現了兩層以上的建築。中世紀城鎮的木造房屋經常發生火災，故此時新式建築一定會注重防火與防煙。到了十三世紀左右，許多城市開始制定消防及建築相關法規，因採用新的建材與工法，兩三層高的建築出現，故要求所有房舍都必須有磚瓦砌成的煙囪，避免火災波及鄰居，煙囪成了建築的重要部分。

十三世紀以後，磚造的煙囪及壁爐逐漸普及，烹煮食物時，多在壁爐旁處理食材，起居室中取暖用的火塘內縮到牆邊，於是逐漸出現專門烹飪的空間。中世紀後期，為了防止油煙、氣味流入客廳、減少火燭風險，許多中間階級住宅中的爐火開始移向大廳一旁，慢慢搬入獨立房間，形成獨立廚房。貴族的城堡及城鎮的富貴人家中，主人往往興建單獨的建物作為廚房，以走道或頂棚連接主建築，以便隔斷煙味、噪音與氣味。獨立廚房逐漸成為一種潮流，但各地區發展速度不一，中歐地區的變化較快，歐洲西北部的變化發生較晚，即便在德國南北也有相當大的差異：南德地區大約在一三〇〇年後，出現專供烹飪使用的空間，算是廚房；但北德地區農民居住於長條形房舍建築中，廚房仍與起居室結合，即烹飪與起居仍在同一空間，直到近代仍存。

中世紀時期的廚房非常簡陋，多半用泥土與石頭砌成約在膝蓋高度的火塘或灶臺。從當時人留下的圖像看來，不同時期的灶臺有不同型制，有明顯差異。十三世紀以後，許多房舍中在爐火旁加砌磚造爐臺，灶臺高度在五十到一百公分之間，約在成人腰際處，以後處理食物時無須躬身彎腰，成為「廚房」的早期形式。但也有人直接在地上挖淺坑生火，火上放一小鐵架置放鍋具，即可烹煮。這種明火直接加熱的方式自古已有，間接加熱的爐具到十八世紀才發展出來，但直接加熱並未因此消失，在二十世紀時仍是常見的烹飪方式。

此外，在貴族的城堡及城鎮民宅中的廚房漸漸轉換成新式火爐，改變了傳統的烹飪

中世紀的爐灶，灶臺高度僅到廚師的膝蓋，出自十六世紀的《石榴之書》(*Das Buch Granatapfel*, 1510)。

方式。新式烤爐的烘焙的方法相當簡單，一個半密閉空間中生火加熱到攝氏三、四百度後，去除灰燼，將麵糰或肉品放入，密封後讓餘熱烘焙食物，即成。但這種烤爐的燃料費用甚高，一般家庭無法負擔，大約只有富人或麵包坊才有。

中世紀時期，最普遍的主食為麵包，村落中均有公共烤爐，通常各家各戶在家中摶揉麵粉，或大家一起製作麵包，發酵後送到公共烤爐烘焙，一次烘焙可供一週食用，藉此降低成本。城鎮之中則有專門的麵包作坊，提供居民選購所需。當時還有一種可以移動的烤爐，爐中有炭火，商人販售各種烘焙的點心或簡單食物，算是一種移動廚房。

中世紀的麵包坊，麵包烘焙在當時已然是一項專業，麵包坊主人不僅可以組織行會，亦能招攬學徒。此圖描繪麵包坊主人向徒弟示範如何將麵糰送進烤爐。

烹飪的方式

中世紀時期，火塘為烹飪之處，主要的烹飪方式是：大圓底吊鍋（cauldron）[4]，直接吊掛於火塘之上，藉著鐵製鍊條調節鍋與火的距離來控制溫度。也可使用三腳鐵架，將鍋具置於其上，烹煮食物。北歐地區還有一種滑石製造的石鍋 (soapstone pot)，保溫效果佳，導熱也較均勻。所有食材都放在吊鍋中烹煮，用餐時，往往是將大鍋置於餐桌之上，各自以木杓取食，沒有特別盛裝用的餐具。這種燉煮食物也非經常有，為節省柴火，兩三天才烹煮一次，供全家人兩三天之需。

瑞士中世紀城堡內的廚房重建，可見低矮的火塘、大圓底吊鍋和用來調節距離的鐵鍊。

4 Cauldron 原為北歐語諾曼語 caudron，中世紀法語稱為 chaudron。可能借用自拉丁語 caldario，有熱水浴之意，將所有食材置入鍋中燉煮，最能節省燃料。

大鍋燉煮的形式起源甚早，從上古時期便是如此，已有數千年，但各地名稱不同。羅馬格鬥士就習慣食用穀物粥 (Getreidebrei)，除了穀物之外，還放入豆類、蔬菜、肉類燉煮。美洲原住民則會使用玉米、豆類與肉或魚一起燉煮。至今德意志地區仍盛行以大鍋煮食菜餚，稱為「一鍋」(Eintopf)，也有其他名稱，像是愛爾蘭的燉菜 (stew)、法國的燉菜 (ragoût) 起源都類似。中世紀時期，一般無法負擔麵包的鄉居人口及城市貧民，多以麥糊 (Brei) 或穀物粥裹腹。麥糊作法為將裸麥、大麥、燕麥、小米等穀類作物磨成粉，也可將乾麵包、胡蘿蔔或各種豆科作物如豌豆、扁豆、菜豆、刀豆等熬煮成粥。通常燉煮饘粥是添加水分，但也可以用乳品或啤酒燉煮，攪拌均勻後加鹽即可食用。一種特定的麵包啤酒粥 (Brot-Bier-Brei)，是以熱啤酒倒入黑麵包燜熟，調味而成。也可以用啤酒加上麵粉、水果或碎肉、魚等一同燉煮、調味。這種麵糊都呈濃稠狀，可以用刀分切成塊，甚至可以擀成扁平餅狀食用，與今日的湯品有些區別。

燉煮時，多使用三足的圓底鍋，直接置於火上，許多文化都有這類的鍋具。古代阿拉伯人的所有廚具只有一個三足鍋，此亦為古代希臘羅馬下層階級唯一的烹飪工具。巴爾幹半島的薩其 (Sač)、中國的鼎或鑊都是具有相似外形的鍋具。

用燉鍋可以烹飪的菜餚相當有限，中世紀時期德意志地區的麥糊、湯 (Suppe)。這種食用方式與當時人的牙齒健康狀態關係密切；另一方面，當時的醫學知識認為食物含有許多有害物質，必須仔細混和，才會抵消其毒性，供人們食用。中世紀著名醫師希爾德嘉 (Hildegard von Bingen, 1098–1179) 便主張：食用斯佩特小麥粥可以讓血液流通，強化循環；小麥糊加蛋清製成的膏藥則用來治療狗咬。

德意志地區的貴族及上層社會因應不同的食物，還有不同的烹飪工具，如三足燉鍋、平底鍋、鬆餅烤模 (waffle iron)、篩子、刨子、烤肉架及烤肉叉等。烤肉叉與烤肉架又因食材大小不同，還有各種尺寸。許多家庭也有杵臼，以研磨香草、調味料等。從中世紀時期留下的各種食譜中可以看出，杵臼是許多貴族廚房中必備之物。

大體而言，平民階級飲食必須根據各地物產，差異可能甚大；但貴族階級則因互相通婚、交流，且能負擔外地輸入的奢侈品，差別可能有限。至於發家致富的平民階級，則受到各地法令的影響，或有可能食用進口食材，也可能受制於禁奢令，不能效法貴族階級的飲食。例如奧地利大公利奧波德六世 (Leopold VI, 1176–1230) 便曾下令：農夫只能食用肉類、捲心菜、大麥粥，禁止食用野味；齋戒時也只能食用豆類作物，不得食用魚或魚油。

有精緻壓紋的鬆餅烤模

這種法令背後的意義顯示食材與身分關係密切，進食者透過其飲食內容可以與自然或聖靈建立聯繫；平民階級缺乏這種「神性」，故理當食用粗糙、廉價食品。

如何保存食物

古代食物供應並不穩定，生活重點之一是如何保存食物。除荒年、饑饉造成普遍糧食短缺外，季節性缺糧也屬常見，溫帶地區通常出現冬季之後，舊穀吃完，新穀未登的「青黃不接」現象，故各地均有「齋戒」、寒食等作法，度過季節性缺糧。此外，農民通常會在秋天宰殺部分牲畜，以節省過冬的草料，乳牛在冬天因草料減少，乳汁較少，乳汁中的油脂含量也較少，品質與夏季的乳汁差異甚大。故農民必須利用夏季草料充足，乳汁品質較優時，製作乳製品如乳酪與奶油。冬天生產的奶油往往因脂肪含量變化，較易走味，因此保存時必須撒上5～10%的鹽，使用前可以洗掉。

食物保存最常見的方式為乾燥法，將食材用日曬或風乾法脫水，無論是豆科植物或是肉品，都很容易用此法保存。在較溫暖地區日曬法普遍，較冷或空氣較為乾燥地區則多用風乾。地下室、屋頂等都可以作為晾乾、保存的場所，例如產自北歐的鱈魚多用風乾法製成魚乾。也可以用烤箱加熱烘乾，但因為燃料頗費，只能少量。

另一種解決糧食短缺的方法是醃漬，人們在糧食供應充足之際，預先保存部分食物，以備不時之需。菜蔬如黃瓜、高麗菜等，用醋浸泡或利用乳酸菌發酵方式保存。蛋類浸於醋中，乳品則製成乳酪以便防腐。肉類不是中世紀普通人家的常規飲食內容，人們將肉類加工保存，主要為運至市集販賣，以取得金錢或交換各種工藝品。其延長保存的方式，包括用鹽醃漬魚肉；每年十一月初宰殺的家豬同樣以食鹽醃製，之後吊掛於火塘之上煙燻。其他下腳料如內臟、結締組織及肥油等則加以絞碎，並加入不同穀物，製成香腸，再煮熟或燻製；相關加工品還包括培根、燻肉及火腿等。只是保存食物的工序不免影響食材的原本結構，色澤與風味都會變化，許多人原本只是被動接受這種變化，但習慣後反而喜歡這種特殊風味，例如煙燻肉品即頗受歡迎。

此外，食材也可以用糖、脂肪或蜂蜜浸泡保存，但成本高昂許多。也有人將食物煮熟後，直接浸漬在原本汁液中，以真空方式保存。例如果醬燉煮後，置入玻璃瓶中，利用熱漲冷縮原理，除去瓶中殘餘空氣，達到保存目的。許多地方農民也將肉品浸入油脂中，以低溫加熱後再冷卻，肉品完全被脂肪包覆，隔絕空氣，也可以長期保存，稱為油封法(confit)。這種保存食物的方法最能保持食材原有風味，所以中世紀的許多富裕家庭經常利

42
VT VENTRI BENÉ SIT, PRAESENTEM QVAERE CVLINAM

諷諭畫《肥胖的廚房》(*The Fat Kitchen*, 1596) 中可見火塘上掛著大量的燻肉和香腸。

用此法，如法國名菜「油封鴨」(confit de canard) 至今仍受歡迎。

營養與熱量

中世紀時期，歐洲人口有限，土地相對廣袤，農民平均耕種面積較大。中世紀早期，氣溫相當適合農業生產，農民每天必須從事十二小時左右的生產活動，熱量的消耗頗大。學者推估：中世紀早期每人每天需要四千卡路里的熱量，麵包是最主要的熱量來源，還可以搭配一公升啤酒，兩百公克上下的魚或肉，副食包括豆類、胡蘿蔔及其他塊根、塊莖或葉菜類。當時歐洲沒有油炸或加工食物，更沒有零食、糖果或甜點。中世紀時期的飲食遠較今日健康許多，心血管或糖尿病十分罕見。但中世紀時期人類因為傳染病、衛生等問題，平均壽命在三十歲上下。

正因為中世紀時期人民熱量消耗極大，他們喜歡食用富含油脂的食物，有機會進食時，會盡量吃飽，因為往往無法預期下一餐在哪。城市居民多為受薪階級，收入穩定，甚至可以在城鎮中的餐廳進餐，但一般人沒有外食需求，故餐廳僅為少數人服務，提供特製的菜餚，收費自然不菲。

農民、手工業者、僱傭工人等的食物內容相當單調、貧乏，不外乎麵湯、麥粥。動物的頭、內臟等均能利用，製成灌腸，也屬美食。農民會將穀類磨成粉，製成烤餅，搭配蔬菜與乳酪食用，也可將薄餅抹上豬油，搭配鹹肉食用。面臨荒歉時，農民往往將橡樹籽等磨成粉，摻入麥粥中食用，但橡樹籽含有許多單寧酸，歐洲農民經常用於啤酒、葡萄酒等飲料提味，但若未經處理，富含單寧酸的橡樹籽粉並不適合長期、大量食用。

富人及貴族食用的肉品多元，包括雞、鴨、鵝等，還有較為昂貴的食材如番紅花或經中亞進口的亞洲香料。中世紀時期幾道著名的菜餚包括：煎雞肉配扁桃仁醬汁(alomond sauce)[5]或石榴醬汁、番紅花蛋花湯、豬排配大黃瓜、煎鵝肉配胡蘿蔔、油炸乳鴿（或其他鳥類）配蘿蔔等。

文學作品中的飲食文化

中世紀時期，歐洲尚未發展出長篇小說，作者多仿效《天方夜譚》（又譯「一千零一

5 一般市售的「杏仁」或「杏仁果」其實是「扁桃仁」（almond）。杏仁（apricot kernel）為杏、山杏或東北杏的種子（果仁），可以食用或入藥，原產於東亞和中亞。

富人的佳餚——雞肉配扁桃仁石榴醬汁

材料：

	雞胸肉	--------	600 公克
A	海鹽	--------	適量
A	胡椒	--------	適量
	石榴	--------	2 顆
	橄欖油	--------	2 大匙
	洋蔥	--------	1 顆
B	扁桃仁泥	--------	2 大匙
B	番茄	--------	2 顆
B	百里香	--------	適量
C	白酒	--------	125 毫升
C	鮮奶油	--------	200 毫升
C	高湯	--------	125 毫升
D	糖	--------	少許
D	紅椒粉	--------	適量
D	澱粉	--------	適量

作法：

1 雞胸肉洗淨、擦乾，用 A 醃製 30 分鐘到 2 小時

2 番茄汆燙，再去皮切丁；洋蔥切丁

3 石榴對切取出果肉，用調理機打成汁，再以篩網濾掉殘渣

4 用橄欖油將雞肉煎至兩面焦黃後，放進有蓋的容器中，放入以 180 度預熱的烤箱烘烤

5 洋蔥炒到金黃，與 B 一同小火燉煮，再加入 C 和石榴汁攪拌均勻，用 D 調味後，即成醬汁

6 將一半的醬汁澆在雞胸肉上，加蓋烘烤 45 分鐘

7 將雞肉從烤箱取出、切片，淋上剩餘的醬汁即可食用

註：此道菜可以搭配麵餅、馬鈴薯或米飯。

夜」，*One Thousand and One Nights*) 的方式，將許多短篇故事以特定的說書方式串聯成形式完整的故事集，《十日談》(*The Decameron*) 便是根據這種結構完成的作品。薄伽丘 (Giovanni Boccaccio, 1313–1375) 以一三四七到一三四八年流行的黑死病為背景，敘述逃往鄉間避禍的十位青年說故事自娛，彙整出一百個與生活相關的故事。故事並未脫離現實生活，自然也牽涉到飲食男女，書中雖未具體描述每次進餐時的菜色，但經常提及麵包，可視為是中世紀主食的指標[6]。

英國喬叟 (Geoffrey Chaucer, c. 1343–1400) 所寫的《坎特伯里故事集》(*The Canterbury Tales*) 敘述倫敦旅舍中三十名朝聖者計畫前往坎特伯里大教堂朝聖，一百多公里的路程往返需時五日，成員在晚飯講述故事，並聚資宴請故事最優者。朝聖者來自各個階層，騎士、僧侶、商人、工匠、醫生、地主、農夫、水手等，各自敘說生活經驗，對日常飲食自然也有所著墨。

6 書中諸如「一塊冷麵包值四個銅子，而熱麵包卻不值錢」、「對於那些擔心我會挨餓、勸我留意我自己的麵包的人，我有什麼話要講呢？」、「大宅裡有個規矩，不等院長在食桌前坐下來就不開飯，不論麵包和酒、吃的喝的都不端上來。」等內容，呈現麵包是食物，也是生活的代名詞，更是歐洲人一直以來的重要主食。

食物自身就是一種獎勵，得勝者可以獲得一頓大餐。本書並未完成，也就不知道得勝者是誰。但一頓大餐可以成為比賽講故事的動力，大家也可以想像中世紀食物的意義。另一方面，我們也可以看到當時朝聖團中部分成員無法負擔較為體面的飲食，僅以簡單的食材果腹。

團員的出身與社會階級可以從其飲食習慣中表現無遺。中世紀時期的肉品供應並不充裕，價格自然頗高，乳酪、紅酒也屬於奢侈品；即便是平常食用的麵包也有差異，平民僅能以添加不同穀物的雜糧麵包為主食，家境富裕者可以吃小麥粉製成的白麵包。喬叟在這一方面也有所描繪。喬叟描述地主時，特別指出：這位地主老爺是伊比鳩魯學派，享受世間的繁華，家中滿是麵包、肉品與酒。這些食物對當時人而言，均屬高級食品，非輕易可得。書中提到修道院女院長對待食物的態度與地主完全不同，她非常注意飲食衛生，不喜歡美食，擔心美食對修德沒有助益。喬叟也描繪旅店廚子的烹飪，晚餐相當豐富，包括雞肉、香料與酒，但並不適合朝聖旅程。

喬叟把書中的另一位朝聖者，教會法庭傳達員的飲食習慣描寫得相當可憎，喜歡洋蔥、大蒜及紅酒，暗示這個人的品味與道德皆有待加強；其面容臃腫，應與其飲食習慣有關，反映出中世紀以來食物與相貌密切連結的想法。

第四章　肆筵設席，鼓瑟吹笙：

中世紀時期貴族的飲食文化

中世紀時期，西歐地區貴族日常飲食包含許多野味，鶴、鷺、孔雀等都上餐桌。十三世紀英格蘭萊斯特(Leicester)公爵食用的飛禽有母雞、閹雞、鵝、鶺鴒、野雞等。十四世紀英格蘭國王愛德華一世(Edward I, 1239–1307)亦常以天鵝與水鴨等宴客。

日耳曼人的羅馬化

日耳曼人是生活於斯堪地那維亞南部地區諸多部落之總稱。根據羅馬人塔西陀斯的觀察，日耳曼社會中，眾人大體平等，狩獵採集，也有農耕，飲食相當簡單。他們後來輾轉遷徙，與羅馬人開始接觸、交流。到了西元三世紀左右，日耳曼人開始往南遷徙，部落間也互有整合，最後進入中歐與西歐地區，逐漸接受羅馬文化，以農業為生。日耳曼文化與羅馬文化有相當差異，在進入西歐地區後，日耳曼人仍保留許多文化與信仰，即使是接受基督教之後，其傳統信仰仍以不同形式繼續存在。

法蘭克人原為日耳曼人，受羅馬文化及語言的薰染較深，而改變其生活方式，演變成後來的法國；萊茵河東岸地區的日耳曼人仍以德意志自稱。英倫三島上，原住民克爾特人受羅馬人壓迫，不斷向邊地遷徙；羅馬人撤出後，中歐地區的德意志部落如薩克森人、盎格魯人等遷往遷往英倫三島，與早期的維京部落融合成新的種族。其政治社會結構一部分仿效羅馬，組織較大型的政治體，有些仍處於部落狀態。當羅馬帝國將其國都遷往君士坦丁堡，放棄義大利半島與西歐地區後，中歐及西歐地區成為日耳曼人的新家園。

五世紀後的西歐變遷

西元五世紀起，羅馬帝國重心移往地中海地區，帝國西部只留下少數的官署，日耳曼部落同時不斷西遷。西元二一〇年時，羅馬城人口超過一百萬人，到二七三年時，約少掉一半。五世紀時，羅馬帝國勢力退出西歐，以往帝國營運的各種基礎建設均告中斷，橋梁、道路無人維護；羅馬城人口僅剩四萬人左右，經濟活動與治安均逐漸解體，甚至羅馬鑄造的各種貨幣也不再流往西歐，缺乏交易媒介，造成貿易萎縮，經濟不振。為應付此一現象而出現莊園，莊園經濟之特點在於必須設法自給自足，只有部分生活必需品如食鹽、鐵器或是工藝品如金飾、珠寶等，仍靠少量的貿易補充，這種情況一直維持到八世紀左右。

八世紀時，西日耳曼族的法蘭克部在今日法國地區建立一個較大的政權，七五一年起稱王·，卡爾 (Charles Martel, c. 688–741) 繼位後，勢力更加強大，稱為卡羅林恩王朝 (Karolinger)。卡爾建立學校，發行貨幣，國力強大，西歐地區的經濟與社會文化開始有較顯著的發展。在此同時，阿拉伯勢力進入伊比利半島，猶太民族也隨著阿拉伯人抵達伊比利半島，並漸漸進入西歐地區，他們帶來了亞洲地區的新事物與觀念，如工藝技術與耕作內容等。

西歐文化融合後的飲食方式

八世紀以後，西歐地區居民漸次接受基督教信仰，生活作息也逐漸與基督教的規範結合，影響了西歐的飲食文化。日常生活作息，舉凡齋戒、節慶等活動，都依照基督教規定而行。但歐洲人接受的基督教內容，一方面與猶太教仍有相當差異，例如對潔食(Kosher)規範的不同；另一方面，其飲食內容又部分保留了他們在尚未信仰基督教時期的傳統文化。這些異文化之間的調和，便形成中世紀歐洲飲食文化的特色。

十一世紀以後，歐洲許多地區的氣候回暖，加上農業技術逐漸改善，糧食增產，歐洲人口逐漸增加。生產增加與多餘勞力轉入商業活動，支撐了莊園經濟發展，也讓西歐貴族底層的騎士階級生活較為輕鬆。一〇九五年，教宗組織的十字軍活動就是以這些生活無虞的騎士為基礎，說明當時生活較兩三個世紀以前要容易許多。

貴族飲食的文獻資料

中世紀時，王室、貴族或領主均聘有專人為其準備膳食。許多廚師將平常烹調的心得或專業人士將重要的食譜蒐集成冊，留存檔案，成為現代人認識中世紀飲食內容的重要基礎。許多專家判讀之後，陸續寫成各種中世紀的食譜，向大家介紹當時貴族或王室的飲膳內容。例如五二〇年時，一位希臘醫師寫給東哥德 (Ostrogothic Kingdom) 領主狄奧多瑞庫斯 (Flavius Theodericus, 454–526) 的信中提到各種食材及如何烹調豆子，算是較早有關西歐地區飲食的資料。歐洲各地也存有十世紀以後以各地語言書寫的烹調方法，例如瑞士聖加侖地區的修道士留下一道菜餚紀錄、英格蘭教士提到各種十二世紀時使用的廚房工具、十三世紀伊比利半島安達盧西亞 (Andalusia) 地區的阿拉伯人的食譜等。這類吉光片羽僅能提供現代人一些簡單的線索，但這些文獻並不能完全以今日烹調食譜的眼光視之。畢竟，當時的作物種類、烹飪條件與調味品如酸味及甜味的來源，都與今日有相當大的差異。

十二世紀左右，歐洲地區流傳《烹飪藝術書》(*Libellus de Arte Coquinaria*) 及《烹飪書》(*Liber de Coquina*) 兩本拉丁文食譜，不斷為後人校訂並多次再版。《烹飪藝術書》可能源自法國，《烹飪書》可能來自義大利。中世紀後期，烹飪書逐漸增加，原因之一是專業廚師的素養提高，能夠讀書識字，另外也可能是因為當時經濟逐漸發展，上層社會對宴會與飲食的需求增加，自然需要更多專業廚師，這些廚師因為經常流動，認識各種不同菜餚，也須不時更新食譜，避免重複。這些食譜讓現代人對中世紀的生活有進一步的認識。例如一三二〇年左右法國出現一本記錄宮廷飲食的專業食譜《膳師》(*Le Viandier*)，是由十四世紀末法國宮廷御廚提瑞 (Guillaume Tirel, c. 1310–1359) 所蒐集整理的一百多道菜的烹飪方法，稍後增訂時，又增加了許多，一共保存了兩百二十道中世紀的佳餚製作方法。

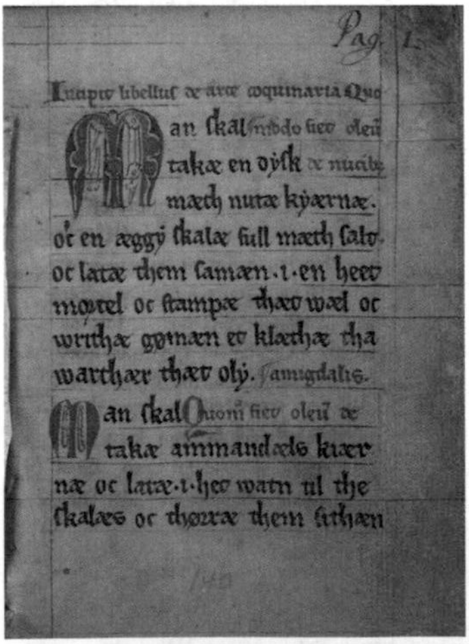

《烹飪藝術書》書影

十四世紀時，英格蘭國王理查二世 (Richard II, 1367–1400) 的御廚將其數十年掌廚經驗，彙整成一本《醬汁譜》[1]，書中包括兩百多道菜餚的製作方法，尤其是各式醬汁作法，堪稱為中世紀歐洲貴族飲食的集大成之作。這本書的性質與內容和法國的《膳師》類似，

1 本書的命名為一七八〇年編輯出版者所題，為流傳較廣的中世紀食譜。

食譜中許多內容源自十世紀以前的《古烹飪》(*Diuersa seruicia*)，書中記載許多當時宮廷使用的香料與食材，如丁香、橄欖油、肉荳蔻及葫蘆等，更有一些遠地輸入的香料如小茴香、薑、胡椒及小荳蔻(cardamom)；食材則包括鯨魚、鶴、鷺鷥、海豹、麻鷸、鼠海豚等。書中記錄的沙拉醬料與烹調方式、麵食種類，都可以看出當時英格蘭宮廷的飲食受義大利與南歐的影響。

這些食材價值不菲，烹飪方式更非民間所能熟悉。這些食譜的內容都說明中世紀宮廷飲食的一個共同特點：宴會的目的多為表現權力，例如在烹調時大量使用海外進口的高價香料。像是國王餐桌上常見的「夫人醬汁」(Sauce Madame)是食用鵝肉的醬汁，雖然十分濃郁，但與食材原味協調，適合與家禽同食，剩餘醬汁還可以蘸麵包，為統治者宮廷宴會時的佳餚。

中世紀名廚皆以製作醬汁自豪，這是因為當時重要的宴會中，多將肉品燒炙切片上桌，並未事先醃製入味，食用時必須借助醬汁賦香。十五世紀時，義大利名廚馬丁諾(Martino da Como, 1430–1495)供職於教廷財政部長特里維山(Ludovico Trevisan, 1401–1456)宅中，烹飪技藝精湛，時人皆稱道，甚至爭相出高價禮聘。馬丁諾最後進入教廷，擔任教宗御廚，他也留下一本食譜《廚藝書》(*Liber de arte coquinaria*)，將烹飪心得公諸

國王宴會上的美饌——
烤鵝佐夫人醬汁

材料：

	鵝	---	1隻（去內臟）
A	鼠尾草	---	1枝
A	荷蘭芹	---	60公克
A	牛膝草	---	1枝
A	夏香薄荷	---	2枝
A	大蒜	---	2顆
B	榲桲	---	1顆
B	梨子	---	1顆
B	葡萄	---	150公克
C	吉利丁	---	1/4杯
C	南薑粉	---	1/4茶匙
C	混合香草粉	---	1/4茶匙
C	鹽巴	---	適量

作法：

1 預熱烤箱至180度，同時取適量鹽抹於鵝的內外

2 將A切末、B去皮切丁，倒入容器混合均勻，再填入鵝腹

3 將鵝腹縫上，送入烤箱烤2個小時，並於下方放置淺盤收集汁液

4 從鵝腹中取出A和B

5 將收集到的汁液、A、B、C放入平底鍋，中火加熱攪拌直到煮滾

6 鵝肉切塊、裝盤，淋上醬汁後即可上桌

社會，書中最重要的部分也是醬汁製作。該書問世之後，一時之間紙貴洛陽，當時的貴族飲食，莫不受這本書所影響。

十三世紀以後，法、義兩地的貴族經常聯姻，義大利利用大量香料調味的烹調方式，也因此傳入法國，並陸續滲透到歐洲各宮廷的菜餚中，甚至把醬汁視為菜餚可口與否的指標。義大利人鄙視英國人的烹調能力，說英國「有六十種宗教，卻只有一種醬汁」；法國哲人伏爾泰也站在義大利一邊，說英國人只有一種醬汁，就是「融化的奶油」。

中世紀時，歐洲各地通行的書面語為拉丁文，通行的食譜也多以拉丁文寫成。有些食譜是經過長時期的添加與累積，且當時並無印刷術，全為手抄本。每位抄寫者或以當時流行語書寫，未必尊重原稿，以致成書時間無法確定。例如現存羅馬時期的食譜《論廚藝》的成書年代便有不同解讀：有人根據作者署名，認為該書成於一世紀，有人根據書中語彙，認為成書於四世紀；但該書現存的印刷版本則晚至十五世紀中才出現，相去一千多年，故《論廚藝》究竟描繪何時的飲食文化，仍不清楚。但值得一提的是，本書內容受到阿拉伯飲食概念的影響。十四世紀以後，歐洲識字率提升，商人與城市的中間階級逐漸增加，他們講究飲食烹調，也促使各種食譜陸續問世。這些食譜極可能也如《論廚藝》一樣，是歷史積累、增補而成，延續中世紀初以來的烹飪傳統，透露出歐洲烹飪的發展脈絡。

印刷術逐漸普及之後，歐洲各地才出現印刷而成的食譜，德意志地區文化發達，從十五世紀以後便出現許多印刷而成的食譜。一三五〇年，德國維爾茲堡 (Würzburg) 出現《美食書》(*Daz buch von guter spise*) 的手抄本，一四八五年出版了《烹飪大師》(*Kuchenmeysterey*) 的印刷版食譜。十四世紀末的《巴黎家庭管理書》(*Le Menagier de Paris*) 是第一本專供市民使用的家庭管理書籍，其中也包含各種食譜。《烹飪書》(*Du fait de cuisine*) 則是一四二〇年整理而成的中世紀烹飪食譜。

除德、法地區之外，義大利、伊比利半島等南歐地區也有類似的食譜，例如瓦倫西亞 (Valencia) 的《聖索維之書》(*Llibre de Sent Soví*)、加泰隆尼亞 (Catalonia) 的《烹飪大全》(*Llibre de totes maneres de potatges de menjar*) 等。威尼斯 (Venice) 於十四世紀中出現一本《烹飪書》，其中蒐集一百三十五道菜，排列有序，可以看出專業食譜的編輯技巧。至於《論光耀的樂趣》(*De honesta voluptate et valetudine*) 於十五世紀中印刷出版，書中已經看到文藝復興時期的種種特徵，中世紀烹飪逐漸演變成近代的樣貌。

中世紀還有許多流傳至今的畫作，其中頗多以食物為主題，給現代人留下許多中世紀飲食的資料。例如傅克 (Jean Fouquet, c. 1420–1481) 所繪《三王飲宴圖》(*Banquet de Charles V le Sage*, c. 1455–1460)，描繪法王查理五世 (Charles V, 1338–1380) 於一三七八年

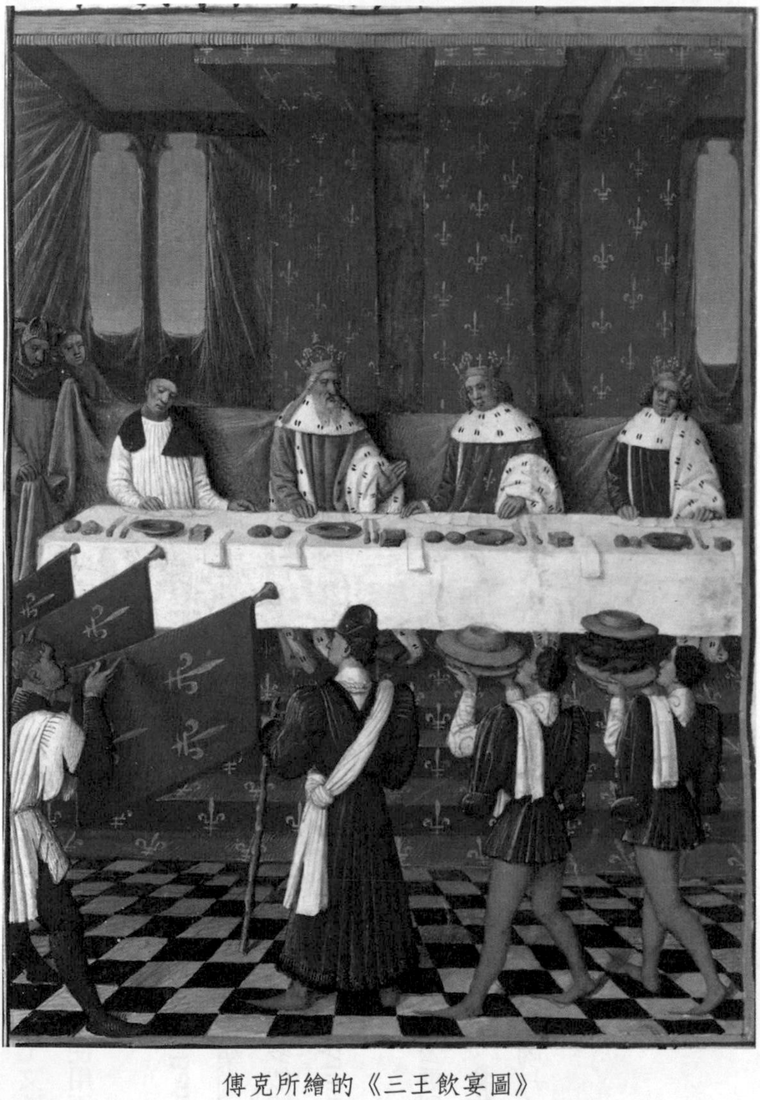

傅克所繪的《三王飲宴圖》

在巴黎宴請神聖羅馬帝國皇帝查理四世 (Charles IV, 1316–1378) 及其子波希米亞國王文斯勞 (Wenceslaus IV of Bohemia, 1361–1419)，畫中紀錄宴會時的各種細節，包括每人使用兩把刀子，鹽罐子、餐巾、麵包與白鑞（pewter，錫、鉛合金）餐盤的擺設。

十四世紀，法國國王約翰二世 (John II, 1319–1364) 之子貝里公爵約翰 (Jean de Berry, 1340–1416) 家世顯赫，生活優渥，他特別聘請著名畫家林堡三兄弟[2]替他繪製許多行樂圖，裝訂成冊，後世稱為《貝里公爵的豪華時禱書》[3]，後世學者研究中世紀生活時，多依據這本祈禱書。這本著名的祈禱書現藏於法國香地宜 (Chantilly) 城堡的孔德博物館 (Musée Condé) 圖書館。

祈禱書中有十二幅月令圖，描繪一年中的生活。其中〈正月月令圖〉描繪貝里公爵舉辦的盛宴，公爵坐在壁爐之前，幾名僕役正準備上菜，桌上並有一個金製船形容器。食物的內容繁多，僕人各有專司，例如宴客時先由「片匠」(trancheur) 將燒烤肉品片成肉片，再用手取食。當時貴族的養成教育中，學習片肉也是擔任侍從 (page) 時的必要課程。

---

2 這幾位畫家死在一四一六年前後，極可能是死於瘟疫。

3 部分插圖為一四四〇年代才完成。

《貝里公爵的豪華時禱書》的〈正月月令圖〉

貴族的共通飲食文化

研究飲食文化時，古人留下的各種文獻、紀錄雖多，但有其侷限。古代庶民階級普遍不識字，不易保存其生活資料。目前可以看到的中世紀各種食譜、書籍、圖像資料乃至實體文物，多是有關上層階級的活動檔案；各種文學作品、遊記、筆記也都來自修道院的僧侶或貴族階級。以現存的古代食譜為例，保留下來的多集中於十四世紀以後，食譜所記載的內容也多來自貴族的廚師。

我們可以透過這些食譜，認識中世紀貴族階級的生活與飲食習慣，但並不能據以推斷當時普遍的生活樣貌。此外，歐洲地域遼闊，氣候與物產差異甚大，各地飲食習慣並不相同。但是貴族之間，因為通婚、繼承等因素，水平流動頻繁；加上王室不斷遷徙，許多專業廚師又遊走於宮廷之間，反而讓上層社會形成較為共通的飲食文化。此外，當時文化較發達的拜占庭帝國經常與西歐君主聯姻，許多公主嫁到法國、義大利等地，便將拜占庭的飲食文化介紹到西歐。義大利麥迪奇家族 (Medici) 也常與法國王室聯姻，義大利文化也因此進入法國宮廷。

另方面，文化傳播過程會有顯著的向下流動現象。國王與重要貴族的宮廷中常有許多較為低階的貴族擔任各種服務工作，例如宿衛、執役等。低階貴族如欲接近領主，必須先學習宮廷文化，語言、服飾等都應當符合上層社會的習慣，對飲食的品味自然需要學習。宮廷飲食慢慢往下流動，成為中間階級效法對象，而發展出類似的品味與風尚。

宮廷建制中的王室飲膳

歐洲許多大家族中，日常庶務繁多，舉凡飲食供應、營繕、接待賓客等，需要有專門人員負責。王室或重要貴族的生活處所中，這種工作更不可或缺。在中國宮廷中，漢代就設有光祿寺，掌管宮廷膳食及皇帝的安全警戒。魏、晉以後，光祿寺主要工作僅餘處理皇室膳食。明朝有尚膳監，清代改為御茶膳房，由內務府管理。中世紀時，西歐地區沒有類似拜占庭或中國這樣皇權集中的體制，也沒有大型的宮廷，許多王室在其宮廷之中設置各種行政官員，稱為「總管大臣」(chamberlain)，是從羅馬時期的「總管」(cubicularius)演變而來，負責管理宮廷庶務，自然也要負責王室的飲膳。羅馬教廷也設總管，管理教廷財政，權力相當大。

中世紀歐洲最重要的宮廷，應為羅馬教宗的教廷及神聖羅馬帝國宮廷。神聖羅馬帝國並非一個與中國概念相同的「帝國」，其統治者稱為「皇帝」(Kaiser)，通常係德意志國王經過加冕後才用「皇帝」的稱號。神聖羅馬帝國沒有首都，也沒有統一的中央政府，不同王室各有其主要的領地，宮廷也就在領地之上；各地領主階級與稱號雖然不同，卻各自為政。

法蘭克王國從卡爾大帝時代起，王國許多制度效法梅洛維恩王朝 (Merowinger Dynasty) 的成例，許多官職都由重要貴族執掌。十世紀時，神聖羅馬帝國的重要職務包括宮相 (Kämmerer)、司馬 (Marschall)、尚膳 (Truchsess，也稱 Drost)、尚飲 (Mundschenk) 以及烤坊監 (Brotmeister, panetarius)。烤坊監除掌理宮廷烤坊，製作麵包與各種糕點外，當宮廷舉行飲宴時，還須提供賓客淨手用的水盆與布巾。此外，由於貴族使用的餐具多為貴重金屬，價值不菲，管家會安排專人照料，特稱為「銀管家」(silverman or silver butler)。

這些職官原本是負責管理君主身邊的各項事務，但也逐漸由內朝官發展成外朝官，領有這些職務者並不負責其原本業務，反而成為「世襲職務」(Erzämter)，轉變成帝國重要的統治階層，成為可以選舉德意志國王的「選侯」。

英格蘭與法蘭西是兩個相當強大的國家，其宮廷組織頗為健全，同樣任命貴族擔任王室總管。英格蘭王室中的總管大臣 (Master of the Household) 均由國王指定親信擔任，不僅位高權重，也多能久在其任。從一六六〇到一九〇一年的兩百四十年間，一共有二十一名總管大臣，平均任期十一年四個月，其中在任有長達二十八年者。這些總管大臣身居高位，還可以與王室結親。英王查理二世 (Charles II, 1630–1685) 與詹姆士二世 (James II, 1633–1701) 時期的總管大臣巴克理 (Henry Bulkeley, c. 1641–1698，一六七八至一六八八年間擔任總管大臣) 便是一例。他不僅家世顯赫，還娶了王室之女，一六七九年起還擔任國會議員。

到了中世紀後期，許多人因為經商致富，建立較大的居所或莊園時，也需要管理莊園的管事，稱為「管家」(butler)，這個概念源自古法語的 boteillier，意為窖房管理員，後來成為掌管飲膳與酒窖，及負責主人的餐點；有大型宴會時，也安排接待賓客事宜。管家為莊園僱用人員的負責人，飲宴、出行時，都由管家安排行程與食宿。

貴族或富商的飲食內容與平民相去甚遠，除了聘請專業廚師烹調食物之外，其食材也豐富多元，平常會食用燻肉、乳酪、雞、鴨、魚肉等；遇有節慶，還會殺豬宰羊或取得各種野味。他們的廚房也有各種烹調工具，烤肉架、火爐、長柄銅鍋、烤爐等均甚趁手，其食物的內容也多為燒烤。將各種食材烘烤至熟，切片食用，也可以搭配各種醬汁。事實上，醬汁是中世紀貴族飲食的重要內容，大部分食物，尤其是燒烤的食物，必須搭配醬

里杰克 (Pieter Cornelisz van Rijck, 1567–c. 1637) 於《以財主和阿撒路為喻的廚房場景》(*Kitchen Scene with the Parable of the Rich Man and Poor Lazarus*, c. 1610–1620) 呈現富貴人家擁有多樣的廚具和豐富的食材。

汁，才算講究。這種飲食習慣保留至今，許多歐洲餐館中，醬汁師傅 (saucier) 仍舊扮演重要角色。

國王的飯廳

隨著經濟發展，政府稅收增加，歐洲王室的財政越來越寬裕，中世紀後期，宮廷生活的樣貌有極大的變化。以英格蘭為例，在十三世紀時，王室的稅收不足，財力有限，加上經常有各種政治紛爭，王室生活並非如外界想像般多彩多姿。亨利八世 (Henrry VIII, 1491–1547) 時期，英格蘭發展商業，逐漸繁榮，亨利八世的宮廷中，從賓客到服務人員，經常有一千人在活動。亨利八世約有六十座莊園，雖然有可供這麼多人活動的空間，卻沒有一個足夠寬敞的廚房提供賓客食物，

漢普敦宮內的廚房仍保留十六世紀時的大型爐灶

於是他改造了漢普敦宮 (Hampton Court Palace)，建造一個巨大的廚房，提供膳食。

漢普敦宮原為一個教士團體的房產，大主教沃爾西 (Thomas Wolsey, Archbishop of York, c. 1473–1530) 於一五一四年花費巨資將之改建為自己的住所。沃爾西主教因為亨利八世要申請離婚之事，得罪國王，便趕緊於一五二八年將這座莊園獻給亨利八世。亨利隨即改造漢普敦宮，先是下令將廚房擴建四倍，供應王室的膳食；接著又花費五年時間改建大廳，作為宴客、用餐的處所。

貴族的飲食內容

狩獵與飲食

遠古以來，狩獵為人類重要的食物來源，但隨著農業出現，人口增加，文化發展，狩獵逐漸不再是人類重要的營生方式，但狩獵活動直到中世紀仍在歐洲人的日常生活中占有一席之地。除了家畜之外，獵物不僅是重要的肉品來源，其皮毛也是日常生活的重要物資，可供製作衣服及各種器物。

中世紀的狩獵可分為大型動物與小型動物兩種，大型動物主要指鹿、麋鹿等，不僅可供食用，鹿角也是重要的裝飾品，歐洲宮殿或城堡之中，至今仍展示許多帶角鹿頭或鹿角的標本，顯示主人的身分與地位。小型動物如兔子則主要供作食物，但其皮毛也有許多功用。中世紀時，歐洲逐漸開發，人口增加迫使領主必須開放開山伐林，使得野生動物的棲地減少，領主勢必需要限制狩獵，以維持生態平衡。九世紀起，西歐許多領主開始以造林、護林為名義，實施「封林」(ban forest)，形成封建體系中的「森林權」(Forsthoheit)；這些林地中的動物，尤其是大型動物，僅供王室狩獵，成為封建制度中的「漁獵權」。但領主也常常為了收益現金或平衡生態，在收費的前提下，開放人民適度狩獵，這種費用特稱為「野味錢」(Wildgeld)。

領主也會委託一些專業的管理人員，管理、維護其林園，以防止盜獵，並在林中建築幾座「林屋」(Wildhuben)，供森林守備(Foresters)居住。這些森林管理員在警長(Vogt)的指揮下執行任務，他們除盡力護林，也可以適度狩獵，出售野味。民眾若違法狩獵遭查獲，刑罰相當嚴苛。盜獵者處以罰金外，也有砍去姆指或手臂的肉刑，最重者為死刑。不過一般平民階級並不精於狩獵，除了缺乏適當訓練與工具如弓箭、網罟之外，狩獵往往需要大批獵犬及團隊合作，這些對平民而言，並非易事。

譬如在神聖羅馬帝國中的許多王室或貴族均置備專屬林園，其重要功能之一，便是提供臨時到訪者的飲食與住宿。林園中的野味一向是貴族飲食的重要來源，遇有臨時訪客時，自然可以就近取材，供應宴會之用，若因舉行大型聚會致使房舍不足時，往往在林園中搭建帳篷，以供臨時住宿。林園的功能相當重要，但中世紀以後，因為人口漸增，耕地不足，領主面臨諸般壓力，王家林園不斷萎縮，飼養的飛禽走獸成為主要食材，野味也以飛禽與鹿科動物為主，貴族對野味的需求逐漸減少，改食一般肉品。學者統計中世紀時期德意志地區貴族日常生活的肉品攝取量，估算每人每天獲得的肉品在四百到五百公克之間。

肉食之際，調味的香料也可以充分顯示其身分與地位。香料本非必需品，一般而言，食鹽即可供應充分且必要的調味。如果不以食鹽為滿足，則各地亦有當地特有且慣用的調味方式，千百年來，也無不妥。一旦開展貿易，遠地香料可以進口以後，情況發生變化。香料經過長途運輸，價格倍增，食用具有異國風情的昂貴香料成了顯示身分與地位的表徵，自此以後，歐洲商務便以香料為中心，蓬勃發展。

《皇家林園掛毯系列》(*Hunting Parks Tapestries*, c. 1515–1535)中的〈獵野豬〉(*Hunting for Wild Boar*)。

日常飲品

中世紀早期歐洲的釀酒技法師承自羅馬及高盧人的傳統。羅馬軍團駐紮在勃根地(Burgundy)、萊茵河地區或默瑟河地區時，便在當地種植葡萄以釀酒。這些地區也都成為重要的產酒區。法蘭克人也將釀酒術帶進萊茵河東部，中世紀時，葡萄酒就成了歐洲各地上層社會的重要飲料，而在缺乏貨幣的中世紀早期，葡萄酒也成為交易媒介。

中世紀早期，紅酒較為普遍，並可以濃縮成甜汁(sirup)，用於甜品。中世紀中期時，白酒的產銷增加。到了中世紀晚期，因為香料與糖日漸普及，連帶影響了飲料的製作，人們在酒中加入更多香料，提高了糖分及酒精的比例。十四世紀起，許多人將薑、胡椒、天堂椒、荳蔻或丁香等貴重香料加入葡萄酒中飲用，相信這種加味酒有益健康。富人往往直接將香料浸入酒中泡製；也有泡製完成裝瓶出售，但品質堪虞，甚至出現假冒、偽劣產品。

中世紀中期，基督教在歐洲中部各地傳布漸廣。因宗教儀式需要葡萄酒，使得酒的消耗量大增。北歐地區還需要從萊茵河下游各地進口葡萄酒。到十三世紀左右，西歐的酒根據葡萄品種，大約可分成兩種類型：一種稱為「匈酒」(vinum hunicum)，用匈人葡萄製成[4]。另一種為「法蘭克酒」(vinum francium)，屬於較高級酒類，價格通常為匈酒的兩倍。

在古代，酒除了烹飪、佐餐等用途之外，也供作病人、療養者及產婦等人調理身體之用。另一種從羅馬時期以來即十分風行的香料酒及藥酒，稱為希波克拉斯(hypocras)，其名源於希臘名醫希波克拉底斯(Hippocrates, c. 460–c. 370 BC)。希波克拉斯可以用白酒或紅酒泡製，飲用白希波克拉斯時並不冰鎮，當作開胃酒，進餐時，則飲用紅希波克拉斯，也可作為甜點時的佐酒。其由藥房製作、販售，每個藥房有其專屬的藥方，成分不同，價格也不同。希波克拉斯主要使用貴重的東方香料泡製而成，味道強烈，能促進循環，具有一定的藥效，上層社會將之作為開胃酒或助消化酒，也用為春藥，盛行於貴族社會。

飲食與疾病

飲酒在中世紀時算是一種必要行為，因為當時人並無將水煮沸再飲用的習慣，而一般人家距離水源有相當距離，保存水的容器又常遭汙染，飲用生水有其風險，故飲水安全一直是重要課題；而含酒精的飲料可以殺菌，相對安全，自然普及。

---

4 許多人以為匈人葡萄是匈奴部落引進歐洲，也有人認為匈人是個貶義詞。

中世紀時的酒類包括穀類釀製的啤酒與葡萄酒，民間以價格較為低廉的啤酒為首選，如果再兌水稀釋，仍然可以殺菌，成本卻便宜許多，所以一般民眾飲用的啤酒酒精含量大約為1～2％之間，稱為「淡味啤酒」(Dünnbier)，算是日常飲水的代用品；甚至因為酒精濃度低，父母也願意給兒童飲用。至於未經稀釋的啤酒，酒精濃度約在4～5％之間，稱為「全啤酒」(Vollbier)，在酒館中供應飲用。儘管中世紀酒品售價低廉，農民、工人階級也願意前往酒館社交、群聚小酌，但預算有限，尚不致過量。只有在節慶時，酒品消耗量才會增加。

中世紀時，痛風好發於上層階級，所以許多人稱之為「疾病之王，王者之病」(The disease of kings and the king of diseases，法國人稱之為法王的疾病 Les maladies des rois de France)。痛風名稱源於拉丁語 gutta，意為水滴，古人相信痛風是因為邪惡的液體滴在較弱的關節所致。中世紀的醫者並不知道痛風的成因，只能從觀察得出結論：患者多為食量大、飲酒多者，最明顯的患者自然是教會與社會的高層。痛風雖非上層階級的專有疾病，但上層階級的飲食內容的確因為包含大量嘌呤，比諸常人飲食更加容易引發痛風。無論社會階級或經濟能力，痛風患者多為男性，好發年齡在四十到五十歲之間。

一七〇三年，葡萄牙國王佩德羅二世 (Pedro II, 1648–1706) 因為西班牙王位繼承問題，決定與英格蘭聯盟。葡英雙方簽訂協約，並規定英格蘭毛織品可以銷往葡萄牙，葡萄牙的酒品可以銷往英格蘭。條約執行期間，英格蘭的痛風患者人數突然增加，許多醫生總結此現象，認為葡萄酒會造成痛風。酒精的確是痛風的危險因子之一，十八世紀初的英格蘭醫生認定波特酒[5]引發痛風，許多人因而改喝當時供應日漸增加的啤酒及威士忌，但也同樣導致痛風。

飲酒除了造成痛風之外，過量飲用（酗酒）的現象乃自人類掌握釀酒技術之後即普遍出現。例如羅馬人儘管只飲用酒精濃度較低的葡萄釀造酒，甚至摻和了三到五倍的水加以稀釋，仍免不了飲酒過量；他們為防止宿醉頭疼，飲酒時還會戴上月桂製成的頭冠，希望藉著精油避免身體不適。可見人們早已認識飲酒過度對個人健康的影響，亦謀預防；然而，當酒品能夠便宜且隨處取得，飲酒成平常之事，加以能夠或有效自我節制的人相對少時，酒精造成的生理影響便惡化成社會問題，「飲酒過量」甚至也是當時許多文學作品中的重要「場景」。

由於中世紀時歐洲地區的啤酒與葡萄酒相當普遍且價格合理，一般平民都能負擔，加

5 為了防止葡萄酒因長途運送而變質，酒商特別在葡萄酒中加入濃度較高的蒸餾酒，使得葡萄牙的酒品濃度高於一般葡萄酒，稱之為波特酒 (port)。

上各種酒店、酒館四處林立，人們飲酒蔚然成風，飲酒過量導致的宿醉、頭疼等症狀頗為常見。許多城居的市民階級也相當喜歡飲酒，而且許多地區的受薪階級薪資結構中，往往包含定量的酒品如啤酒。許多地方的修道院中，每名僧侶每週可以有五公升左右的啤酒配給，以保證其飲用品的安全（這種情況維持到十九世紀止），所以教士之中也經常發生飲酒過量的問題。

此外，在貴族的飲宴或慶典中，飲酒往往是最重要的活動，許多宴會主人甚至以賓客醉酒程度為衡量宴會是否成功的標準，宿醉因此頗為常見。而在年輕貴族男子、大學生及各行各業中的年輕學徒，更以飲酒為重要的社交活動內容，甚至發展成無節制的狂歡痛飲，酒醉鬥毆更是司空見慣，其他問題還包括昏睡或是暫時喪失行為能力等。酗酒者可能是動粗施暴者，也可能是受害者，但無論何者都造成一定的社會問題，諸如偷竊、互毆等犯罪行為，騷擾婦女更是極為常見。

因此，在基督教經典及各種訓導中不斷告誡信眾不可酗酒。《加拉太書》(*Galatians*)第五章列舉的幾項重要「惡行」，包括「嫉妒、醉酒、荒宴」，這也是基督教義中「七大罪」的由來。但為何重視救贖的中世紀人們，仍然沉溺於過度飲酒的問題？

許多神學家認為：酗酒是前基督教時期殘留的惡習，必須徹底清除。本篇會

(Benedictines) 創始者聖本篤 (Benedict of Nursia, 480–548) 表示：基督徒必須戒除酗酒與成癮行為。在基督教的《悔罪規則書》(*Bußbüchern*) 中經常可以發現酗酒的罰則相當嚴重，儘管如此，教士自身很可能具有酒癮。中世紀教士常有宿醉未醒，無法主持彌撒儀式之情事，所以教會必須三令五申，防止這種情況蔓延。教士酗酒一旦遭人舉發，處罰遠較平民為重，甚至會遭到教會革去教會職務。西元七九四年，德意志地區教士在法蘭克福 (Frankfurt) 舉行宗教大會時，教會也嚴格禁止參加會議的教士、主教或修道士進入酒店。其實，這種規定並非此時首見，早在五世紀左右，已經出現類似的規定，只是少見施行於一般民眾而已。

不過到了十三世紀時，許多君主或主教認為必須採取適當措施，制定規範，限制酒店或酒館的營業時間，以減少酗酒帶來的問題。並針對酗酒者設計各種刑罰，如上枷遊行示眾、罰錢、拘留等；屢犯者還會入獄服刑。

奧地利畫家海爾 (Joseph Haier, 1816–1891) 筆下喝得酩酊大醉的修士

第五章

飲食以時，祭祀烝嘗：

中世紀中後期的飲食文化

北德意志地區的港口流行一種新自伊比利半島傳來的新食品：用扁桃仁粉與白砂糖混和調製，稱為「麻齊邦」(Marzipan)。這種食物名稱源自波斯文，原意為「貴族」(marzbān)，後來以訛傳訛，有各種說法。不過既然源於波斯，還是忠於原文為好。文化史學者考訂：這種源自伊朗的甜食在中世紀中期傳入伊比利半島，相當受到歡迎，十三世紀時，隨著海船船入威尼斯，因為售價高昂，僅供貴族食用。當時，歐洲各地的蔗糖極少，只有藥房進貨銷售，當作藥材，所以麻齊邦也只在藥房販售，當作祝禱好運的食品。

十四世紀後的歐洲

社會經濟之變遷

十四世紀伊始，歐洲社會就充滿動盪不安的氣氛，法蘭西等地饑饉不斷，一三一五年到一三一七年間最為嚴重，有「大饑饉」(the Great Famine of 1315–1317) 之稱。一三四七年到一三五三年間，鼠疫桿菌造成的「黑死病」又蔓延歐洲各地，造成中歐與西歐許多地區大量人口損失，稅收問題繼之而來，導致一三五八年法蘭西農民起事 (Jacquerie) 及一三八一年英格蘭農民起事 (Peasants' Revolt) 等大規模社會騷動。十四世紀中期以後，歐洲人口大減，約僅剩十三世紀的一半，直到十四世紀末，歐洲人口才又逐漸增加。

十四世紀以後，歐洲的飲食文化也有明顯變化：瘟疫盛行之時，人口損耗極大，勞動力大幅減少，許多農地荒廢，呈現一片殘破景象。瘟疫之後，人均耕地、農產及家畜等均增加，農民不僅收入提高，飲食內容也有極大改善。城鎮之中則因人力短缺，工資上揚，平民階級購買力大增，乳製品與肉品不再是貴族階級獨享。部分地區因人口減少，土地利

老布魯赫《死亡的勝利》(*The Triumph of Death*, 1562)。畫中描繪黑死病於歐洲蔓延，造成大量人口死亡。

用重新規劃，各地出現不同經濟作物的專作及分工現象，如法國的葡萄酒、東歐的小麥都屬專作分工的典型。地中海東岸則有泰爾、克里特島及塞浦路斯等地，因為合適的氣候條件而出現甘蔗專作區，甘蔗製成蔗糖後，供應歐洲各地，引起歐洲的「嗜糖」熱潮。

新興城鎮生活型態

中世紀初期，歐洲多數地區為小規模的莊園，社會階級嚴明，政治秩序穩定，每個階級都有固定的生活規範與行為準則，衣著服飾、語言、飲食都是階級的重要指標。上層階級包括世俗領主如國王和地方諸侯，宗教領袖如樞機、總主教、主教及修道院長，這些領主之下有低階貴族、騎士等，農民、工匠與商人則屬平民階級。

中世紀中期以後，城鎮人口逐漸增加，市鎮範圍擴大，商人、工匠、書記因為工作方便，多居住於城市之中，他們雖居住於城鎮，但並非市民階級(citizens)。根據中世紀的概念，居住在城鎮中，擁有自己的房舍，繳交稅賦者，才可以享有城市居民的各種權利，才稱為「市民」。市民可以脫離封建義務，享有許多政治權利，包括不受王權干涉、可以參與市鎮議會及選舉官員等，身分由君主的臣屬轉變成城市居民。中世紀初期，享有市民權的人數有限，中世紀晚期以後，「市民」人數逐漸增加，形成一個特殊的階級，有別於貴族，但也不同於平民，他們也日漸講究起衣食與居住品質。

十三世紀以後，義大利半島因為控制地中海貿易，尤其是香料貿易，迅速累積財富，形成一個新的城居商人階級，還有其他與貿易相關的行業，諸如造船、海員等，也聚集於城鎮之中。此類人士閱歷豐富，喜歡仿效拜占庭地區的生活方式來自我表現，尤其在用膳之作派上最為顯著。其他如德意志、法蘭西等地區，也因遠距貿易發達，出現類似的新興「中間階級」，率皆居住於城鎮之中。中間階級的共通特性是希望提升自己的社會地位，因此言行舉止及飲食衣著都要仿效貴族階級，形成上層階級文化往下傳播的現象。

例如麥迪奇家族原為佛羅倫斯居民，從事藥材行業，後經營紡織，十三世紀以後才出現於佛羅倫斯行會紀錄中。十四世紀時，麥迪奇家族仍僅為普通商人，既非巨富，政治上也籍籍無名，後集結龐大資本投資銀行業，成為當地銀行業的領袖，累積大量財富。一四四四年，麥迪奇開始仿效宮殿建築，興建大型居所，一四六〇年完工。此後，麥迪奇家族資助藝術家[1]，並藉著與大家族聯姻，漸漸獲得政治影響力，佛羅倫斯也成為藝文重鎮。一五三七年，麥迪奇家族成為佛羅倫斯公爵，更於一五六九年，成為塔斯卡尼大公。

---

1 包括波提且利（Sandro Botticelli, 1445–1510）與米開朗基羅（Michelangelo, 1475–1564）兩人。

麥迪奇家族還出現兩位法國王后：亨利二世 (Henry II, 1519–1559) 之妻凱薩琳 (Caterina Maria Romola di Lorenzo de' Medici, 1519–1589) 及亨利四世 (Henry IV, 1553–1610) 的王后瑪麗 (Maria de' Medici, 1575–1642)。麥迪奇家族不僅仿效王室的生活細節，甚至有過之而無不及。這兩位麥迪奇家族成員嫁到巴黎時，帶了許多隨員，也將佛羅倫斯習自拜占庭宮廷的生活與飲食內容，介紹到法國。

德意志的富格 (Fuggers) 家族從十四世紀起以經營紡織起家，後亦參與銀行業。因貸款給幾位王公貴族，獲得採礦、鑄幣等特權，家族勢力迅速擴張。十六世紀，葡萄牙商船從印度運回大批香料時，富格家族立即嗅到商機，在里斯本開設貨棧，經營香料貿易，並與葡萄牙商人達成協議，取得代理權，將事業版圖擴張到香料貿易，獲利甚豐，不但帶動了德意志地區的香料消費，也使其家族勢力達到頂峰。

這些富商巨賈因商業網絡的聯繫，獲得東歐與地中海地區的各種新鮮事物，飲食行為也受到各地的影響，並將之傳播到其他地區。一般的城市居民也想追逐上流社會的習尚，遂認真學習貴族社會的生活方式、品味與舉止，逐漸發展出新的生活樣貌與飲食文化。

齋戒與飲食文化

十四世紀中期的黑死病對人心造成極大衝擊，許多人在黑死病期間變得相當瘋狂。一部分人對宗教的態度變得虛無，轉向「即時行樂」或「活在當下」的生活態度；另有許多信徒則認為黑死病是上帝的懲罰，為示悔過，表現得相當虔誠，除了不斷興建教堂之外，也嚴格遵守教規，尤其是齋戒與禁食這類禁慾性質強烈的規定。

縱慾貪食一向被視為罪惡，所有的信徒都應當節制飲食，所以許多地方對餐桌禮儀的重要要求便是「飲食節制」，節制就是指餐桌上不可擺設太多食物，這也說明許多人並未能夠遵守這種規範。中世紀早期，飲食無節的情況相當普遍，當時貴族階級的飲食行為基本上十分放縱。社會地位越高者，耽於食慾的情況就越為嚴重。如當齋戒之日，照例不得食肉時，卻有辯稱水獺為魚類，可以食用；又如以扁桃仁磨粉為飲料，取代乳品，耗費更鉅。此外，中世紀富人餐桌上的剩餘食品如麵包等，均會提供窮人食用，但若富人維持簡單飲食，便無法施捨窮人，也會造成其他的社會問題。

中世紀時期，基督教信仰在歐洲地區傳播日漸普遍，教會的生活規範也逐漸進入日常

波希 (Hieronymus Bosch, 1452–1516) 在《七宗罪與四末事》(*The Seven Deadly Sins and the Four Last Things*, c. 1500) 中以毫無節制的飲食及缺乏餐桌禮儀來象徵貪食。

生活。基督教創立之初，因信徒多來自社會底層，物質條件相當有限，故多主張禁慾、節用，所以齋戒、禁食成為教義的重要部分。基督教進入西歐之後，規定在一般性宗教節日、禱告、齋戒時，不得食用肉品；在某些特定的宗教節日裡，更應當禁絕所有動物性食材，包括乳製品與蛋製品。西歐地區宗教節的計算基準經常改變，與當時的「曆法」不確定有關，因此禁食的日數也不斷調整，但往往在每年一百五十天上下；到了十六世紀以後，西歐採用格列高里曆（Gregorian calendar，即今使用的西曆），才逐漸統一。此外，各地區因教派不同，往往自行規範齋戒的形式與內容，並且各地均會有些應變方法，在不違反教規的前提下，減少禁食的影響。

齋戒期間的飲食規範

復活節前的「四旬齋」(Lent)[2]起源甚早，大約是五世紀末起就已經有此習俗。畫家老布魯赫在一五五九年有一幅以齋戒為主題的畫作。

2 四旬齋是從所謂的「聖灰週三」（Ash Wednesday，以灰燼在額上畫十字）開始，到復活節星期六結束，持續四十天的齋戒（週日不計入，否則應為四十六天）。四旬齋的目的乃希望人們可以深入反省、感受信仰生活，必以從日常生活中的俗務及牽制中抽離為前提，因此除了教會所規定不可食用的食物外，今日的四旬齋規範還加入了不使用網路和不看電視的內容。

根據中世紀時期教會的規定，四旬齋期間，信徒每天僅能吃一餐，且不能食用恆溫動物，所以食物中不能有肉品、乳製品或蛋類，僅可食用植物、菜蔬，主食則為裸麥、小麥，酒也必須適度節制。果脯、堅果及魚則不在禁止之列，但因售價高昂，並非一般人都能負擔。齋戒期間也有不能舉行婚禮、不能跳舞、不應當有性行為等規定。

儘管有許多規定，但並非人人願意或有能力遵守，教宗因此頒布了「免除齋戒辦法」，規定特定的人或地區可以有限度的免除齋戒義

老布魯赫將《狂歡和齋戒的爭鬥》(*The Fight between Carnival and Lent*, 1559) 的畫面切割成兩大塊，左邊描繪狂歡節的瘋狂慶祝，右邊則呈現齋戒時的饑饉。

務。例如病患、年長者、幼童及婦女等均可獲得部分豁免。一四九一年，教宗英諾森八世(Innocent VIII, 1432–1492)因為「史托倫麵包」(Stollen)引發的討論，對薩克森地方的選侯發布過一封「德勒斯登奶油書信」(Dresdner Butterbrief)，鬆弛飲食禁命。

中世紀時，史托倫麵包為齋戒時期的主要食物之一，齋戒期間製作史托倫時，僅能使用麵粉、酵母與水，有時也會添加燕麥及菜籽油，味道與日常習慣者相去甚遠，因為史托倫主要在春夏季製作，這段時間萬物生長、材料較充足，加上齋戒期間不得使用奶油，味道自然差異更大。所以薩克森地方的貴族聯合向選侯施壓，要求其設法讓教宗英諾森八世收回一四八六年發布的有關齋戒期間禁止食用奶油的命令。最後，教宗讓步，特許德勒斯登城製作史托倫時可以使用奶油。

到了十五世紀以後，免除齋戒義務的範圍越來越寬鬆。例如紐倫堡地區以無法獲得足夠橄欖油為由，要求齋戒期間可以食用乳製品，雖然教廷執事人員並不相信以紐倫堡的貿易中心地理位置會有橄欖油短缺的情況，教宗仍然於一四三七年下令豁免該地貧民部分齋戒期的規範，允許人們在齋戒期間食用乳製品。

十年之後，紐倫堡居民又利用教宗與其他主教爭執的機會，繼續陳情，主張紐倫堡離海太遠，境內少湖，沒有足夠的水產，也無法生產足夠的油脂，請求教宗准許所有居民都

挑戰齋戒的規範——史托倫麵包

材料：

	牛奶	-----	140 公克
	酵母粉	-----	80 克
	糖	-----	90 公克
	高筋麵粉	-----	540 公克
A	肉荳蔻粉	-----	半茶匙
A	無水奶油	-----	90 公克
A	奶油	-----	250 克
A	扁桃仁粉	-----	120 克
A	麻齊邦	-----	30 克
A	蘭姆酒	-----	125 毫升
B	葡萄乾	-----	300 公克
B	糖漬檸檬	-----	50 克
B	糖漬柑橘	-----	50 克
C	糖	-----	75 克
C	糖粉	-----	100 克

作法：

1 葡萄乾用蘭姆酒泡製備用
2 加溫 70 公克的牛奶後，放入大碗中並溶入酵母，再加入 3 大匙麵粉和一撮糖，拌勻後靜置 20 分鐘，待其醒發
3 加入 A 和剩餘的糖、麵粉及牛奶，一起搏揉後，置於案板上擀平
4 麵糰鋪上 B 後，將麵糰由邊往中間折、捲成長條狀，靜置 1 小時
5 烤箱以 175 度預熱，麵糰灑上手粉，搏揉擀平，再由兩邊向中間摺成橄欖狀，用擀麵棍從中央摁壓，形成中間低、兩邊高的麵糰
6 烘焙 1 小時，取出後先用適量奶油刷勻，再灑上 C
7 冷卻後冷藏，兩週後再切片食用

能在齋戒期間食用奶油，教宗也給予特許。不僅紐倫堡，其他地方也群起效尤，具體理由多是「橄欖油不足」，這一類的陳情書信特稱為「奶油書信」。

這種特許伴隨著對等的義務。通常免除一項義務時，信徒必須盡些事功，表面形式為祈禱，捐獻則為實際作法。例如一四八六年時瑞士伯恩(Bern)居民同意捐獻建築教堂的金額，換取免除部分齋戒義務。一四九一年，教宗准許該地居民在齋戒期間食用乳、蛋製品，但是仍不能食用肉品。

齋戒還是節慶

齋戒期間，信徒只要遵守相關規定，仍可以享受各種美食，各種進口的食材如橄欖油、無花果、蜜棗、葡萄乾、稻米、扁桃仁、蔗糖等都屬於符合齋戒規定的食材，可以在齋戒期間食用，只是所費不貲。例如十三世紀時，法國國王路易九世(Louis IX, 1214–1270)曾邀請勃根地桑斯(Sens)地方修道院的僧侶用餐，宴飲內容異常豐盛，包括櫻桃、白麵包、酒、燉蠶豆、魚、螃蟹、鰻魚醬、肉桂扁桃仁燉米飯、煎鰻魚、圓麵包、各式水果等。

教會對飲食的規範使得各地在齋戒期間的飲食內容相當接近，例如齋戒期間禁止食肉，信徒只能食用魚或海鮮，遠從北歐販運而來的魚乾與鹽漬鯖魚成為西歐或中歐地區許多人的齋戒食材。但是魚的價格不等，不同社會階級者食用的魚有極大差別。齋戒時期，上層社會與修道院中，主要食用進口魚類，因為經過長途運輸，價格相當昂貴。十五世紀末一份修道院的帳冊顯示，齋戒期間食物的支出遠高過非齋戒期；又如在奧地利貴族社會的情況也是如此，從一位貴族家庭的帳簿中顯示，其在齋戒期間的用餐頻率甚至可以達到

德意志畫家費赫 (Georg Felgel, 1566–1638) 的《鯡魚靜物畫》(*Still Life with Herring*, c. 1629)，來自北歐的醃漬鯡魚也是當時常見菜色。

平時飲食次數的三倍。

因此，貴族正好可以利用齋戒時期的餐點展現其財力與烹飪技巧。例如不食用乳製品或蛋類時，便以橄欖油及扁桃仁取代，一方面顯示其虔誠及謹守教規，也可展示其消費能力。至於財力狀況不佳者，齋戒就意味著「戒」掉許多食物，但也因此經常有破戒之虞，因為他們缺乏金錢購買動物性脂肪的代用品，所以謹守教規也是一件相對奢侈的事。

逃避齋戒

十四世紀以後，許多人對齋戒的意義都不清楚，人對教會有關禁食的規矩頗為反感，自然希望能免則免，甚至企圖逃避齋戒的約束。人們為了滿足齋戒時的口腹之慾，想方設法尋求肉類代替品，發展出許多食物，將肉品「隱藏」在食物之中，例如肉餡餅派等；或者以魚製成豬排，維妙維肖，以假亂真。也有人將食物改成另一個名詞，掩耳盜鈴，例如在販售乳豬時，以「鯉魚」標示之，也當作魚肉食用。還把野豬趕到水邊再獵捕，也列為「水產」。

各地區對魚的認定相當寬鬆，例如鯨豚類、貝類、螃蟹等等不被視為禁制品，就連許多生活在水邊的動物如白頰黑雁、北極海鸚、河狸與水獺等都被視為「水產」，法國市場上也販售海狗、海豹等哺乳類海洋生物。許多時候都有人質疑這種「水產分類法」，神聖羅馬帝國皇帝費里德利希二世 (Friedrich II, 1194–1250) 認為：「北歐濱海地區一到秋天可以看到許多以貝類為食的白頰黑雁，不應當被視為水產。」

十六世紀時，齋戒已經名存實亡，引起許多人的議論。一五一七年，馬丁路德 (Martin Luther, 1483–1546) 批判羅馬公教時，對這種現象也多所批評，並進一步認為：人類得救，全憑恩典，無法憑藉這種缺乏真正內涵的儀式行為。所以日後的抗議教派對四旬齋及齋戒之事，另有看法。

飲食中的階級差異

十一世紀以前，歐洲各地的飲食多為本地所產，平民與貴族飲食的最大差別在於分量，而非食材的內容。十二世紀以後，因為貿易逐漸發達，有益於異地食材的交流以及許多遠方食材進入歐洲。遠程貿易因需長途跋涉，這些食材的價格自然居高不下，階級間的飲食區別也愈見明顯。

飲食的貧富差距

中世紀時期平民每天仍能獲取大約兩千大卡的熱量，足以維生，但熱量主要來自穀類作物如麵包，缺乏足夠的維生素B與E，營養失調的問題遠比熱量不足要嚴重；變通之道，就是多吃青菜。歐洲南部地區農民種植許多甘藍科作物，青菜供應無缺。義大利的拿坡里(Naples)此時出現「食葉族」(mangiafolie)的自嘲，因為平民無法負擔富含蛋白質的食材，只能多吃葉菜，以獲得維生素，也勉強提供適當的營養。至今，該地仍有許多傳統菜色是以葉菜製成，所以在當地仍保有mangiafolie的說法。

中世紀歐洲富人的飲食支出占生活費用相當高的比例，當中葡萄酒與香料的消費甚為顯著，因其為當時最為貴重的食材，又是彰顯身分的重要指標。許多貴族喜歡以豐盛的食物炫耀自身的財富，甚至透支、舉債度日，不少低層的騎士階級花費總收入的半數在飲食之上，許多修道院飲食支出的比重也甚高。

十四世紀以後，義大利半島的飲食開始改變，新興的城市中間階級製作新式條狀麵食時，往往以醬汁調味。薄伽丘的《十日談》說到：「尋常百姓只能幻想著乳酪砌成的高山上，有一群人能夠什麼事都不做，只要不停的製作和吃著源源不絕的醬汁通心麵

(macaroni) 和麵餃 (ravioli)。」十五世紀的食譜《廚藝》(*Libro de Arte Coquinaria*, 1465) 也記載麵食中加入肉、蔬菜和乳酪，或者麵食放入肉湯中的飲食方式。這種柔軟、濕滑的新式食物不便以湯匙取食，只好使用叉子，使得叉子逐漸在義大利半島盛行。十六世紀以後，法國與義大利的貴族婦女經常使用一種小叉子取用水果與甜點，為凸顯其階級與身分，這些小叉子多以象牙、金銀製造，裝飾極為華麗。但當時社會主流意見反對使用叉子，文藝復興時期學者伊拉斯莫斯 (Erasmus of Rotterdam, 1466–1536) 便將叉子與婦女連結，認為男性不宜。

新的飲食禮節與方式

中世紀晚期，貴族的飲宴越來越豪華，從前菜到飯後甜點，從祝禱、各種形制杯具的運用、特定菜餚的食用方式等都有講究，而且各地習俗不一。在許多宮廷中為了飲宴方便，開始出現不同的飲食規範，又經過長時期的發展，各地規範逐漸同步，成了大家能夠理解且步調一致的餐桌禮節。

中世紀的歐洲人雖採分食，但鮮少獨自進餐，否則被視為失禮，不僅家人一同進餐，許多團體也經常一起飲食。歐洲許多大城市中有工匠的「行會」（英文 Guild，德文

Zunft），十二世紀起，行會的影響力逐漸擴張，獲得較大的政治發言權，也使得許多城市居民願意加入行會活動。行會為了維持其運作，定期舉辦餐會，行會成員（Meister）有義務參與餐會，討論會務。這種宴會性質雖不同於貴族的飲宴，但也有特定的社會功能。當學徒學藝期滿，想要加入當地行會時，除了必須證明身家清白、擁有居所及相當資金外，還必須舉辦一場極盡豐盛的餐會，稱為「行會餐會」（Zunftmahl），招待行會中的所有成員，算是入門禮，這種習俗至今仍可看到一些痕跡。

特殊食材的輸入

十四世紀後半期起，歐洲逐漸從黑死病與瘟疫中復甦，領主的稅收增加，行政組織擴大，其居住環境也逐漸改變，宮室服務人員增多，宮廷的飲食需求大增，有些宮殿每天要提供數百份餐點，所以必須擴大編制，聘用專人管理飲膳。許多宮廷的廚房員工可達百人，各有分工，總管採購者、負責烘焙、調味、清洗者、餐桌服務人員、雜役等。十五世紀時，薩伏依公爵的一名總廚師曾撰寫《廚房調理》（*Du fait de cuisine*），紀錄公爵廚房每天要為幾百人提供兩頓餐飲，需要一千輛推車的柴火。

威雪 (Hieronymus Vischer, 1564–1630) 繪製的彩繪玻璃，呈現製繩行會聚餐的場景。

東方新食材

中世紀中後期，許多新食材進入歐洲，影響歐洲的飲食文化，其中較為重要的是蔗糖。西元一世紀時，西亞地區已經出現甘蔗，羅馬學者老普里尼在其著作中記錄印度及阿拉伯的蔗糖具有醫療功能。稍後，阿拉伯人將甘蔗傳播到地中海沿岸各地，摩洛哥(Morocco)及西西里都生產蔗糖，但此時的蔗糖產量有限，且多作為醫療用途，西歐地區對蔗糖認識有限。直到十字軍活動期間，大批歐洲人抵達地中海岸，接觸許多新事物與新文化，包括蔗糖，並將之帶回西歐，頗受歡迎。威尼斯商人見此商機，開始在克里特島、塞浦路斯等地生產蔗糖，銷往西歐，獲利甚豐。十二世紀時，義大利商人成為西歐蔗糖的主要供應者。除了蔗糖以外，許多源自東方的甜食也經由阿拉伯人介紹到西歐，扁桃仁糖(Marzipan)就是一例。

西歐家喻戶曉的甜點扁桃仁糖，源自阿拉伯人稱為甜點之王的「勞斯納吉」(Lauzinaj)，《天方夜譚》中就提到此種扁桃仁糖。勞斯納吉以扁桃仁及糖為主要原料，大約十三世紀中經由伊比利半島上阿拉伯人統治的安達盧西亞傳入歐洲。西班牙中部的大城托雷多(Toledo)原為卡斯提爾的政治中心，商業發達，也是這種扁桃仁糖的重要產地，當地人稱之為「馬撒邦」(Mazapán)。後傳入西歐各地，改稱為「麻齊邦」。十三世紀時，威尼斯已經出現麻齊邦的記載，到了十四世紀，麻齊邦成為許多歐洲貴族喜愛的美食，最早由藥房製作出售，用以治療便秘、脹氣，甚至有壯陽功效。

麻齊邦的名稱有不同說法，一般多認為來自阿拉伯語，在伊比利半島上的許多方言也都有類似發音。其來源亦多有附會，例如傳說呂北克(Lübeck)在十五世紀初發生飢荒，城市只剩下扁桃仁與蔗糖，商家便以這兩種原料製成食物，度過難關。在普魯士也有相同的傳說，其境內的王山(Königsberg)也是麻齊邦的重要生產中心。但這兩種說法都不可能是麻齊邦的來源，

扁桃仁糖

因為砂糖和扁桃仁皆非當地原產，而是高價的進口食材。

當使用高價商品糖與扁桃仁混合製成的甜點麻齊邦傳入歐洲後，售價更高，漢薩同盟各邦對此甚有興趣，漢薩同盟的中心呂北克更是遍設工廠，生產麻齊邦，隨著漢薩的貿易船隻銷售到各地；至今，麻齊邦仍為呂北克的重要名產。王山所產的麻齊邦成分比例與呂北克稍有不同，奧地利則以砂糖及開心果為主要原料，製成類似商品，後來稱為「莫札特球」(Mozartkugel)。

中世紀晚期，東西貿易因交通技術愈為便利，貿易量愈增，商品價格也相對低廉，使香料的使用範圍與數量逐漸擴大，香料餅(Lebkuchen)的普及就是個明顯的例證。香料餅最早出現於埃及，摶製麵糰，刷上蜂蜜後烘焙食用，羅馬人也製作類似的麵食，稱為「蜂蜜麵包」(pains mellitus)。香料餅廣見於歐洲各地，雖然稱呼不一，但基本概念一致：使用麵粉、蜂蜜及各種香料摶製，烘培成餅食用。因香料餅起先著重其醫療功能，有些地區稱其為「生活餅」(Lebenskuchen)或「胃麵包」(Magenbrot)，有些地區則根據其主要成分胡椒而稱之為「胡椒餅」(Pfefferkuchen)，在英

莫札特球

格蘭稱為「薑餅」(gingerbread)，法國則為「香料麵包」(pain d'épices)。

歐洲的香料餅最早在比利時出現，後經由阿亨城 (Aachen) 傳到德意志地區，故也稱之為阿亨餅 (Aachener Printen)[3]。到十三世紀後，西歐許多地區普遍製作香料餅，除在麵粉中摻入堅果粉揉，還加入各種香料，包括胡椒、八角、茴香、薑、荳蔻、芫荽、丁香與肉桂等調味，再和入蜂蜜，烘焙成蛋糕狀或薄餅狀而成。香料餅主要在復活節之前

3 阿亨餅有自己的名稱及形狀。十五世紀時，阿亨有許多來自比利時的黃銅工匠，當地的香料餅師傅烤餅時有時亦使用黃銅模型，因此香料餅師傅將麵糰壓入模中的動詞 prenten 或 printen——便成為阿亨餅的名稱。到了十九世紀初，由於拿破崙 (Napoleon Bonaparte, 1769–1821) 對大英實施大陸封鎖，導致阿亨香料餅中的蔗糖需以甜菜根取代，成分的改變使香料餅烘烤後變脆而難以脫模，烹焙師減少製程並不再使用模具製餅，而是直接將麵糰捲起、切成條狀，成為現在所見的阿亨餅形狀。

生活餅（左）和阿亨餅（右）所用香料雷同，但因作法有異，而有不同的稱呼。

的齋戒期食用，且保存容易，所以許多修道院大量製作，以備饑荒時能夠賑濟飢民。

由於製作香料餅所需的香料多半為自遠方進口的貴重藥材，只有在一些重要的貿易城市，因為香料的取得成本較低，才有較多的商家製作、販賣，包括教會、藥局和農民市集，香料餅甚至成為當地的重要商品，例如紐倫堡、科隆、奧古斯堡與瑞士的巴賽爾(Basel)等地。

此外，在一三七〇年，慕尼黑已經出現了香料餅師，這是一種特殊行業，有自己專屬的行會，不參與其他烘焙業的行會；由於慕尼黑的香料餅產量甚大，利潤高，慕尼黑一三七〇年後的課稅帳冊中，就單獨出現「香料餅稅」。

香料貿易的競爭與香料的普及

近代以前，歐洲的香料與香草調味(herbs)屬於不同概念，如何使用香料一直是歐洲飲食文化的重要課題。一般歐洲人民使用當地所產的各種香草，無需使用來自遠方的貴重香料。十四世紀以前，德意志地區稱這些飄洋過海而來的香料為「海外香料」(Spezereien)，係直接借用自義大利文「香料商」(spezieria)，而這個義大利文又是從拉丁文「種類」(species)而來，用以指稱各種從海外輸入的「香料」。歐洲原產的香草價格低廉，足供調味烹飪之用，也有部分的醫療功效，來自亞洲的香料，則用於宗教與醫療，調味非其主要功能。

自古以來，歐洲使用的香料多由印度洋進入紅海，到達蘇伊士灣 (Gulf of Suez) 後，循不同路線運抵地中海，再分銷各處，價格頗高。十四世紀以後，歐洲的香料供應因奧斯曼帝國興起而發生變化。奧斯曼帝國取塞爾柱而代之，並將其勢力深入東歐及地中海東岸。奧斯曼控制印度洋、紅海及波斯灣等香料貿易圈，建立龐大的香料貿易網絡，並與威尼斯商人合作，將大量的印度香料運到地中海，由義大利商人承包、分銷。西歐、北歐等地商人紛紛前往威尼斯購買肉桂、胡椒等海外香料，形成緊密的香料貿易路線。

由於香料貿易利潤龐大，引發伊比利半島國家的覬覦，葡萄牙人率先組織船隊，尋求直接與香料產地通商的機會。十五世紀以後，葡萄牙商船便開始探索，先占領修達 (Ceuta)[4]，又於一四七一年控制丹吉爾 (Tangier)，得以進入地中海貿易，打破威尼斯獨占香料貿易的局面。但葡萄牙並不以此為滿足，十五世紀末，葡萄牙船隊更直接繞過大西洋，抵達莫三比克 (Mozambique)、蒙巴薩 (Mombasa) 等地，從該處進入印度洋，直接向印度商人購買所需的香料，運回尼德蘭販售，獲利頗豐。自十六世紀起，歐洲香料供應不

4 修達位於非洲馬格里布 (Maghreb) 的北端，與摩洛哥接壤，接近直布羅陀海峽。

斷增加，使用的範圍愈廣，更成為烹飪時的重要調味品，「香料」的意義開始改變，並與「香草」逐漸混淆、通用。

飲酒風氣的盛行

中世紀後期，因為各種經濟專作區出現，飲料供應產生重大變化。貴族階級講究葡萄酒，歐洲地區的葡萄酒大約分成紅酒、白酒與玫瑰紅酒，氣泡酒則有二次發酵的工序，加入碳酸氣，產量相當有限。平民階級的主要飲料為啤酒，因為穀物供應增加，啤酒的供應量也增加，但此時釀造啤酒的工序與原料不同於中世紀前期，風味也完全不同。

大饑饉過後，經濟往往會有一段快速發展期，社會的消費能力快速增加。歐洲原本就有飲酒的風氣，到十四世紀時，因經濟復甦，飲酒風氣更加流行，從嘉年華會的發展便可以看出端倪。基督教信仰在西歐地區普及期間，教會活動也逐漸與歐洲人的日常生活結合，許多日耳曼人的傳統活動也被轉化為宗教活動。例如四旬齋原本是紀念耶穌受難，許多人根據教會規定奉行齋戒；但齋戒前的許多活動，例如嘉年華會，卻是來自日耳曼的傳統。根據曆法，復活節是從「春分」（三月二十一日）或當日之後第一個滿月的星期日，

傳為波希繪製之《嘉年華與齋戒的對抗》(*Battle between Carnival and Lent*, c. 1600– c. 1620)，畫中人們縱情狂歡，一切社會規則皆不適用。

往前推四十日則為齋戒的起點，稱為聖灰週三。在進入齋戒期之前，人們安排各種活動，如各地的化裝遊行，實際上為日耳曼的傳統，這類活動到十三世紀以後越來越熱鬧，便形成「嘉年華會」。活動期間，許多人化裝成巫婆、弄臣或是蠢漢，組隊遊行，稱為「嘉年華遊行」(carnival parade)，參與者在遊行期間肆意飲食。根據一三五三年的一項教會文獻紀錄，科隆主教禁止教士階級在嘉年華會活動期間販售啤酒或葡萄酒，正好可以反證此活動期間酒精的消耗情況。

由於中世紀以來財富的累積，飲酒風氣大盛，加上許多人相信酒具有消毒殺菌的醫療用途，可以對抗各種傳染病，故將葡萄酒作為製藥的原材料。當時許多百科書籍都延續希臘以來的醫療理論，認為酒性質屬「火」，可以促進消化、利尿，潔淨身心。十二世紀名醫的希爾德嘉就有許多酒類的用藥方劑。當蒸餾技術逐漸成熟後，蒸餾酒逐漸普遍，取代了酒的醫療功能。但人們更喜歡直接飲用葡萄酒，使得葡萄酒需求量大增。

一直到十五世紀中期，基督教的宗教儀式中都使用紅酒。但歐洲並非各地都能種植葡萄，不產酒的地區往往有貨源不足或紅酒價格騰貴的問題，市面上也出現偽劣或假酒，教會因此制定許多有關釀造紅酒的規範，如在《彌撒書》(*Missale Romanum*)[5]中規定：教會儀式中使用的酒，必須以葡萄園中生長的葡萄發酵製作，不得摻入不明物質。儀式中的麵包與紅酒都必須沒有瑕疵，更要注意不可讓酒變成醋。

為此，本篤會、熙篤會(Cistercians)及加爾都西會(Carthusians)等許多修道會，他們在歐洲各地的修道院積極根據教會經典的指導，生產適合教會儀式的酒品，以便滿足彌撒儀式的需求。他們一方面選擇適合地區種植葡萄、生產葡萄酒，還致力開發新的葡萄品種，控制生產程序，成為推動葡萄酒專業的重要力量。

本篤會在歐洲各地的許多修道院闢有葡萄園，例如德意志地區的富爾達(Fulda)、羅爾熙(Lorsch)及約翰貝格(Johannisberg)、法蘭西西南的加亞克(Gaillac)、奧地利東北部的梅爾克(Melk)等，他們的葡萄酒生產工序足以影響全歐。十一世紀末時，本篤會發生分裂，部分修士對本篤會規有不同觀點，因此脫離本篤會，另建熙篤會，但延續本篤會原來的作法，以勃根地、德意志萊茵高(Rheingau)等不同修道院為基地，經營葡萄酒產業，稍後又拓展到奧地利與匈牙利幾個地區。加爾都西會的發展也相當類似，在伊比利半島、瑞

---

5 也稱為《羅馬聖禮書》(*The Roman Missal*)，包含各種經文與按語，解釋「聖禮」進行的各種程序與注意事項，便於舉行儀式。

位於萊茵高的葡萄酒莊在中世紀時為知名的埃伯巴赫修道院 (Monastery of Eberbach)，酒莊內可見古老的釀酒器具。

士、德意志、法蘭西等地也都有葡萄園。加爾都西會還以葡萄酒為基礎，進一步生產草藥甜酒（Kräuter-Liköre）。但中世紀晚期的紅酒仍是供不應求，一四七八年時，教宗思道四世（Sixtus IV, 1414–1484）被迫同意彌撒儀式中也可以使用白酒。但希臘正教以紅酒接近「寶血」為由，仍然只使用紅酒。

猶太教也有類似的情況。猶太律法並不禁止飲酒，猶太教的宗教儀式與節慶[6]都使用紅酒，但猶太人飲酒或釀酒都必須遵從「潔食」規定。相關規定包括：葡萄園中的葡萄藤生長至少四年、園區中不可混雜其他植物，如果樹和蔬菜。葡萄園中的工作人員必須為遵守誡命的男性，釀酒過程亦須根據律法進行，教士舉行清除汙穢儀式，長老監管釀酒程序並發給認證，方能銷售。正因為規定如此繁複，一般市售的葡萄酒並不符合這樣的生產規範，所以不屬「潔食」。故中世紀以後，歐洲許多猶太社區必須自行釀酒或從其他猶太社區購買「潔食」的葡萄酒，銷路相當穩定。

歐洲處於溫暖期時，英格蘭也能種植葡萄，但十一世紀以後，必須依賴法蘭西進

6 猶太人在逾越節（Passover）、普珥節（Purim）等宗教節日中要飲酒，在婚禮、割禮也都飲酒。

口[7]。十二世紀時，英格蘭王位由法國的金雀花王室 (House of Plantagenet) 繼承，波爾多的葡萄酒便大量銷往英格蘭，在百年戰爭 (Hundred Years' War, 1337–1453) 時期，葡萄酒貿易也受到影響，但一四五三年以後便重新恢復。波爾多商人更與蘇格蘭商人結盟，由蘇格蘭代理波爾多酒，控制英倫三島大部分的消費的市場。到十四世紀時，法國的葡萄酒已經供應全歐洲。

除了葡萄酒以外，其他作物也有專業化的趨勢，例如巴伐利亞北部及西部地區種植葡萄，中部種植釀造啤酒用的蛇麻花，紐倫堡地區則種植大蒜，都是適應地理條件的專作區。當土地轉為專作區時，自然減少穀類作物栽種，為了補充穀類，便向東歐地區採購，東歐的地主因有利可圖，自然盡量擴張穀類栽種，成為歐洲穀倉。

至於啤酒釀造方法在中世紀時尚未統一，各地有不同的配方與工序，所以被稱為「啤酒」的酒類，實際上風味各異。十三世紀起，以蛇麻花調味的啤酒在許多地區變得普遍，各地出現專門種植蛇麻花的農莊。十四世紀中葉以後，穀物供應較為充足，啤酒消費逐漸

---

7 十一世紀氣候暖化以前的小冰河期，英格蘭農業型態改變，釀酒業消失；暖化以後，法蘭西葡萄酒專作區興起，而有價格優勢。此時英格蘭發展其他作物，生產啤酒，不再釀酒；但葡萄酒有重要的宗教功能（彌撒）故仍有需求，於是向法蘭西進口。

增加，原本使用其他草藥調味的啤酒也逐漸消失，啤酒風味日益趨同。中世紀以前，啤酒的酒精含量甚低，但經過煮沸、發酵等過程，相當安全，可以替代飲水；且因啤酒熱量頗高，而有「液體麵包」(flüssiges Brot) 的說法。當時，釀造啤酒後會連同穀粒一起烹煮，製成「啤酒湯」(Biersuppe)，兒童也可食用。

中世紀晚期，啤酒消耗量越來越大，許多資金不斷投入生產，一二二九年奧地利就出現了大型的專門釀酒廠，許多修道院也設置啤酒生產工廠，供應市場，十五世紀以後，修道院的釀酒廠業務無法與大型啤酒廠競爭逐漸萎縮。中世紀後期，啤酒稅分成生產稅與消費稅兩種，因為啤酒的消費量甚高，使兩種啤酒稅不斷提高，成為當時各地政府最重要的稅收之一。

釀酒師傅

蒸餾酒則是利用不同物質沸點不同的原理，將釀造成的酒液加熱蒸餾，

義大利畫家卡拉契 (Annibale Carracci, 1560–1609) 的《男孩飲酒》(*Boy Drinking*, 1582–1583)。

沸點較低的酒精會先汽化、逸出，進入冷凝管後再液化成酒精濃度較高的蒸餾酒。理論雖然簡單，但要到西元九世紀時，阿拉伯人才發展出穩定控制溫度，使蒸氣凝結蒐集的蒸餾技術。十二世紀中，義大利半島北部的薩雷諾 (Salerno) 出現蒸餾的相關記載，到十三世紀時，波隆那 (Bologna) 大學的醫學家更進一步發展出「分餾法」，顯示當時人對溫度的掌控更加純熟。此後，歐洲的蒸餾酒廠陸續出現，主要生產醫療用途的「燒酒」(Brandy)，這種酒直到十五世紀後才成為流行的飲料。

第六章　富而好禮，好爵自縻：

中世紀中後期的餐具與餐桌禮儀

歐洲有一句諺語：「吃的跟法國國王一樣」，大概是平民百姓認為法國國王的御廚烹飪手段高明，國王整天吃些好東西。法國國王路易十四（Louis XIV, 1638–1715）每日進食兩次，晨起後僅飲用茶湯，下午一點在臥室用餐，稱為「小食」（le Petit Couvert），晚間十點進「大食」（le Grand Couvert）。這兩頓餐食內容繁多，分量亦驚人。頭道為湯品，次道為炙烤禽類，第三道有羊肉、火腿、水煮蛋等，接著再一道生菜與麵點，飯後還有水果。路易十四死後，醫生發現其腸胃尺寸約為常人的兩倍，也是其來有自。

義大利地區的發展

羅馬繼承了希臘文化，在領土廣袤、經濟富裕、社會組織完整的前提下，將既成的文化推向奢華。西元四世紀以後，羅馬帝國的西半部地區因戰亂而殘破，日耳曼諸部落在此落地生根，逐步吸收羅馬制度，發展出新的社會階級制度與集權式的政治體系。同時，西歐的經濟也因農業技術改良、商業與城市復甦而有新的變化，不僅糧食增產，也自東方傳入新的飲食與烹調內容。在社會逐漸「富」的情況下，「好禮」的精神也有所發展，貴族階級開始講究飲食，亦越來越注意自身的行為舉止是否合宜。

從羅馬時期以來，義大利半島即大量種植經濟作物，如葡萄及地中海型水果如檸檬等，糧食作物則必須從埃及進口。五世紀以後，義大利半島政經情勢發生重大變化，半島北方多為日耳曼部落控制，前後有斯基里 (Sciri)、東哥德、倫巴底 (Lombardy) 及東法蘭克 (East Francia) 在此角逐。半島南端則仍由羅馬帝國控制，教宗領地與拉維娜 (Ravenna) 則在中間成為緩衝。九世紀以前，歐洲基督教尚不普遍，教宗影響力有限，與一般世俗領主無異，義大利半島始終未能發展出一個較強大的王權體制。直到九世紀以後，羅馬教宗的影響力才漸增，教會勢力可以擴張到西歐各地，也成了西歐文化的中流砥柱。

羅馬帝國雖將重心移至君士坦丁堡，但一直與義大利半島保持政治和商貿關係，許多義大利半島上的領主也奉拜占庭皇帝為正朔，半島上的許多商港，仍是帆檣往來，東方商品與文化不斷經由義大利半島輸入歐洲。威尼斯位於義大利半島東北部，是波河 (Po) 與皮亞韋河 (Piave) 兩河口間的封閉海灣所形成的潟湖區，是當時重要的貿易城市。威尼斯原為羅馬帝國境內的重要城邦，當羅馬帝國勢力轉移至君士坦丁堡時，並未放棄當地的主權，德意志國王控有義大利北部地區時，仍然承認威尼斯為拜占庭屬地。西元九九二年，威尼斯商人獲得拜占庭皇帝巴西爾一世 (Basil I, 811–886) 特許，經營貿易，獲得巨大利潤。九九六年，德意志國王派遣艦隊前往威尼斯地區，企

十七世紀威尼斯的地圖，威尼斯因航運、商貿而興盛。

圖控制威尼斯與西西里之間的交通，彼此爭鬥不休。威尼斯的商業位置甚佳，拜占庭皇帝與德意志國王均有意占領，只是雙方實力畢竟有限，威尼斯的武力也相當強大，故能始終保持獨立。

十世紀時，來自北歐的維京人早已在義大利半島活動，勢力往往可達威尼斯附近；拜占庭帝國原本仍控有部分義大利半島，但一〇〇五年以後受到塞爾柱部落侵擾，不僅喪失安納托利亞地區許多領土，也逐漸失去義大利半島的領地。此時，威尼斯人已控制亞得里亞海，甚至能夠在十字軍活動中，提供拜占庭相當協助，換取更大的商貿利益。嗣後，威尼斯總督更以武力要脅拜占庭，企圖奪取更多利益，也影響了拜占庭的財政，引發了與拜占庭的長期衝突。此後，威尼斯勢力漸長，拜占庭則處在多方壓力之下，國力逐漸衰微。

義大利對飲食新文化的影響

早在羅馬共和時期，義大利半島的「市民階級」(civitas) 就逐漸形成特殊的階級文化及自我認同。市民階級主要是由法律規範形成「團體」，遵守共同的行為準則，建構同樣的道德價值。個人認可並（或）接受這種價值標準者，便會被市民團體認可，稱為「已市民化」(civilized)，這也是後世討論的「文明」(civilization) 的重要基礎。十三世紀以後的西歐地區，也遵循這樣的模式，發展出大家認可的「生活禮節」，再將這種禮節加諸其他人，漸漸擴大市民團體。

十三世紀以後，威尼斯與義大利半島上的其他海港城邦持續發展航運與商貿，並形成一個互相依賴、彼此協助的社會體系，貴族階級負責行政與戰爭，城居的商人階級(cittadini)負責商業與生產，平民階級(popolani)則擔任軍人、海員、工匠及小型商業經營者。在這個社會體系中，平民可以透過商業或工業，迅速上升，成為富商階級，富商則透過通婚、商業等關係，甚至購買高級教士職位，晉身為貴族階級，並得與他國王室通婚，麥迪奇家族便是一個顯著事例。

此外，十字軍的跨域戰爭活動促進了東西交流。十三世紀以後，許多重要物資如香料、瓷器等工藝品不斷透過地中海貿易率先進入義大利，再轉往歐洲各地。義大利商人累積巨大財富，對文化與時尚也有需求，他們致力學習東方王朝的飲食與生活方式。義大利地區的市民階級不僅講求精緻生活，更發展出新的禮儀與行為規範。這種融合文化不但在義大利城邦迅速傳播、發展，也傳往西方各地，從餐具、烹飪、飲料到藝術，都可以明顯看到義大利的影響。

來自義大利的新餐具——叉子

人類使用叉子的起源甚早，當人類使用火時，就必須使用樹枝在火中取物，或撥動火源，逐漸發展出各種形制類似叉子的烹飪工具。新石器時代以後，農業生產成為人類主要的經濟活動，穀類作物成為許多人的主食，西亞及地中海地區最早馴化小麥，並烘製麵包，食用時僅需用手，不需任何餐具。希臘與羅馬的貴族社會習慣在躺椅上進食，備餐時須將所有食物切成適當大小，以便用手直接取用，無需餐具。但當食物溫度較高、沾有醬汁時，則須使用適當工具，避免燙手或沾手。

大部分研究飲食史的學者根據各種出土器物及圖像資料，認定古埃及、古中國都已經使用「叉子」作為烹飪工具。《舊約．撒姆耳記上》也提到「這二祭司待百姓是這樣的規矩：凡有人獻祭，正煮肉的時候，祭司的僕人就來，手拿三齒的叉子，將叉子往罐裡、或鼎裡、或釜裡、或鍋裡一插，插上來的肉，祭司都取了去。凡上到示羅的以色列人，他們都是這樣看待」。三齒叉子的功能屬烹飪工具，而非餐具。至於羅馬貴族習慣使用一種名為里古拉的餐具，以金銀或貝殼製成，一端細長，功能如籤子，另一端為小湯匙，可叉可舀，其部分功能與今日的餐叉類似。

拜占庭帝國的文化主要繼承自希臘與羅馬，但也因為其位居地中海文化圈的重要地點，拜占庭帝國定都於君士坦丁堡之後，大量接受地中海地區的飲食與宮廷文化。來自波斯帝國的新奇事物不斷輸入君士坦丁堡，受到極大歡迎，飲食與餐飲方式自然也受到東方帝國的影響。根據實際文物與文獻記載，七世紀起，拜占庭帝國宮廷已經普遍使用餐叉進食，這應當與拜占庭新興的宮廷文化與飲食習慣的改變有相當關聯。

拜占庭接觸到東方食材與飲食文化，諸如印度輸入的香料與蔗糖，豐富宮廷飲食文化的內容，甜食、醬汁並不適合直接用手取食的羅馬習俗，因此調整里古拉的功能。從物理學角度看，增加里古拉的叉齒可以穩定控制塊狀食物，相當容易且方便，波斯帝國也有形制類似的「巴斤」(barjyn)。拜占庭的餐叉與波斯帝國的巴斤孰先孰後？恐無定論，但餐叉起源於東方

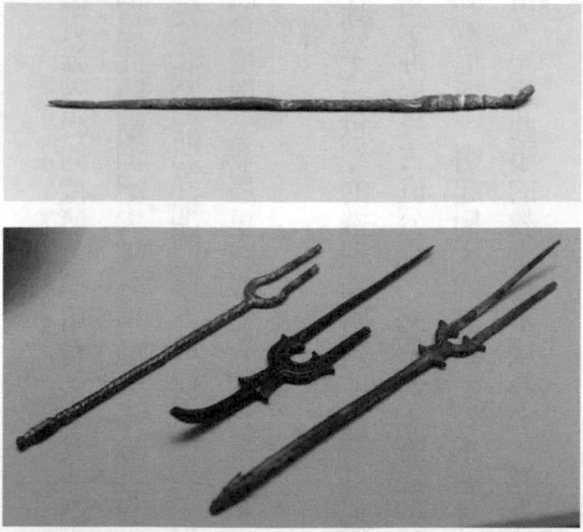

上圖為古羅馬時期的的銅製里古拉，下圖則是波斯帝國的巴斤。

則無疑問。

十世紀以後，君士坦丁堡的平民階級效法貴族階級的禮節，使用餐叉進食成為常態；中東地區的各游牧部落，也普遍使用餐叉；倒是此時歐洲絕大部分地區，不分社會階級，仍用手直接取食。只有義大利地區開風氣之先，威尼斯等地的商人前往君士坦丁堡經商時，不僅學習各種精緻文化，也效法當地的飲食禮儀，並最早將餐叉介紹到義大利半島，但義大利地區並未立刻接受這種新式餐具。

南歐地區最早有關餐叉的紀錄，應當存在於十一世紀的威尼斯宮廷。當時威尼斯總督奧賽羅二世 (Dogen Orseolo II, 961–1009) 命其子迎娶拜占庭公主，這位公主將許多拜占庭的宮廷文化如使用叉子、定期沐浴等習慣帶到威尼斯，引起極大的騷動。公主進餐時均使用餐叉，造成許多貴族的疑慮，甚至認為失禮。記錄此事的教士也不以為然，認為這樣的飲食方式邪惡，且弱化男性特質。

西歐各地的羅馬公教教會也強烈反對信徒使用叉子進食，他們認為：叉子的形狀像是魔鬼的武器。另一方面，教會堅持以手取食的傳統，認為上帝賜與的食物，就應該用手直接取食。教會的反對確實影響了叉子的傳布，直到十四世紀以後，義大利的上層階級才逐漸使用叉子作為餐具。

十一世紀以後，北歐諾曼人便已經航行到義大利半島南端貿易，與拜占庭帝國建立貿易網路接觸了拜占庭文化，並將叉子帶回北歐地區。當時諾曼人尚未完全接受基督教信仰，受到羅馬公教教會的約束較少，並不排斥以叉子作為餐具。北歐的維京考古遺址中，如德國北部的海特哈布（Haithabu）及瑞典的比爾卡（Birka）等[1]，就發掘出兩齒及三齒的叉子，具有強烈的君士坦丁堡風格，可能作為餐具使用。

書面文獻、圖畫或考古證據都顯示：在中世紀時期，西歐地區的叉子大多作為烹飪工具，用以將肉品從湯鍋中撈出；宴會上菜時，偶爾也會用叉子分送高

1 海特哈布原屬丹麥，十九世紀中期德丹戰爭之後，歸德國所有。五世紀起，當地的維京人曾遠航至愛爾蘭、波羅的海、君士坦丁堡、巴格達及法蘭克王國等地貿易，帶回各種器物。比爾卡屬瑞典，八世紀時是維京人的重要商業中心。

十五世紀的義大利叉子，長將近三十公分，應為烹飪工具。

溫的肉品，並未以之作為進食餐具。十六世紀初，馬丁路德對當時義大利人使用叉子進食的行為相當不以為然，他認為上帝賦予人類雙手，即為取食之用，不需要再使用類似農夫釘耙的叉子。直到中世紀晚期，甚至到十七世紀以後，西歐地區上層社會的婦女因為與義大利接觸日深，沾染義大利習氣，才開始使用叉子進食。男性則因為性別認同的問題，要到十八世紀以後才開始使用叉子。法國國王路易十四的宮廷對叉子並不陌生，其時已有宮廷婦女使用叉子取食，不過路易十四終其一生，無論麵包或各式菜餚，皆以手取食。

今日人們熟悉的餐刀，出現得也甚晚。自古以來，刀子一向是備餐時必要的切割工具。但在進餐時，由於食物的內容簡單，並無切割的必要，或如貴族雖食用肉品，但也已事先經過分割，不需另外使用刀具。從中世紀時期留下的繪畫及圖像觀察，當時的重要宴會中，同桌而食者多為兩三人共用一把刀子，無須專屬，此外別無其他餐具。

中世紀貴族青年的養成教育中，就包含了如何將整塊燒炙的肉品或整隻雞鴨片成適當大小，以便用手直接取食。古羅馬社會中，這種分肉工作交由僕人負責，但到了中世紀時期，則由騎士養成教育中的「扈從」(squire)[2]擔任。

2 中世紀時期，具有貴族身分的男性，必須先跟隨一位騎士擔任扈從，學習如何使用武器及各種騎士應當具備的知識與德行。騎士出行時，扈從必須隨後為其提盾牌，因此也稱為「執盾者」(Schildträger)。通常，貴族男孩到了七歲時，就應當開始學習擔任扈從，學習技能與宮廷禮節。十四歲時才能稱為扈從，工作內容包括協助其領主穿上盔甲、扛武器、照料馬匹等。這些扈從擁有盾牌、頭盔、短劍、斧頭或矛鎚，平常也須參加集體練習。

《法國大編年史》(*Grandes Chroniques de France*, 1375–1377) 的《三王宴飲圖》。圖中可見扈從用桌上唯一一把刀子為三位君主切割肉片。

「切片」一詞源自法語 trancher，德語稱為 tranchieren，需要適當的工具與技術，才能將肉品、魚鮮或家禽處理成適當且均等的大小，使之保持一定的形狀，有些部位則必須提供給特定人士，例如烤羊時的羊尾應當提供給最尊敬的長者，以及如何依序分給同桌者享用等，這些都有講究。此類工作的執行結果正足以顯示其人之教養。直到晚近，歐洲家庭用餐或宴客時，男主人仍需要執行片肉及分肉工作，顯見其具社會功能。

飲食文化與階級社會

中世紀以降，西歐地區貴族便以飛禽作為日常飲食中的蛋白質主來源，包括鶴、鷺等；宮廷中往往也圈養雞、孔雀等飛禽。類此的貴族的飲食，平民階級自然不得享用。在過去，不僅服裝為區隔貴賤的重要標誌，飲食、餐具及使用這些餐具的禮節與方式，亦為社會階級的重要象徵。

歐洲有一句諺語：「吃的跟法國國王一樣。」路易十四的日常膳食中，禽類占相當大的比重。根據路易十四身邊一位重要輔佐聖西門公爵 (Duc de Saint-Simon, 1675–1755) 的記載，國王下午一點在臥室進行第一次主餐，稱為「小食」，乃因此時國王獨自一人在臥

尼德蘭畫家比克勒爾 (Joachim Beuckelaer, c. 1533–c. 1570) 在《食材充裕的廚房》(*Well-stocked Kitchen*, 1566)，呈現富貴人家的廚房裡擺滿各式各樣的野味。

室窗前小桌進食。通常他在早上就指定主餐要「小」或是「很小」，但即使是很小，食物分量仍相當充足，包含許多冷盤、三道菜，還不加上水果。至晚間十點，路易十四與王室成員共進晚膳，此晚餐號稱「大食」，但分量較少，其所以稱為大者，或因與家人同食，故場面較大有關。膳食內容包括湯品、肉品、菜蔬及水果等，路易十四亦能食用相當分量。

路易十四進晚餐時，廷臣首先進入餐廳，其他人則陸續就位，宮廷管事才通知國王。路易十四用餐時，能夠在旁觀看者，都是王公貴族。聖西門在回憶錄提到：「我曾經見到重要貴族站在國王前面，國王並未為他們設座，我也常見到身分尊貴的王子或樞機主教在場。」甚至國王的弟弟也只能遞手巾，站立一旁。

國王偶爾會命人替王弟安排一個座位，此已屬特殊恩寵；有時亦命人給他一個餐盤，請他一起進餐。國王進餐時不太說話，也鮮少有女士在場。但遇有重要場合，也可能邀請幾位貴族命婦。

在凡爾賽宮 (Palace of Versailles) 進食不僅是吃飯，還是政治權力的展示。宮中雖高朋滿座，但路易十四進餐時不喜被打攪，故而鴉雀無聲。進餐時至少有四百九十八人服務，每道菜上菜時由僕人們逐一傳送，還有十五名軍官護送之；飯菜所經之處，所有人員必須行禮致敬。宮廷官員先要嘗過菜餚，以免有心人圖謀不軌；國王需要飲料時，也有專門官員大聲傳呼。雖為個人進食，卻有數百名貴族圍觀，這正是路易十四刻意經營的意象，以顯示國王的權力。

中世紀晚期的貴族宴飲

中世紀時期貴族的宴會有幾種不同形式：於宴會廳、於花園中或兩者混合型。宴飲的所有食材都經過安排、挑選，烹調好後，放在廚房中，以便同時上桌；樂師們也演奏各種背景音樂。賓客抵達宴會廳時，主人先會提供洗手水與擦手布，淨手後再一一入座。如與近代西方的餐桌禮儀相較，中世紀歐洲的飲宴相當簡單，沒有太多的繁文縟節。喬叟的《坎特伯里故事集》中提到一位優雅的女修道院院長，她的進食行為可算是禮節的典範，包括：吃飯時不能掉渣，不將手指放到醬汁碗中，胸前沒有食物殘渣。書中描述的這些內容，應當是英格蘭地區幾個世紀以來的重要飲食準則。

在宴會廳的宴會較為正式，所有賓客坐定之後，服務人員將菜餚置入木製托盤中，托盤分成幾個不同的等級，最高級的食物提供給最尊貴的客人。賓客面前會放置金銀材質的盤子，服務人員將食物放到每位賓客面前的盤子中，並將托盤帶走，「一道菜」(course)意味著服務人員巡迴一趟。除了每位賓客的菜餚外，桌上沒有其他菜餚，之後服務人員會再送上第二道菜餚。菜餚的數目並不一定，較隆重的宴會至少有五道菜，國王宴會時，可能會有十二道菜餚。宴會時最重要的守則是：貴賓面前的食物或飲料都會由服務人員先行試吃，證明沒有下毒後，賓客才會接著享用，但這種作法漸漸流於形式。

另一種宴會稱為"Banquet"，這個字原有「桌子」的意思，此種宴會多在戶外舉行，賓客並不會坐下，食物則陳列在桌子上，由賓客自行取用，類似今日的自助餐。食物分為冷盤與燒烤，冷盤已經分成小份，燒烤則是隨烤隨切隨用。

此外，還有以上二者的混合型飲宴。其進行方式是先在宴會廳中由服務人員上主菜，然後再移往其他空間享用「桌菜」(banquet)。歷史記載，一五七一年尼德蘭哈林(Haarlem)的領主宴請賓客時，一共有兩道菜加上許多「桌菜」，桌菜包括：四種肉凍、四種榛果製成的果品、四種鍋餅及四種蘋果餅，另有四種沙拉、五種甜食、三種甜粥、四種餅乾加上四種腰果甜點。如果天氣適合的話，主菜以外的「桌宴」會在花園中舉行，空間較為寬敞。

十五世紀後半，法國名廚堤瑞的食譜《膳師》記載了幾次桌菜形式的宴會情況，席中包括四、五道主菜；其中錄下某位貴族的一場桌宴，席間出菜的內容包括：第一道菜是油燉小牛肉佐豌豆泥、蛋白及香料，加上肉桂燉菜及丁香鹿肉。第二道菜則是孔雀、天鵝、鷺鷥、兔肉，搭配香料醬汁。第三道菜是閹雞塞入奶油，搭配鴿肉派及羔羊肉。第四道菜則有老鷹、紅酒燉梨。第五道菜餚為奶油、扁桃仁、果仁、梨及甜點。這許多食物下肚，恐怕不容易消化。

另外，勃根地公爵菲利浦 (Philip the Good, Duke of Burgundy, 1396–1467) 於一四五四年二月在里爾 (Lille) 召開一場會盟，號召歐洲各國自奧斯曼帝國手中奪回君士坦丁堡。會盟之際的宴會以桌菜形式辦理，許多人都記得受邀賓客各個義憤填膺，要與奧斯曼人決一死戰，人們同時也記錄當時宴會的情況：食物放在戰車形狀的盒子中被扛上餐桌。一共有二十輛戰車，每輛戰車中有四十八道菜色，一共九百六十道不同菜餚，供賓客享用。算是中世紀時期一大盛事。

老布魯赫和盧本斯 (Peter Paul Rubens, 1577–1640) 合繪的《味覺》(*The Sense of Taste*, 1618)。桌上滿布美饌，其中更可見精緻的孔雀、天鵝、雉雞和鴿子肉派。

貴族盛宴的甜點——紅酒燉梨

材料：

西洋梨	--------	4 個
紅酒	--------	3 杯
水	-------	適量，燉煮用
糖	--------	2 杯
薑末	--------	1/2 匙

作法：

1 梨去皮，留下蒂，尾部切平，使其能站立
2 將梨放入水中加 1 杯紅酒燉煮，待煮軟後將梨取出，放入碗中
3 將糖、薑末、剩餘的 2 杯紅酒一起燉煮成醬汁，稍微收乾後即可澆在梨上

註：如有必要，也可先將梨切片或對切，但仍保持梨的形狀。

歐洲飲食新文化

中世紀中期以前，歐洲人進食之際，僅需要杯具與大碗。十六世紀以前，貴族進餐時多為兩人共用一套餐具：用木板或錫製托盤盛裝食物，共用一個杯具，當時杯具多為金屬製品。十六世紀以後，歐洲貴族社會的飲食內容受到義大利及拜占庭的影響，烹飪方式與菜色都開始改變，並開始使用成套的餐具，包括餐盤及叉子、錫或銀製的大托盤及深盤、個人用小餐板、香料罐及杯具等。雖然此時銀、錫等金屬或陶製盤子已相當普遍，但這類大型餐盤非供個人使用，而是上菜時的展示用托盤。至於平民階級沒有小餐板，他們僅用一片麵包盛裝食物，或將食物放在大碗中，甚至乾脆將鍋子放在餐桌上，直接取食。

十六世紀以後這些日常飲食的發展，成為歐洲畫家展現其繪畫技巧與美學概念的創作題材，畫家開始以各種不能活動的小物件入畫，如花、水果、杯盞、樂器或標本動物等，統稱為「靜物畫」(still lifes)。十七世紀初期，靜物畫發展迅速，也分出許多類別，諸如早餐、魚、花、書、樂器、武器等。因為靜物畫描寫傳神，使我們得以了解當時各種物品的細節，例如盛物的大盤，其材質包括銀、錫、陶及玻璃，玻璃杯且逐漸成為主流。

尼德蘭畫家赫達 (Willem Claesz Heda, 1594–1680) 的《有著鍍金酒杯的靜物畫》(*Still Life with a Gilt Cup*, 1635)。此畫維妙維肖，被視為靜物畫之精品。

在文學作品中也能得到印證。蒙田 (Michel de Montaigne, 1533–1592) 在其《義大利遊記》(*Journal de voyage en Italie*) 中提到瑞士與德意志的旅程時，經常描述作為裝飾用的銀器、錫器及玻璃杯。但這些並非實際使用的餐具，因為銀器容易變質，保養不易，錫器也需人力擦拭；只有極少數貴族家庭中，遇有重要飲宴時才會使用這些貴重杯具，日常生活中仍是使用木製盤子。

蒙田的秘書紀錄了一五八一年十一月蒙田在羅馬時，前往一位樞機主教家中用餐的情況：餐桌上有一個大銀盤，中間放著鹽罐等物，銀盤上擺放一條餐巾，再將麵包、刀叉、湯匙置於其上，供賓客使用，這與法國人招待大人物的情況一樣。但是賓主入座後，侍者將菜餚端上桌，由一名負責切肉的廚師將肉品切成小塊，放入小盤，再依照座位次序分給用餐者，每位用餐者面前都會擺設專屬餐盤，賓客不必動手碰大銀盤。且肉品既已切成小塊，則刀叉不再用於片肉，而是供取食之用，說明羅馬貴族發展出新的飲食禮節。這樣的取食方式不同於既往，自然需要發展出新的餐桌禮儀。

餐桌禮儀

飲食只是一種生理需求，餐桌禮儀則是「社會價值」。在文明社會中，社會價值必然超過生理需求，進一步決定了飲食的價值。

餐桌禮儀的重要概念是讓許多人在一起進餐時，都能避免令人厭惡的氣味、聲音與行為，使進餐者可以在不受干擾的情況下，愉快地進餐。每位進餐者都應當注意別人的感受，表現對食物的珍惜。中世紀時期的餐桌禮儀相當重要，所有參加者都必須遵守禮節，合於禮是宴會成功的重要關鍵。事實上，當時的騎士往往強調禮節，以顯示自己的身分與教養。中世紀的餐桌都經過精心安排，花束、裝飾等皆不能少，再陳列各種香料，顯示東道主的財富與品味。

貴族社會是一個封閉的保守團體。不過一直有新興的中間階級人士尋求以

在范・法爾肯勃希 (Lucas van Valckenborch, 1535–1597) 的《晚宴》(*Feast*) 可見用餐者面前各有專屬餐盤。

經濟能力為晉身之階，透過參與宮廷活動，獲得改變自身社會階級、向上流動的機會。為此，這些新興中間階級首先必須學習宮廷社會的禮節，以避免出醜，也希望因舉止優雅而獲得認同。這種禮節形成並向下傳布的過程，正是埃里亞斯[3]所關切的重要課題。

禮儀的定義是「行為、行動或語言均有禮貌」，禮儀的規範在英語稱為 courtesy，在德語稱為 Höflichkeit，兩者都源自「宮廷」。宮廷禮儀規範多為自然形成，也可能經由國君或主事者制定，以維持宮廷秩序。年輕、低階的貴族必須將這些宮廷準則內化為自然的行為，即是「教養」的重要部分，惟有如此才可能被接納為「貴族團體」的成員。埃里亞斯並以文藝復興時期尼德蘭地區的伊拉斯莫斯為例。

伊拉斯莫斯是著名的人文學者，曾在聖奧古斯丁修道會就讀，後擔任神職，但不久

3 埃里亞斯為猶太裔德籍學者，他從歷史脈絡建構重要的社會理論。一九三三年，埃里亞斯為躲避納粹迫害，流亡至倫敦，後前往非洲教書。他提出幾個重要理論，例如宮廷社會與禮儀的關聯，文明發展的各種階段與進程等。他原本籍籍無名，一九七〇年代從非洲返回歐洲後，他的學說才引起人們重視，成為歷史社會學的重要里程碑。他從一九三〇年代起就注意歐洲禮儀形成的理論，認為宮廷社會出現以後，這些貴族階級自然會形成適當的禮節規範，否則宮廷無法維持秩序，這與漢初的「定朝儀」情況相當類似。

即離開修道院，成為一位主教的秘書。數年後前往巴黎大學深造，攻讀神學博士學位，並多次旅居劍橋大學，以擔任貴族私人教師謀生。他作品頗多，如《基督教騎士手冊》(*Enchiridion militis Christiani*, 1503)、《愚人頌》(*Stultitiae Laus* or *Moriae Encomium*, 1511) 及為十一歲的貴族少年亨利 (Henry of Burgundy, 1519–1532)[4] 所寫的《論兒童的教養》(*De civilitate morum puerilium*) 等。

貴族飲食文化指南的出現

《論兒童的教養》出版於一五三〇年，以簡單的拉丁文寫成，共分七章，訓導年輕貴族如何在眾人面前舉止得體、語言合宜。這本書問世之後，立刻引起諸多共鳴，旋即被譯成多種語言，行銷各地。第一本英文譯本發行於一五三二年，書名為《兒童優良禮儀的小書》(*A Little Book of Good Manners for Children*)，說明當時歐洲貴族社會對改善禮節匱乏的需求。

伊拉斯莫斯的訓導中，就有許多針對飲食習慣提出的忠告。例如「已嚙骨肉，復入公

4 勃根地公爵阿道夫 (Adolph, Prince of Veere, 1489–1540) 的子嗣。

由人稱「德勒斯登祈禱書畫家」(Master of the Dresden Prayer Book, fl. 1480–1515) 所繪的《善言懿行錄》(*Faits et dits mémorables des romains*, c. 1475–1480) 插圖，畫中對比糟糕和良好的餐桌禮儀。

盤，人雖為之，此舉實惡」，「就食擤涕，桌布拭鼻，以吾之見，皆喪規矩」。這些改良飲食習慣的教誨，已是今日的基本餐桌準則，但在十六世紀時，還必須如此對貴族社會諄諄告誡，可以想見當時歐洲的禮儀情況。伊拉斯莫斯特別對「飲食禮節」多所著墨，不僅顯示當時社會重視餐飲禮節，更說明當時因為社會組織與經濟條件改變，亟需樹立新的飲食禮儀規範、提升生活品質、充實文化內容。這些飲食禮節的討論，也反映當時餐飲內容的改變，及新的餐具逐漸普遍。

這一系列圍繞在高級料理及食用禮節，經過長時期的塑造、定型後而形成的高尚文化(haute culture)，以法國菜為其最具體、精準的表現。歐洲各國宮廷都喜雇用法國廚師，品嘗法式料理；普魯士王宮中的廚師長一向為法國人，就連菜單都只用法文書寫，但這種情況並非特例。法國大廚馬西洛 (François Massialot, 1660–1733) 曾服務於不同宮廷，蒐集整理許多食譜，於十七世紀末出版成書。其中，《王室與平民的新飲食》(*Nouveau Cuisinier royal et bourgeois*) 及《製作甜點、甜酒與水果新指南》(*Nouvelle Instruction pour les confitures, les liqueurs et les fruits*) 在歐洲最為暢銷，再版重刷數十次，成為十八世紀以後歐洲飲食的寶典。一七○二年，英國人將《王室與平民的新飲食》翻譯成英文出版，改稱為《宮廷與鄉村烹調》(*The Court and Country Cook*)。法式菜餚逐漸在全歐洲，乃至全世界走紅，其飲食方式與進餐禮節，影響深遠。

東方飲料輸入後的改變

歐洲人原本鮮少喝熱水或其他飲料。偶爾有熱水可供飲用時，則以木碗取用。貴族雖有貴重金屬材質的杯具或陶器，但日常生活也是以木製杯盤為主。十三世紀時，伊斯蘭勢力控制下的馬約卡島（Mallorca or Majorca）上發展出一種結合埃及、波斯工藝的彩陶製作技術，傳到西歐時，頗引起貴族階層艷羨。義大利半島率先企圖仿製。一四〇〇年以後，義大利工匠改變釉料，製作「半馬約卡」（Mezzo-Majolika）陶器；至一四八〇年到一四九〇年間，法恩查城（Faenza）使用新的釉料，製成「法恩查彩陶」（Fayence）。

這種義大利彩陶在十六世紀中盛行一時，其多數製成大圓盤，盤面描繪神話故事。這種彩盤售價高昂，主要用為掛飾，偶爾也用以盛裝食品。稍後，尼德蘭地區發展出各種藍色圖案的盤子，稱為「臺夫特餐具」（Delftware），產量高，價格也便宜許多，歐洲人逐漸使用這種陶盤為餐具。

十七世紀以後，咖啡與紅茶逐漸普遍，必須有新的餐具配合新的飲品。何以金屬製杯

上排：馬約卡彩陶常以神話和宗教故事為裝飾，左圖呈現海格利斯(Heracles)與巨人作戰；右圖則描繪耶穌降生。

下排：左圖為從尼德蘭聯合東印度公司(Vereenigde Oostindische Compagnie, VOC)一六一三年沉沒的「白獅號」(Witte Leeuw)中打撈到的中國瓷器殘片，右圖則是尼德蘭出產的臺夫特餐盤，兩相比較可發現臺夫特瓷器深受東亞瓷器風格影響。

具不適合新的飲品？因為金屬導熱快，容易燙傷手及唇部，也會影響飲料風味。為解決此一問題，當時的歐洲廠商設計了各種可能的解決方案，但一直沒有找到適合的材質，故歐洲貴族社會注意到了中國的瓷器，並對之情有獨鍾[5]。

在海路大通之前，中國的瓷器早經陸路運輸入歐洲，但數量有限且需跋涉千山萬水，價格自然昂貴。然而，因其質地堅硬、色澤光潤，比起白鑞器皿強上許多，達官貴人不免都想蒐集。但即便富貴之家，也捨不得將之用於餐飲，而是擺在家中醒目之處，作炫富之用。奧地利的哈布士堡王室權傾一時，也有地利之便，在維也納皇宮「霍夫堡」(Hofburg) 的瓷器大廳便琳瑯滿目裝滿明代青花瓷器。這種誇飾作風還引起時人仿效，普魯士王費里德利希二世 (Friedrich II, 1712–1786) 便在波茨坦 (Potsdam) 的無憂宮庭園 (Neues Palais im Park Sanssouci) 中整建一個中國廳。

葡萄牙及尼德蘭商人初到中國時，就開始購買大量瓷器，運回歐洲銷售。當尼德蘭人認識茶飲之後，在輸入茶葉之時，也希望將中國茶具介紹到歐洲。中國的杯具沒有把手，

5 瓷器與使用低溫釉燒制的陶器品質完全不一樣，亦與當時歐洲的玻璃製品不同。歐洲貴族見到瓷器後，十分喜愛，雖售價高昂仍設法購買，不無「炫富」之意。

也無須把手。北方茶杯較大，飲用時另有托盞，南方的小壺小杯，因散熱極快，也沒有溫度過高的問題。當時在中國活動的耶穌會傳教士，不斷將各種中國製茶、飲茶的資訊乃至於使用的杯具傳回歐洲。法國的耶穌會傳教士殷弘緒（François Xavier d'Entrecolles, 1664–1741）於一六九八年起在中國傳教，便志願前往江西景德鎮工作，趁機蒐集有關景德鎮瓷器的工藝技術，不斷向法國報告。

由於當時中國的瓷器產量無法滿足尼德蘭商人的需求，東印度公司遂轉往日本尋找貨源。此時，朝鮮半島許多瓷器工匠前往日本九州地區，發現當地也產高嶺土，日本幾位藩主便在九州各地設窯，生產符

無憂宮庭園內的中國廳

合歐洲人品味的客製化瓷器，因多集中於伊萬里港出口，故習稱為「伊萬里燒」。

此外，德意志麥森 (Meissen) 地區的煉金術士波特格 (Johann Friedrich Böttger, 1682–1719) 在煉金過程中，無意間發現燒製瓷器的方法[6]。加上許多歐洲國家讀了殷弘緒的報告，鑽研瓷器製作方法，一七二二年前後，法國終於成功仿製中國瓷器，並為咖啡與茶設計出適合的杯具，歐洲飲食文化有了明顯的變化。

十八世紀初，德意志與法國兩地都開始設置工廠以生產瓷器，也出現許多專門用來飲用熱茶或咖啡的餐具，諸如茶葉罐、茶壺、咖啡壺等。歐洲咖啡杯的容量約為中國北方杯具的大小，解決燙手問題的方法

6 瓷器的成分與中國傳統瓷器成分大致相同，高嶺土約為47%～66%，石英石與長石各約25%，但燒製時溫度達攝氏一千四百度到一千四百六十度。

不同風格的伊萬里燒瓷器

是加上一個小型的把手。十八世紀以後，歐洲的咖啡杯具中出現一種類似托盤之物，置於杯子之下，與之一起上桌，稱為碟子 (saucer)。因為早期歐洲人不習慣飲用熱水，往往先將杯中的咖啡倒入碟中，以便迅速冷卻，並直接入口。至今俄羅斯人飲用熱飲時，仍有此習慣。

人們飲用咖啡時，往往先將咖啡盛入「咖啡壺」中，端上桌後再倒入杯中。這些壺具原本也多為金屬製品，以銀、錫或黃銅（銅錫合金）為主，但不久即出現瓷製的咖啡壺，造型設計與杯具協調一致。但瓷器容易破損，當時的價格又相當高昂，故在家庭日常中鮮少使用，一般人多使用金屬材質的茶壺。

帶有中國風格的麥森巧克力杯組

此時的歐洲人飲茶時，還喜歡加糖、牛奶，並食用糕點，故一套完整的杯具，除了杯子與壺外，還包括奶罐、糖罐，取用砂糖及攪拌的小匙與點心餐盤。在歐洲人使用全套杯具之前，尚未有使用小匙之必要，這種餐具組也只存在於上層社會與富有的城市居民之中。普羅大眾並沒有機會飲用咖啡或茶，自然也不需要杯具組，他們如果有機會在家中飲用咖啡，多半將咖啡置入湯盤中，用大湯匙取用。

法國畫家邦尼特 (Louis-Marin Bonnet, 1736–1793) 的《女子品嘗咖啡》(*The Woman Taking Coffee*, 1774) 描繪富家小姐將咖啡倒入碟中再飲用。

第七章 遠者徠之，多多益善：

大航海時代源於香料需求

土耳其「樂口」(Lokum) 也稱為「土耳其之喜悅」(Turkish Delight)，其名稱來源尚待釐清，最早的製作方法可以追溯到九世紀。當時人製作樂口糖時，使用大量的蔗糖與澱粉熬煮，加入棗乾、開心果仁、榛果仁或核桃仁調味，待涼後切成小塊食用。也有人以肉桂或薄荷調味。由於近代以前，歐洲地區糖價高昂，只有貴族或富商才能享用樂口糖。十六世紀以後，歐洲殖民者在拉丁美洲與亞洲各地生產蔗糖，價格下降，與蔗糖相關的產品日漸普及，歐洲各地均有類似的甜品。

十五世紀末，伊比利半島上的卡斯提爾王國女王伊莎貝拉 (Isabella I of Castile, 1451–1504) 委託義大利海員哥倫布 (Christopher Columbus, 1451–1506) 尋找前往印度的貿易路線，無意間抵達中南美洲，並將該地特有的物種帶回伊比利半島，從此開啟了歐洲人前往美洲探險貿易的活動。這些來自伊比利半島的海船不斷將中南美洲的作物介紹回歐洲，也將一些歐洲生物與細菌、病毒帶到中南美洲，造成極大的影響。一九七二年，美國環境史學者克羅斯比 (Alfred W. Crosby, 1931–2018) 在其著作《哥倫布大交換：一四九二年以後的生物影響和文化衝擊》(*The Columbian Exchange: Biological and Cultural Consequences of 1492*) 從自然環境形成伊始，到人為介入而發生的「交流」活動，其利弊良窳有深入的分析。

就飲食發展史而言，中南美洲耐寒、耐旱的作物如馬鈴薯、玉米等進入歐洲後，又輾轉傳播至其他地區，讓原本無法耕種的土地都能被利用，糧食因此增產，對世界人口的成長造成極大影響。從中南美洲傳播出去的作物，還有番茄、番薯、花生、辣椒、可可及菸草等，它們也逐漸成為世界各地重要的作物，改變各地的味覺、嗅覺及飲食習慣。

動物方面，由於世界各地供做肉食的豬、雞、羊、牛，早在一、兩萬年前已經交換傳播，於各地形成固定的飲食習慣，所以中南美洲的動物，並未對其他地區產生明顯的影響。

只有原產於南美洲安第斯山脈的天竺鼠(guinea pig, *Cavia porcellus*)，在近代人類文明發展過程中有重要意義。天竺鼠原為南美洲居民的重要肉食來源，也是祭祀時的重要供品。十六世紀時，西班牙殖民者將天竺鼠帶回歐洲，先當作寵物飼養，後來成為重要的科學實驗動物。科學家在研究脊髓損傷、少年糖尿病、肺結核、壞血症和懷孕併發症等人類常見疾病時，多使用天竺鼠為實驗動物。

來自中南美洲的新物種

從中南美洲輸出的新物種甚多，如馬鈴薯、玉米、番茄等。當中，又以馬鈴薯的影響最為重要。

馬鈴薯

一千五百年以前，歐亞等地的人民根本不認識馬鈴薯。馬鈴薯因其特性，可以種植在原本不能耕作的隙地及貧瘠的土地之上，如此既能擴大耕種面積，又不影響原本農地的生產秩序。然而，十六世紀馬鈴薯傳進歐洲時，一般人尚不認識馬鈴薯的營養價值，也沒有適當的烹調技巧，因此並未進入歐洲人的廚房，而僅用於飼料，但也因為如此，原本供作動物飼料用的穀物，移轉為人的食物，因此歐洲種植馬鈴薯者頗多。不久，開始有部分地區人民將馬鈴薯當作補充食品。例如法國著名哲學家蒙田於一五八〇年經由德意志與瑞士前往羅馬時，記載了旅行途中的各種見聞，他留意到當時的瑞士人如何食用馬鈴薯：「有的人在湯裡放烤馬鈴薯片」。

馬鈴薯開紫色小花，進入歐洲後原本只當作觀賞用，十七世紀中期首先在尼德蘭、義大利與勃根地等地方栽種。一六四七年起，德意志地區也開始種植馬鈴薯，例如布蘭登堡選侯恩斯特 (Markgraf Christian Ernst, 1644–1712) 便命人大量栽種，但當地農民耕種的意願不高。當時也有許多人注意到馬鈴薯的食用功能，並有人撰寫相關食譜。其實在更早以前，奧地利已經開始食用馬鈴薯，林茲城 (Linz) 的本篤會教士普勞茲 (Caspar Plautz) 在一六二一年已經出版一本馬鈴薯食譜。

一六一八年以來，歐洲中部及西部地區因為「三十年戰爭」(Thirty Year's War, 1618–1648) 的連年戰火，破壞莊稼，影響收成，飢荒時有所聞。當時布蘭登堡領主費里德利希 (Friedrich Wilhem, 1620–1688) 統治的地區，更是首當其衝，國內人口銳減、糧食缺乏問題嚴重，所以費里德利希一方面招徠受法國國王壓迫的抗議教派信徒移民補充人口，也引進包括馬鈴薯在內的各種新作物。俄國的凱薩琳 (Catherine I of Russia, 1684–1727) 也面臨類似問題，她則是從德意志地區引進移民及新作物，馬鈴薯也因此在俄國境內普及。一六八四年，英格蘭蘭開夏 (Lancashire) 地方也開始大量種植馬鈴薯，在波蘭及愛爾蘭等地，馬鈴薯甚至取代了原有的穀類作物，成為當地人民的主食。

總之，到了十七世紀時，歐洲人對拉丁美洲移入的新作物，已具有充分的認識，尤其當時在歐洲許多地方都開闢了馬鈴薯田，使得糧食供應大增，同時這些作物也已進入一般人的廚房裡，成為重要的糧食來源。十八世紀以後歐洲人口的快速增加，便與這些新作物輸入密切相關。

四碳植物：玉米

何謂四碳植物？在植物生長過程中，必須將空氣中的二氧化碳固定，產生所需的酸。地球上部分植物能夠發展出特定的方式，固定二氧化碳，生成「四碳化合物草醯乙酸」，這類植物特稱為「四碳植物」(C4-Pflanze)。

目前全球大約有八千一百種植物屬於四碳植物，包括玉米、甘蔗、小米和高粱等作物，由於它們對環境的要求較低，普遍耐寒、耐旱，對二氧化碳和水的利用效能又遠高於其他植物。四碳類作物不但光合作用速率高，在缺水時還能收縮氣孔部分孔徑，減少水分流失。加上這類作物常與固氮細菌共生，所以不需額外施肥，可以在條件較差的土地中生長。由於這些優勢，使之成為重要的經濟作物。

其中，玉米為一年生禾本科植物，營養價值相當高，除具高熱量，也富含維生素和脂肪酸。約九千年前，今日墨西哥南部巴爾薩斯(Balsas)河谷的居民將玉米馴化，作為主食，通過蒸、煮、烤等方式，以粒食型態直接食用；現在墨西哥人還常將玉米粒和肉類煮成玉米粥食用，稱為pozole。也有許多地方的人是將玉米乾燥、脫粒、磨成粉狀後，再加工烹煮。平民為

墨西哥的玉米粥

增加糧食供應，則將帶種皮的整粒玉米磨成粉，稱為「玉米麵」。玉米麵含有大量纖維而難以下咽，但因價格相對便宜，窮人往往將之加水煮成麵糊食用，或摻雜麵粉，製成雜糧麵包。

至十六世紀，葡萄牙人將許多原本生長於南美洲山區，如玉米之類的作物引進歐洲。由於其易於栽種，不僅可以供給人類食用，還可作為家禽或家畜飼料，玉米胚芽更可提煉玉米油，其莖部也能作為燃料。之後，再透過進一步的物種交換，傳到世界許多地方。

番茄

許多西方國家的菜餚中常常可以見到番茄，尤其在義大利、希臘、西班牙等南歐地區的烹飪中，通常少不了番茄。但番茄並非歐洲原生植物，而是原產於中南美洲智利北部及委內瑞拉。

番茄傳入歐洲後，原本無法適應其自然環境，必須人工細心培植，故歐洲人原本將番茄當作觀賞植物。十六世紀的義大利文獻中，首先記錄番茄，當時稱之為「黃金蘋果」(Pomo d'oro)。大約同時，德意志許多地區也出現類似的文獻紀錄，但還沒有出現統一的稱呼，人們對其植物特性也不太認識，或稱為秘魯蘋果 (mala peruviana)、黃金果 (poma aurea) 或是愛情果 (pomme d'Amour)。

十七世紀以後，歐洲各地出現番茄專作區，培育各種品種的番茄。到十八世紀時，歐洲人已知番茄營養價值甚高，除了果糖、葡萄糖外，還含有多種礦物質和維生素，且適於各種烹調方式，燉煮醬汁、生食或是製成飲料均可。歐洲人於是逐漸接受這種新的食材，並開始普遍食用番茄。目前歐洲各地栽培的番茄種類繁多，顏色由綠到紅，大小也不一。

十七世紀的番茄描繪

四碳植物：蔗糖

甘蔗亦是四碳植物，但並非原產於中南美洲，十六世紀以後，歐洲人在中南美洲開闢甘蔗種植園大量種植，對歐洲的飲食文化極具影響。

科學家至今仍不清楚甘蔗的發源地，學界一般認定馬來群島為甘蔗栽培的起源地，當地居民在兩千五百年以前便認識甘蔗的甜味，開始栽培，並將之傳播到各地。西元一世紀時，甘蔗已經傳播到西亞地區，自歐洲的古典時期起，對蔗糖便已不陌生。羅馬博物學者老普里尼在其著作中便提到，印度及阿拉伯的蔗糖具有醫療功能。當時，印度等地已將甘蔗製成蔗糖，以便運送及銷售。十世紀左右，阿拉伯人已經將甘蔗傳播到地中海沿岸，如摩洛哥及西西里島等地。甘蔗具有四碳植物的特性，所以能在這些地區種植，但產量有限，未能推廣。

至於西歐地區對甘蔗的認識要稍晚些。十字軍活動期間，大批十字軍抵達位於地中海東岸的西亞地區，接觸新的文化，也包括了當地出產的蔗糖。他們頗為喜愛，口耳相傳，歐洲人從此認識這種新的食物。威尼斯商人見此商機，開始在克里特島、塞浦路斯等地建立蔗糖工廠，將產品銷往西歐等地，獲利甚豐，地中海地區成了西歐蔗糖的主要供應者。

甘蔗繼續向世界其他地區傳播。如葡萄牙人以非洲為目標，將甘蔗苗帶到西非地區種植。此外，歐洲商人鑑於中南美洲的氣候條件遠優於地中海地區，便打算前往經營糖業。尤其在美洲有殖民地的西、葡兩國，其殖民者為求能大規模生產廉價的蔗糖，而在非洲大肆掠捕人民，運送到甘蔗栽培地區勞作，造成非洲約一千到一千五百萬的「人口移動」。

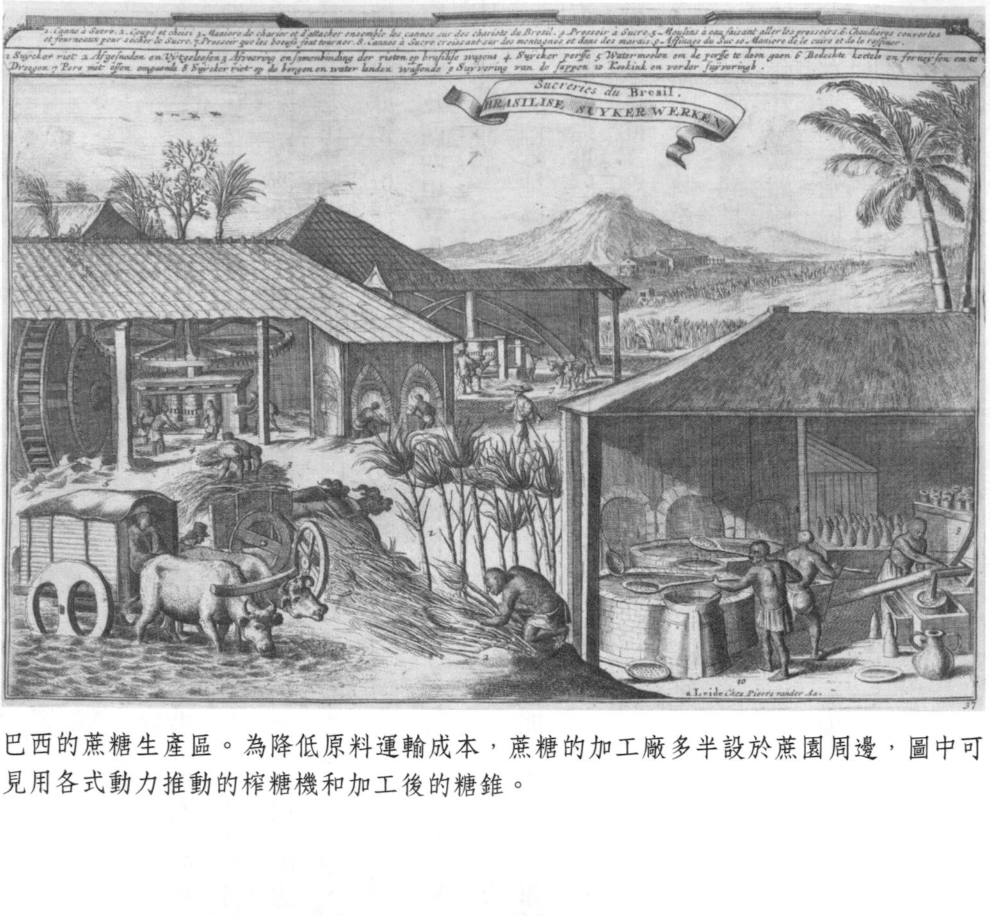

巴西的蔗糖生產區。為降低原料運輸成本，蔗糖的加工廠多半設於蔗園周邊，圖中可見用各式動力推動的榨糖機和加工後的糖錐。

十六世紀時，歐洲糖價甚貴，只有貴族、富商才能享用，故食用蔗糖成為一種身分與財富的象徵。英格蘭的亨利八世十分喜好甜食，每年花費五千鎊黃金購買蔗糖。神聖羅馬帝國皇帝卡爾五世(Karl V, 1500–1558)必定在每天早晨飲用的雞湯中，加入大量蔗糖調味。他在成為帝國皇帝之前，已從其外祖母卡斯提爾女王伊莎貝拉繼承卡斯提爾國王之位，當地生產蔗糖，也自中南美洲進口蔗糖，因此供應無缺。但甘蔗要到十六世紀中期價格逐漸下降後，才脫離了醫療用品的功能，成為平民食材的一環，直接放入食物中調味。

中世紀後期起，許多產糖或貿易區位適合的地區，因為蔗糖價格便宜，將蔗糖與其他食材如水果、花瓣等混合，製成甜食，如蜜餞、軟糖等等。人們融化蔗糖，以之與各種堅果，如扁桃仁、核桃仁等混合，製成扁桃仁糖等甜食；或與奶油等原料一起攪拌，製成焦糖(caramel)與軟糖(fudge)，為製作糕餅時的重要原料。十六世紀以後，阿拉伯與土耳其等地的甜食傳入歐洲，歐洲最早製作這種甜食的工作屬於藥劑師(apothecary)，因為蔗糖原本專為醫療使用。到了十六世紀中期蔗糖價格逐漸下降後，才不再只作為醫療用品，而進入平民食材的一環。蔗糖除了直接放入食物中調味，也應用在各種外來飲品中，如咖啡、可可與紅茶。

十六世紀到十九世紀之間，蔗糖是全世界海上貿易的重要商品。尼德蘭東印度公司在臺灣屯墾期間，從印度引進蔗苗，自閩南地區引入大量勞工，在臺灣南部地區種植甘蔗，生產蔗糖，銷往日本，廣受歡迎。西、葡兩國也在加勒比海一帶栽培甘蔗，透過三大洲的「物產交換」，許多人熟悉的甘蔗—奴隸—工業品三角貿易，就在此時成形。大英帝國也在十八世紀中期以後加入這種掠奪性經濟活動，以印度及東南亞地區為主，稍後也在澳洲發展製糖業。法國則在北美洲進行此類活動，於美國路易斯安那州 (Louisiana) 建立許多甘蔗生產區，種植甘蔗，生產蔗糖。

咖啡

有關發現咖啡的傳說甚多，率皆不可信。咖啡極可能源自今日衣索比亞的卡法 (Kafa) 地區，應當很早就成為非洲許多地區的飲料，九世紀以後，已經有文獻記載當地人的飲料，咖啡也因此得名。衣索比亞飲用咖啡的方式非常原始，先在大鐵鍋中烘焙咖啡豆，經過簡單粗磨或在臼中搗碎，再放入陶鍋，加水與糖同煮，飲用時用小陶杯盛裝。

十四世紀以後，因為當時許多被掠捕、販售到阿拉伯地區為奴的非洲人，將原有的飲食習慣帶到阿拉伯半島，故而阿拉伯人開始認識並飲用咖啡，稱其為「咖花」(qahwa)。

此外，中世紀阿拉伯商人貿易往來於西亞與非洲之間時，也推廣咖啡飲用文化，當駱駝商隊夜間宿營時，大家就著營火，用小鐵鍋烘焙咖啡豆，打發漫漫長夜。

十五世紀中，阿拉伯半島居民將咖啡飲用的方法向外傳播，並把咖啡當作商品販售，開始大量種植咖啡，獨賣經營。主要經由摩卡港（al-Mukha，位於今日的葉門，也寫做 Mocha 或 Mokka）外銷，使之長久下來成為重要的咖啡交易中心。現在還有很多語言稱咖啡為摩卡，起源於此。

咖啡傳入土耳其後，土耳其人稱之為咖威（kahve）。十六世紀以後，咖啡在波斯與奧斯曼兩個帝國廣泛流傳。奧斯曼帝國支配了當時咖啡的種植和集散中心葉門，咖啡隨著奧斯曼的勢力擴張而不斷向外傳播，包括敘利亞、埃及和東南歐，公共咖啡館隨處可見。例如

阿拉伯商人的咖啡沖泡組

一五一一年，麥加 (Mecca) 出現第一家咖啡館；一五三二年，開羅 (Cairo) 也開始流行咖啡。此後，敘利亞、西亞各地居民紛紛飲用咖啡。一五五四年，伊斯坦堡也出現了第一家咖啡館。但飲用咖啡的風氣及咖啡館的存在，受到許多穆斯林教會人士的反對，他們認為信徒為了夜間祈禱而藉助刺激性提神飲料是違反經典的，因為這種飲料令人陶醉、是有害的。咖啡飲用者不但被逐出清真寺，教士們也常要求政府禁止，奧斯曼皇帝也只得重申禁令。當時許多咖啡館為規避宗教問題，伊斯坦堡甚至出現咖啡館外掛著理髮店的招牌以掩人耳目的作

奧斯曼畫家奇凡尼安 (Megerdich Jivanian, 1848–1906) 的《托芬的咖啡館》(*A Coffee House in Tophane*)。奧斯曼帝國境內的咖啡館除販售咖啡外，亦提供水煙，是男子社交的場所。

法。直到一八三九年，咖啡禁令才正式解除。

奧斯曼商人除了保留阿拉伯人的咖啡製作工序外，另發展出「熱砂焗法」：拿一口鍋，放入細砂、加熱，小銅壺注水、加上咖啡豆攪拌，半埋入砂中加熱，可使加熱更為均勻，香氣襲人。土耳其各地街頭隨處可見這種咖啡店，頗有特色。原本烹調咖啡時用小型的「手磨」，隨著科技發展，改採機器磨豆。近代歷史上，東歐地區曾受奧斯曼帝國統治，許多人信奉伊斯蘭教，文化自然相近。東歐許多國家飲用咖啡，也用單柄小咖啡壺，在電爐上直接加熱。

咖啡文化並未止步於伊斯蘭世界內部的這些波折，繼續向外傳播。一五七三年，一位德國奧古斯堡的醫生前往西亞阿雷波 (Aleppo)，首次見識了咖啡，並記載此事，這是德意志地區較早的紀錄。大約在此同時，義大利也出現咖啡的記載。義大利人將土耳其的咖威，音轉成義大利語中的「咖啡」(caffè)，再持續向法國及歐洲傳入。十七世紀時，奧斯曼帝國的國勢鼎盛，與歐洲各國都有往來，並派遣大批使節前往歐洲。這些使節在各國宮廷中展現奧斯曼的文化，也包括咖啡，讓許多歐洲人眼界大開。據信，奧斯曼帝國使臣索里曼 (Soliman Aga) 在一六六九年時就曾在凡爾賽宮演示製作咖啡的方法。

一六四五年，威尼斯出現歐洲第一家咖啡店，倫敦隨即跟進，在一六五二年出現販售咖啡的店鋪，法國馬賽在一六五九年也有這種店鋪，巴黎則到一六七二年才有一位阿美尼亞人販售咖啡，真正的咖啡店要等到一六八九年西西里商人開設的浦羅柯普咖啡館（Café Procope）。一六八五年，阿美尼亞商人獲得維也納政府特許，開設咖啡館，並享有二十年的咖啡專賣權。西歐人飲用咖啡逐漸成為社會地位的表徵，新興的中間階級也學習飲用咖啡，使歐洲對咖啡的需求不斷增加，各地商人便四處尋求供應來源。

尼德蘭東印度公司率先在爪哇島種植咖啡，效果不錯，獲利頗豐。各國政府為增加稅收，開始實施專賣制度，例如普魯士在一七六六年開始推動咖啡專賣制度，禁止私人進口。實施專賣制度的另一個動機是希望控制咖啡的貿易量，減少需求[1]，避免金銀流失。但是社會對咖啡的需求越來越大，專賣制度實施之後，

浦羅柯普咖啡館的今貌

1 普魯士政府還聘用法國士兵，成立咖啡聞香隊（Kaffeeriecher），專門查察民間私設咖啡烘焙坊。

走私盛行。咖啡原本產於非洲，稍後，阿拉伯半島也有種植。十七世紀時，尼德蘭東印度公司在印度地區的總督約安・范・霍恩 (Joan van Hoorn, 1653–1711) 先後在錫蘭及爪哇種植阿拉伯種咖啡，效果不錯，引起許多人效法，各地都開墾出咖啡園，例如南美洲的蘇利南 (Suriname)、巴西等地。十八世紀末期，咖啡園隨著歐洲人殖民的步伐，在亞洲、非洲、中南美洲等地出現。

十七世紀以後，由於東西海路大開，一些海權國家開始在拉丁美洲、亞洲等地建立屯墾殖民地，強占土地來種植經濟作物，像是歐洲人在海外地區種植咖啡、蔗糖、茶等類之「經濟作物」，促成了「屯

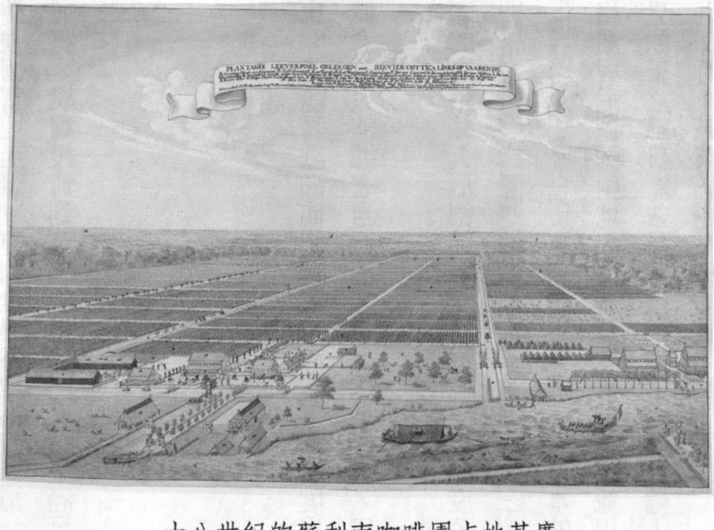

十八世紀的蘇利南咖啡園占地甚廣

墾殖民制度」。為了補充足夠的勞力，還在非洲強擄當地土著，運到世界各地為奴。這一波的殖民活動，使得歐洲地區迅速累積財富，並將之繼續投資到工業生產部門。為了滿足原物料的需求，更進一步的擴展其海外殖民。

茶葉

十七世紀初，隨著印度航線的發展，茶葉也開始隨著歐洲商船進入歐洲，逐漸發展出歐洲的飲茶文化。但各地對中國如何飲茶並無概念，只能憑著自己的想像，因地制宜，因此歐洲各地發展出不同於東方的飲茶文化。

一六一〇年，尼德蘭東印度公司首先將中國的綠茶輸入尼德蘭，當時尼德蘭東印度公司獨家經營茶葉生意，但歐洲人對這種新飲品鮮少認識，一時之間並未普及。一六三七年，位於巴達維亞（Batavia，今雅加達）的尼德蘭東印度公司總部將來自中國與日本的茶葉銷往尼德蘭，一六四四年，銷往倫敦。英格蘭與尼德蘭兩地人民逐漸認識茶葉，並視之為「藥品」。一六六九年以後，英格蘭商人見飲茶之風日漸普及，積極從中國等地輸入茶葉。不過當時歐洲與中國間的船運需時六到九個月，茶葉經過長期海運，品質不佳。

茶葉銷往歐洲的另一條路線為陸路，經過蒙古及中亞大草原，許多人稱陸運的茶葉為篷車茶 (Karawanentee)，因為運送時較為乾燥，品質較佳，遠勝於海運的茶葉。

歐洲人對茶葉的認識因時代不同而有差異。十七世紀時，有人主張飲茶有益健康，也有人持反對意見。尼德蘭醫生柯內利斯・邦特科 (Cornelius Bontekoe, 1647–1685) 積極主張茶葉的益處與療效，一六七九年時發表許多論文，甚至認為病人要習慣飲茶，每天應當飲用兩百杯，成為歐洲飲茶文化的重要推手。不過這位醫生是因領取東印度公司的酬勞而如此宣傳。

英格蘭的飲茶風氣始於來自葡萄牙的公主卡達琳娜 (Katharina Henrietta von Braganza, 1638–1705)，她於一六六二年與英格蘭王查理二世 (Charles II, 1630–1685) 結婚。她酷愛飲茶，帶了許多茶葉前往英格蘭，她在宮廷中飲茶，引起許多貴族效法，成為英格蘭飲茶文化的起源。一七一七年，英格蘭商人唐寧 (Thomas Twining, 1675–1741) 在倫敦開設第一家茶行，販售茶與點心，生意興旺。

十七世紀中期，尼德蘭商人也將茶葉銷往德意志地區的東菲仕蘭 (Ostfriesland)，但並未引起當地人的興趣。一七四三年時，英格蘭商人將茶引進英格蘭國王的屬地漢諾威 (Hanover)，並成立德意志地區最早的茶行。一七八〇年，英格蘭與尼德蘭發生衝突，英格蘭對尼德蘭茶葉實施禁運。尼德蘭商人紛紛遷往東菲仕蘭。約有三百條尼德蘭船隻懸掛東菲仕蘭的旗幟繼續經營。北德地區因此逐漸興起飲茶之風。當時許多沙龍中提供茶與咖啡這兩種新式的飲料。

當時普魯士國王對茶也相當有興趣，但無法推廣。因為當時普魯士國王費里德利希二世已成立普魯士東印度公司，前往中國經商，與茶商甚多的東菲仕蘭發生利益衝突，稱為「茶葉戰爭」

范艾肯 (Joseph van Aken, 1699–1749) 的《英格蘭家族的茶會》(*An English Family at Tea*, c. 1720)。飲茶廣受英格蘭上層階級歡迎。

(Teekrieg, 1768)。此外，普魯士政府還因為稅收原因，公布禁令，規定居民不得飲茶，以免損失大量金錢，鼓勵大家喝本地生產的啤酒及檸檬水；結果使走私問題更加嚴重，許多居民仍是繼續喝茶。一七七九年，當地議會仍公開呼籲：希望大家不要喝茶或咖啡。這種禁令持續了兩年，完全沒有收到預期的成效，政府只好主動放棄禁令。十九世紀初，拿破崙宣布「大陸封鎖」期間，東菲仕蘭又開始走私，保障茶葉的銷售。

另一個以飲茶聞名的國家，為介於亞洲及歐洲中間的俄羅斯。俄羅斯人飲茶的方式與西歐地區不同，他們會將茶煮成濃度較高的茶精，飲用時，再兌熱水稀釋。十七世紀時，中國茶葉也經過蒙古，運銷到俄羅斯部分地區。這種新飲品最早只流行於莫斯科的俄羅斯皇室或貴族之間。因為俄羅斯的經濟發展較慢，一直沒有產生足以負擔這類商品的消費階層，風氣無法擴散，一般人自然無法理解飲茶的樂趣，甚至稱莫斯科人為「嗜茶」。直到十九世紀以後，飲茶才逐漸成為俄羅斯人日常飲料。

在茶引進歐洲之前，歐洲各地最普遍的飲料應當數啤酒。但十八世紀以後，茶的售價逐漸下跌，比啤酒便宜，而能取代啤酒成為大眾飲料，在此條件下，歐洲人才真正發展出自身的飲茶文化。

香料

香料是什麼

現代化學技術進步，化學工業可以模擬香氛的分子排列，重現香料風味，如大家熟悉的香草價格高昂，市場多以人工合成的香料風味替代。如果一般將其斥之為「人工香料」，那「真正的」香料究指為何？香料較為嚴格的定義是「利用植物的不同部分製作的調味品」，包括葉片、花朵、樹皮、根部、果實或種子。有時候，特定植物全株含有精油或香味，如肉桂、荳蔻等，可以使用全株。

人類開始接觸各種不同植物時，會注意到許多植物的氣味強烈，進而研究其功能與效用；隨著對香料的了解加深，而成為人類日常生活中不可或缺的物品。其功能不僅限於飲食調味，還用於醫療與染色。人類在調理食物、講究烹飪之前，已經認識許多植物的功能，並選擇有療效的品種，治療疾病或外傷。在古代，人類活動範圍侷限的條件下，所有香料都來自附近的生活空間，種類也限於當地生長者。

人們使用香料的方式不外乎：直接敷於傷口、研磨成粉內服、製成飲劑或湯劑、浴用，也常作為化妝品。香料的功能，並非染色、調味與醫療三者截然分開，經常三者皆有，像是作為染料用的茜草、紅花、梔子、薑黃和槐花，或西方也使用番紅花、地衣 (lichens) 等植物染料，可為布料也可為食物上色，這些植物又因為具有藥性，亦皆可用來製藥。

香料的應用

人類嘗試各種植物，先是作為藥用，後來才作為調味。調味香料有兩層的意義：提高香氣或掩蓋惡氣，但這同樣與醫療的功能有關（人們把惡臭等同疾病，而將香味投射為健康）。人們經過長期實驗，發現許多「藥用植物」，並建立起系統知識，發展出植物藥理學。近兩百年，歐洲許多學者前往世界各地研究人類社會或從事遺址發掘工作，他們共同的發現是：所有文明都發展出與植物相關的醫療方。無論是巴比倫、古埃及、印度或中國，都發展出藥用植物的知識，並留下完整紀錄，例如三千六百年前埃及的埃伯斯草紙書 (*Ebers Papyrus*)，兩千四百年前希臘的亞里斯多德及第奧弗拉斯特 (Theophrastus, c. 371–c. 287 BC) 也曾留下藥用植物及醫學相關的紀錄，這些知識由羅馬人及阿拉伯人繼承、發揚。

歷史上人們使用香料側重的功效，像是辣椒和迷迭香可以延長食物的保鮮；或者藉由植物中的精油刺激嗅覺，讓人們進食之際有愉快的感覺。香料的精油除了讓人們的味覺更為敏銳，欣賞食物的滋味外，許多香料也證實有明確的醫療效果。例如洋蔥、大蒜可以刺激膽汁分泌，幫助消化；薑與大蒜可以改變腸胃中的細菌；丁香、辣椒、薑與可可豆可以幫助心臟循環功能，提高性能力；咖啡、可可、可樂果（kola nut，含咖啡因）可以有助提高注意力，幫助集中精神；鼠尾草科的一些植物及荳蔻等，則可以舒緩神經，有助睡眠；迷迭香與芸香科柑橘屬植物能刺激食慾；胡椒可以幫助消化；而八角、茴香、葛縷子能減緩腸胃痙攣、避免脹氣。

不過，許多藥用植物也常具有毒性，如果在一定劑量之內人體或許可以承受，使其具有治療功能，一旦劑量過高，很容易產生不良反應。溫度能夠破壞某些植物的毒性，所以當人類開始烹煮時，可以作為「食物」攝取的東西便增加許多。另外有些植物的汁液或葉片含有特定物質，例如罌粟花與大麻等，雖然具有療效，但在長期食用的情況下，會發生成癮現象。

此外，許多藥用植物也同時具備染料的功能。像是作為藍色染料的十字花科植物菘藍，生長於較寒冷地區，雲南白族的紮染便使用菘藍根部；菘藍的葉片稱為大青葉，是提煉靛藍染料的原料，還可入藥，具有清熱解毒，祛風除濕之效，中醫用於治療頭痛、傷寒、腳氣病、黃疸及腦炎等諸多症狀；其根部在中藥稱為板藍根，常用於治療感冒。用作黃色染料的黃蘗是芸香科植物，將紙浸入黃蘗汁液中，可以製成官方文書用紙[2]；作為藥用，則具有清熱、解毒的療效。

一般而言，無論是藥用或染色，都只能發展出就近取材的藥理或植物知識，不可能脫離環境，因此古代香料用的植物無須外求。

香料與貿易

人類社群逐漸發展後，技能與知識不斷交流，並發展出原初貿易，除了食鹽與香料是早期重要的商品內容外，中古時期歐洲人最需要的香料是主要供作藥用的黑胡椒、肉桂、茴香、荳蔻、薑及丁香，而這些香料大多來自亞洲或非洲。對這些香料的需求，建立於當時西方的醫學理論「體液說」(Humorism)，這種起源於古希臘的理論認為：人體是由四種體液構成，包括血液、黏液、黃膽汁和黑膽汁，如果體液不平衡，就會引發疾病；而這些香料的特性有助於平衡體液、維持健康活力。希臘人的體液說可能源自埃及與美索不達米

2 將紙放入黃檗汁浸染可製成硬黃紙，不招蟲咬，適合官方文書，例如清代詔書用就是黃蘗紙。

亞地區，經過希臘學者整理而發揚光大，並影響了羅馬、波斯及伊斯蘭等地的醫學理論與醫療行為。

中古時期，歐洲人也接受這種「體液說」，自然便需要使用這些或更多香料，調整或穩定體內的體液狀態，因此對香料的需求頗殷，但由於這些香料皆長於外地，其售價計入長途運輸的成本，因而十分高昂，只有富有人家才能享用，形成一種具有階級特色的食材，也造成許多「奢侈性」消費。十二世紀時，一位亞拉岡國王特別從阿拉伯地區引進各種香料，調和在紅酒之中。歐洲貴族中不乏此種例子。

人們獲得當地不能生產的香料的唯一辦法，只有透過交易。埃及人甚早就使用來自印度的胡椒，波羅的海生產的琥珀、樹脂也進入羅馬人的日常生活，均是明證。西元二世紀時，羅馬控制地中海東岸各地，埃及、阿拉伯沿地中海地區及敘利亞等地均為其所有，羅馬船隻因此得以經由紅海進入印度洋，收購胡椒。亞歷山卓成為地中海岸重要的香料貿易口岸，各地香料在此集中後，轉往歐洲各地。

「香料貿易受阻說」與新航路

自古以來，地中海沿岸及南亞、東南亞地區為主要的香料生產及貿易區，商品如胡椒、薑、肉桂等沿著傳統商路，先沿著印度洋以船運往紅海或波斯灣後，改走陸路至埃及，再從亞歷山卓銷往各地。西歐地區在中世紀以後，才認識許多香料的藥用價值，對香料的需求亦不斷擴大。此時，威尼斯人建立龐大的船隊，幾乎控制了歐洲的香料貿易。

因為義大利人的貿易活動，壟斷了市場及利益，使得遠處西南歐的伊比利半島上的航海者也企圖直接接觸香料產地，才有尋求新航路的努力。但即使伊比利半島的商人成功地繞過好望角 (Cape of Good Hope)，進入亞洲，仍然無法挑戰義大利商人的先占地位。直到十七世紀以後，尼德蘭東印度公司控制了馬拉巴海岸，阿拉伯與義大利商人才逐漸喪失這個重要的利基。

然而十九世紀以來，學界盛行的「貿易受阻說」卻認為：奧斯曼帝國興起之後，阻斷了香料貿易，迫使歐洲商人另謀商路，以獲得香料，尤以伊比利半島的葡萄牙、亞拉岡等地的國君最為積極，派遣船隊外出，尋求通往東方的航路，促成了拉丁美洲航線的興起，改寫了十六世紀以後的歷史。「貿易受阻說」串連了十五世紀中的兩個重大事件：奧斯曼帝國攻陷君士坦丁堡與哥倫布成功航抵拉丁美洲。但如果考察歷史事實，這兩者間並沒有任何的因果關係。

一方面，一四五三年君士坦丁堡陷落時，埃及仍在馬木路克蘇丹 (Mamluk Sultanate)

手中，奧斯曼帝國的勢力尚未延伸到此地；直到一五一七年時，奧斯曼的塞利姆一世(Selim I, 1470–1520)才占領埃及；但在奧斯曼帝國擴張期間，歐洲的香料供應並無短缺。另一方面，新航路發現後，葡萄牙人陸續占領印度洋上幾個重要的據點，控制了印度洋的商業，他們直接到印度收購肉桂、胡椒等香料，使抵達亞歷山卓的貨量明顯減少，衝擊了威尼斯商人的利益。

香料貿易新路線

伊比利半島的優勢

伊比利半島於八世紀至一四九二年受阿拉伯帝國的統治，阿拉伯人在此也設立其文化中心，故很早便接觸阿拉伯文化，對阿拉伯人的世界觀與地理知識，乃至於航海技術也頗清楚，而能得風氣之先。當伊斯蘭在伊比利半島的勢力逐漸減弱後，當地的海員計畫循著阿拉伯人的貿易路線，前往亞洲及非洲，取得香料供應。

十五世紀末以來的航海事業，有著激烈的競爭。一四九八年，達伽瑪(Vasco da Gama,

1469–1524) 便沿著阿拉伯人的路線，抵達印度半島，並以遠低於威尼斯的購買價，取得當地的黑胡椒。在此同時，哥倫布也成功地自拉丁美洲返航，並向歐洲的資本家形容當地的香料生產；而亞得里亞海邊的拉古薩共和國 (Respublica Ragusina) [3] 亦在奧斯曼帝國的支持下興起，能與威尼斯競爭。

至十六世紀中期，伊比利半島又發展出較大的海船，如克拉克船 (carrack)、加勇 (galleon) 等。葡萄牙的克拉克船排水量可達一千公噸，在當時屬於大型船隻；加勇則多為五百公噸或兩千公噸。克拉克船主要以貨運為主，並未安裝太多的火器，如遇海盜或戰爭，則由加勇船負責安全任務。一五三四年，葡萄牙造的「聖施洗者約翰」號 (São João Baptista) 排水量一千公噸，算是當時的大船。這種船隻噸位已經不能算小，但因為航程遠，每年僅能來回伊比利半島與東南亞間一至兩趟，裝載的貨物有限，長途運輸時必須考慮貨物的重量及利潤是否合算。

據此造船知識與能力，使葡萄牙海軍將領阿方索 (Afonso de Albuquerque, 1453–1515) 能夠建立一支強大的艦隊，控制葡萄牙與印度間的航路。其率船隊於一五〇六年前進到紅海出海口，一五〇七年抵達波斯灣，並在一五一〇年佔據果亞 (Goa)，因而受封為果亞公

[3] 位於今日克羅埃西亞 (Croatia)。

爵。葡萄牙人自此可以直接與摩鹿加群島(Maluku Islands)、暹羅及中國貿易。

尋求新航路的動機

當奧斯曼人攻打君士坦丁堡時，地中海的香料貿易仍控制在威尼斯人的手中，貿易活動也沒有受到君士坦丁堡局勢變化的影響。但君士坦丁堡的易手，仍影響當時的商業，例如希臘人與黑海地區的貿易就難免受到波及。義大利商人與銀行家就因此轉變其投資標的，減少對地中海東岸及黑海的投資，改向伊比利半島及大西洋地區。義大利的經濟活動，可能間接促成葡萄牙及伊比利半島航海家積極尋求新航路；不過這也只是推測，尚無具體資料可以證明。

此外，葡萄牙當時人口僅約一百七十萬，投入航海的人數不少，海員的消耗量又大，動力又須倚靠人力，故開拓新航線，是一種可預見的大量人力資源之消耗，對於人口稀少的國家來說是否為合理的投資，尚待商榷。何況十五世紀初以後，葡萄牙已經從販售非洲的奴隸及貿易活動中獲得大量利潤，何須再尋求新的貿易路線，繞過非洲，前往印度？

十五世紀以後，東西間的海陸交通愈為發達，原本由阿拉伯人主導的歐、非航線，陸續有伊比利半島的商船加入。許多學者認為，這正是因為伊比利半島上的政權苦於香料來源斷絕，而主動向外尋求之故。但從中世紀以後，伊比利半島上的政權便汲汲經營地中海航線，例如亞拉岡從十三世紀末起，就控制了西西里，自然充分參與地中海商業[4]，是以這種說法，似是而非。倒是直到十五世紀末以來，因為海上貿易競爭激烈化，促使葡萄牙進一步往前，連帶推動印度洋貿易，此所以為達伽瑪在一四九八年抵達印度的原因。

伊比利半島與新航線開拓的進程

其實葡萄牙王室對海外商業的興趣起源甚早，早與北非馬格里布地區有密切貿易往來，貿易內容包括穀物、牲畜、蔗糖、紡織品、魚、皮革與蜂蜜及蜂蠟。故當穆斯林在伊比利半島上的勢力逐漸衰退之時，葡萄牙便計畫向北非地區擴張。一四一五年，葡萄牙奪取位於北非的修達，該地原為伊斯蘭在北非的商業中心。

---

4 「西西里晚禱戰爭」(War of the Sicilian Vespers) 的發生即為充分的證明。西西里於一二六六年為法國安茹王室占領，當地居民在一二八二年起而反抗，他們請求亞拉岡國王佩德羅三世 (Pedro III, c. 1239–1285) 介入此事，佩德羅之後在當地建立政權兼任西西里國王。佩德羅原已控制拿不勒斯 (Naples)，此時勢力更大，引發教宗馬丁四世 (Martin IV, c. 1210–1285) 不安而號召十字軍對抗，未果。雙方衝突延續到一三〇二年，簽訂和約 (*Peace of Caltabellotta*)，規定西西里國王只能由亞拉岡國王的親屬出任，並隨即指定佩德羅之子費里德利希三世 (Friedrich III, 1272–1337) 出任西西里國王後，衝突才停止。

葡萄牙人為了占領修達花費甚鉅，卻未收獲預期的商業利益；同時，穆斯林將其商業活動轉到北非沿岸的丹吉爾，葡萄牙人又因此必須占有丹吉爾，否則占領修達便失去意義。亨利王子 (Prince Henry the Navigator, 1394–1460) 下令繼續向大西洋推進[5]。一四一九年，葡萄牙占領馬德拉 (Madeira)；一四二七年，又命西威斯 (Diogo de Silves) 占領亞速群島 (Azores)[6]，開始對外擴張行動。一四三一年以後，葡萄牙人開始移居該群島中的馬利亞島 (Santa Maria)，建立殖民據點。

從一四三〇年代起，葡萄牙的卡拉維爾船已經抵達帛哈多角 (Cape Bojador)，在非洲沿岸進行奴隸貿易。一四四〇年代，葡萄牙人通過塞內加爾 (Senegal) 及甘比亞 (Gambia)，到撒哈拉地區販售金沙之外，也販賣奴隸給需要人力划槳的大型商船隊。正因為非洲貿易獲利甚豐，也促使伊比利半島的其他政權紛紛投入，促成了新航路的開展。

一四五八年，葡萄牙國王阿方索五世 (Afonso V, 1432–1481) 派遣一支艦隊，攻打修達與丹吉爾之間的薩吉爾堡 (Ksar es-Seghir)，控制當地的摩洛哥馬林王朝 (Marinid) 不敵。

---

5 伊比利半島海船早在一三四一年已經抵達卡納利群島 (Canary Islands)，如一三五一年的《麥迪奇地圖》(*Medici Atlas*)、一三七五年的《卡大蘭地圖》(*Catalan Atlas*)，皆標示了包括亞速群島等各島嶼的位置。

6 意為蒼鷹群島，但島上的鳥群並非蒼鷹，而是鵟鷹。後雖釐清，但名稱並未改變。

葡萄牙人乃在此建立據點，繼續向阿紀拉（Arzila）推進。阿紀拉位於摩洛哥臨大西洋的西北角，往南三十一公里即為丹吉爾。一四七一年，葡萄牙人攻下丹吉爾後，即控制住了北非的商路，葡萄牙人從此可以與非洲沿岸各地貿易，貿易內容包括奴隸、黃金。此時葡萄牙人並積極尋求通往印度，參與香料貿易的機會。

一四九八年，達伽瑪繞過大西洋，抵達莫三比克，繼續航行至東非的蒙巴薩（Mombasa），一五〇五年，葡萄牙人占領所法拉港（Sofala，今稱 Nova Sofala），建立航行據點，繼續前往印度洋，開啟了葡萄牙與東方的貿易活動，將印度洋上的香料帶回葡萄牙。

香料貿易的內容

近代以前，歐洲香料市場上最貴重的香料應屬黑胡椒，肉桂緊跟其後。隨著海路的發達，印度產的胡椒與肉桂運往歐洲的數量漸增，價格逐漸下降，反倒是番紅花因為產量極為有限，價格居高不下。此外，從美洲進口的香草也廣受歡迎，小荳蔻的使用日增，這些都是香料市場上的新寵。

胡椒

胡椒原產於印度南方，含有胡椒鹼(piperine)與醯胺鍵(amide feruperine)，可以抗發炎、抗氧化，常用於治療腸胃系統的症狀，諸如脹氣、消化不良、消化性潰瘍、腹痛、痙攣、腹瀉與便秘等，故甚早就作為藥物使用。此外，胡椒在飲食上，主要用於燉煮時的調味，可以去腥、開胃。例如在法式餐飲中，胡椒醬專門用於燉羊肉或牛排醬汁。製作胡椒醬時可以使用不同種類的胡椒，除了用在牛、羊、雞肉之外，食用鮪魚或鮭魚時，也可以佐以胡椒醬。

胡椒甚早就傳播到地中海地區，希臘、羅馬的醫家對胡椒都有相當多的描述。阿爾卑斯山以北地區對胡椒的認識則明顯晚於地中海地區。北歐地區現存最早有關胡椒的紀錄是十三世紀布萊梅港發現的胡椒粒。胡椒的運輸路線或走陸路，或經由紅海抵達埃及，再分銷各地。中世紀時，胡椒被視為奢侈品，以胡椒製成的藥品頗多，對胡椒的需求量大；雖然胡椒可以長期保存、不易腐敗，但其售價因為長途運輸，及阿拉伯、土耳其及威尼斯等地商人的控制，故一直居高不下。許多商人因胡椒貿易致富。

肉桂

肉桂經常作為香料使用，又以其樹皮為主，故也稱為「桂皮」。樟科中，有許多種類都有類似的香味，可作為「肉桂」的原料，包括天竺桂、陰香、細葉香桂、肉桂或川桂等，通稱為肉桂。目前世界各國使用的肉桂為「錫蘭肉桂」，也是樟科樟屬植物，原生地為斯里蘭卡，在中國西南地區也有栽培，特稱為「錫蘭肉桂」。其他還有西貢肉桂（Saigon cinnamon，也稱越南肉桂 Vietnamese cinnamon）、印尼肉桂 (Indonesian cinnamon) 及印度馬拉巴肉桂 (Malabar cinnamon) 等四種，味道大同小異。許多西方語言稱肉桂為 cinnamon，這

肉桂棒和肉桂粉

個字源於拉丁文的「小捲」(canna)，例如法文稱 canelle，義大利文稱 cannella，西班牙與葡萄牙文都是 canela，中古德語也稱之為 kanêl。

專家認為，中國與印度等地早在四千年前便已經使用肉桂。地中海地區最早自印度進口肉桂，當作精油與薰香使用。希臘與羅馬時期則強調肉桂的醫療功效，尤其是作為春藥，稍晚後才用作香料。但中古時期，歐洲社會並不清楚肉桂的來源，只能從拉丁文獻中隱約知道肉桂如何跨過海洋，運抵埃及、希臘等地，及其使用的狀況。一二四八年，歐洲十字軍前往東方的路上，法國著名的史官裘音維 (Jean de Joinville, 1224–1317)[7] 曾記載聽到當地人描述「肉桂為尼羅河流往天盡頭時，靠近世界邊緣處撈捕所得」，顯然這位史家也深信不疑，並特意記述。馬可波羅 (Marco Polo, 1254–1324) 據信曾經前往中國，並留下一本遊記，不過他在書中對肉桂的產地含糊其詞，顯然並不清楚。

肉桂在古代已經由商貿來到美索不達米亞地區，巴比倫是當時重要的肉桂貿易中心，阿拉伯人再將肉桂從此地運往更北方的地區，這段貿易商路長期以來由阿拉伯人所支配。十三到十四世紀時，肉桂主要經由威尼斯商人作為藥材銷售到歐洲各地（當時歐洲人相信

[7] 著名的中世紀史家，曾參加法國國王路易九世的十字軍活動，為其寫下傳記《聖路易的生平》(*The Life of Saint Louis*)。

肉桂可以治療痛風，也放入糕餅，當作調味料），印尼的海員從摩鹿加群島[8]將肉桂裝船，運往東非，當地商人再將這些商品運往埃及的亞歷山卓。威尼斯商人控制了肉桂的來源，獨占肉桂貿易，直到一五〇五年葡萄牙人占領錫蘭，控制肉桂的來源。在十六到十八世紀間，歐洲的肉桂售價極高，只有貴族階級能夠負擔。據說：奧古斯堡的富商富格 (Anton Fugger, 1493–1560) 在一五三〇年，當著神聖羅馬帝國皇帝卡爾五世之面，將其簽下的借條丟入肉桂火焰中，以展示其財力雄厚。

丁香

丁香 (clove, *Syzygium aromaticum*) 原產於印尼，近代以前，產地僅限於摩鹿加群島，該地丁香產量占世界丁香總量的八成，數量其實相當有限。早在兩千年前的羅馬帝國時期，丁香已廣為人知，當時由阿拉伯半島的阿曼商人掌握丁香貿易，獲利甚豐。至中世紀時，轉由奧斯曼商人經營丁香貿易。十七世紀時，尼德蘭東印度公司控制其他香料的貿易時，也掌握了丁香。

8 十六世紀以後，摩鹿加群島被稱為「香料群島」(the Spice Islands)。

丁香的花蕾乾燥後，可作為香料。中國古代進口許多丁香，稱為「雞舌香」，作為藥用，可以醒酒，也作為口含劑，可以除口臭。中世紀時，丁香為重要的藥物，有強化肝、胃與腦部功能的效用。目前仍常用做局部麻醉，例如拔牙以後塗敷於患部，可以止痛，也有助消化的功能。

在烹飪時，通常以丁香混合其他香料，醃製肉品，製作醬汁。歐洲人常在耶誕節飲用香甜紅酒 (mulled wine)，就是在加熱紅酒中加入糖及丁香、肉桂、檸檬皮、八角等香料，大約從降臨節開始就可以在市集上看到這種耶誕香甜紅酒。另外，咖哩粉中也常常加入胡椒、丁香與肉桂。

丁香和丁香油

廣受歡迎的飲品——香甜紅酒

材料：

紅酒	----------	1 瓶
橘子	----------	1 顆
肉桂棒	--------	1 條
丁香	----------	6 顆
八角	----------	2 顆
小荳蔻	--------	3 顆
糖	------------	4 大匙

作法：

1 橘子洗淨切片、小荳蔻稍微壓碎
2 將所有食材倒入鍋中，攪拌均勻
3 中小火加熱，直到紅酒冒出些許蒸氣
4 轉小火，蓋上鍋蓋燜煮 15 分鐘到 20 分鐘，避免沸騰
5 用紗網過濾橘子和香料，將紅酒倒入容器後即可飲用

註：可依個人喜好調整香料種類，如肉荳蔻、薑、天堂椒（又稱非洲荳蔻）、檸檬皮等。糖亦可以用楓糖漿或蜂蜜取代。

第八章 世祿侈富，足兵足食：

十八世紀的歐洲飲食文化

一八四五年，英格蘭的阿克唐(Eliza Acton, 1799–1859)開風氣之先，出版一本供一般家庭使用的食譜《現代家庭烹飪》(*Modern Cookery for Private Families*)。一八五八年，巴伐利亞宮廷的總管羅騰霍夫(Johann Rottenhöfer, 1806–1872)也將私人收集的食譜及宮廷服務的經驗寫成專書出版，包括兩千多種菜餚、糕點與飲料，成為當時貴族與中間階級的飲食指南，算是十九世紀德意志地區最重要的食譜。

工業革命前期的經濟與社會文化變遷

人口增長

十六世紀以後，因為拉丁美洲新作物傳入歐洲，增加了糧食供應，加上輪種、選種與施肥技術改良，糧產逐漸增加。十八世紀初，英格蘭貴族湯森 (Charles Townshend, 1674–1738) 前往法蘭德斯地區學習，將當地的耕種技術帶回英格蘭推廣，促成英格蘭的「農業革命」(Agricultural Revolution)，湯森也因此獲得「蕪菁湯森」(Turnip Townshend) 的綽號。

不僅是英格蘭地區，十八世紀以後歐洲各地區的人口也都出現快速成長的現象，這種人口發展趨勢都與農業革命、工業發展及衛生條件改善有關。當時農民普遍使用鐵犁與條播機 (farming drill)，可以往下翻土，深埋種子，以便充分利用地力，並延長了耕種的季節。

這種「農業革命」的結果是糧食增產，改善營養狀況，也使得死亡率降低、嬰兒存活率提高。以英格蘭為例：據估計，一七〇〇年時，英格蘭與威爾斯的人口總數約為五百五十萬人，一八〇一年時，增加為九百萬人，到十九世紀時，不列顛的人口已經達到三千五百萬人。學者估計全歐洲人口在十八世紀中葉從一億兩千萬增加為兩億，這種速度史無前例。

十八世紀歐洲經濟發展的背景

十六世紀以後，伊比利半島的商人將大量的拉丁美洲貴重金屬輸入歐洲，使得原本缺乏貿易媒介的歐洲通貨供應量大增，也擴大了歐洲內部的貿易量。歐洲部分國家因為經濟活動熱絡，財富也快速累積，社會上開始出現許多尋找投資門路的「游資」（或稱熱錢）。一六〇二年，尼德蘭的許多商人開始合作，以便發展對外貿易，遂組成「聯合東印度公司」，並成立「阿姆斯特丹證券交易所」(The Amsterdam stock exchange)，發行股票，籌募資金。這是近代證券交易制度的濫觴，也讓聯合東印度公司成功募得大量資金，開始建造船隻，購買貨品，擴大了其在東亞貿易的能量。東印度公司在東亞建立許多貿易據點，將許多東亞的商品如蔗糖、香料及瓷器等運回歐洲及至各處販售，這些成功的事例引起各地商人效法。

大英王國國王威廉三世 (William III, 1650–1702) 因為不斷捲入與法國及尼德蘭的海上貿易衝突，為了支持其戰爭行動，也學習尼德蘭的作法，於一六九三年開始發行股票，募

一六〇二年成立的尼德蘭東印度公司，以香料貿易發家。上圖為指揮艦「巴達維亞號」(Batavia)的重建，下圖則為刻有該公司徽章的硬幣。

資效果良好，到十七世紀末，倫敦股票公司運作已經非常順暢，當地原有的商業活動也募集資金，擴大貿易範圍。

在此同時，歐洲造船與運輸也蓬勃發展。當時，西歐許多執政者遵循「重商主義」的概念，將財富投資到生產部門，除了糧食生產快速增加以外，工業部門如採煤、煉鐵、紡織等也非常興盛，工業革命後，由於冶煉技術進一步發展，出現許多新材料，也應用到造船工業中，從而強化了船體結構、擴大船隻尺寸，使得運輸量大增。到十八世紀中期，造船技術更進一步，船帆面積增大，大幅提升船隻航行速度，可達原本速度130%以上；行船風險也降低。海外貿易遂因運輸量大增，風險減少，利潤增加，吸引更多人投入。

十七到十八世紀間，歐洲許多國家如北歐各國與法國都效法尼德蘭與英格蘭，組織東印度公司。甚至連地處中歐的普魯士，乃至內陸國奧地利也先後成立貿易公司，希望與東亞地區貿易，說明當時各國對亞洲商品的需求，以及歐、亞之間貿易的熱絡。由於這些東印度公司輸入大量亞洲香料，使其在歐洲的價格逐步下滑，讓平民階級也可以接觸原本只屬於貴族的香料，改變許多歐洲人的日常飲食內容。但大部分在十八世紀中葉成立的東印度公司，因為起步太晚，缺乏基地與貿易代理商，大都草草結束。總而言之，十八世紀是歐洲商人海外殖民活動的密集擴張期，此時也是英格蘭與尼德蘭商業競爭最激烈的時期。

先是在十八世紀初，英格蘭與蘇格蘭簽定《一七〇七年聯合法》(*Act of Union of 1707*) 組成「聯合王國」（大英），西班牙等國則因西班牙王位繼承戰爭 (War of the Spanish Succession, 1701–1715)，失去歐洲主導權。一七三九年，大英與西班牙為爭奪拉丁美洲的利權，爆發「詹金斯的耳朵戰爭」(War of Jenkins' Ear, 1739–1748) [1]，戰爭延續甚久，直到一七四八年才簽約止戰，隨後又發生「七年戰爭」(Seven Years' War, 1756–1763)，歐陸多國都捲入其中，根本無暇顧及海外事務。大英乘機積極在亞洲擴張，與法國在印度卡納提克地區 (Carnatic region) 發生三次衝突，大英最終取得當地支配地位，並與法國簽訂《巴黎條約》(*Treaty of Paris*)，取得印度的控制權。另一方面，大英為了彌補其北美洲殖民地獨立的損失，開始與尼德蘭在亞洲競爭。一七八〇年，大英以尼德蘭支援北美洲殖民地獨立為藉口，發動「第四次英荷戰爭」(Fourth Anglo-Dutch War, 1780–1784)，奪取尼德蘭在印度南端的殖民地納加帕蒂南 (Nagapattinam)，完全控制印度產銷體系，將亞洲各種物資，諸如香料、蔗糖、茶葉等大量輸入歐洲，行銷各地，相當程度改變了歐洲的飲食習慣。

1 一七三一年，英船蕾貝卡號（Rebecca）船長詹金斯，宣稱被西班牙人割去一耳。此事在大英原不受關注，但一七三八年時卻配合大英國內要求抗擊西班牙以便主導大西洋海域的輿論要求，突然成為眾人關注的「國體」事件，最終於一七三九年爆發戰爭。

政治與社會結構變化

十八世紀中，歐洲部分國家由貴族控制政治的狀態逐漸轉變，國家為了更有效的組織商團及對外擴張，於是透過議會強化中央集權及國家主權的政府體制。這種政治變化，促使許多國家的君主注重教育，培養官僚，支持工業，發展新興市鎮。城居人口亦逐漸增加，形成一個新的「市民階級」。這些人多能讀書識字，也普遍受到當時主流思潮「啟蒙」影響，他們的世界觀與中世紀的人有極大差別，既有消費能力，也勇於嘗試新事物，無論茶、咖啡、可可等舶來品都樂於接受。由於市場不斷擴張，自然刺激更多商業活動。大英王國成立後，國力增強，急速向外擴張，占領許多土地，發展屯墾，栽種各種熱帶作物如甘蔗、可可、胡椒等，運回歐洲銷售。

香料逐漸普及

十六世紀以後，歐洲政治局面因為宗教分裂而發生重大變化。尼德蘭地區原本為哈布士堡的領地，神聖羅馬帝國皇帝卡爾五世在位期間還能維持政治穩定，但一五五五年《奧古斯堡和約》(*Peace of Augsburg*)「教隨國定」的內容，使羅馬公教與抗議教派的領地犬牙交錯，衝突在所難免。卡爾五世退位後，其子菲利普二世 (Philip II, 1527–1598) 繼承了伊比利半島大部分地區及尼德蘭各省，稍後又繼承葡萄牙王位，並將勢力延伸到東亞。此時尼德蘭部分地區改奉喀爾文教派，菲利普二世派兵討伐，引發長時期的衝突，史稱「八十年戰爭」(Eighty Years' War, 1568–1648)。期間，尼德蘭於一五八一年成立海上武裝勢力以便發展貿易，並經常掠奪西班牙及葡萄牙的商船。

十七世紀時，尼德蘭東印度公司全力經營亞洲商務，恃其強大的武裝船隻迫使葡萄牙退出東南亞地區，而得以獨占這一地區的香料貿易。不僅如此，尼德蘭東印度公司還四處尋求適合栽種香料的地方，開發成「屯墾殖民地」，不僅擴大產量、縮短運輸路線，更避免產地單一造成的影響，例如產地發生天災或病蟲害等問題時，會面臨全球斷貨的局面。此後，大量價廉物美的香料成為歐洲多數人可以負擔的食材。此外，十八世紀以來，雖然歐洲人因為醫學知識逐漸發達，質疑許多傳統藥材（香料）的療效，但難以改變長久以來的味覺習慣，所以仍然喜好這些香料，只是香料的功能逐漸由醫療、彰顯社會地位的功能，轉以調味的飲食功能為主。

胡椒

十五世紀末，達伽瑪首度繞過非洲，從海路抵達印度，將滿船的胡椒運回歐洲，從此葡萄牙商人直接到遠東購買香料。在此同時，歐洲海船亦相繼抵達拉丁美洲，帶回許多新的作物，如拉丁美洲的辣椒、西非的天堂椒。辣椒的辛辣特質可以部分取代胡椒，而且種植容易、價格便宜，市場對胡椒的需求因而下降；加上海路暢通，胡椒進口大增，使得胡椒價格下降。

十七世紀以後，尼德蘭東印度公司在印尼及其他東南亞地區種植胡椒，大量銷售到歐洲，也普及了胡椒的使用，平民階級亦能消費得起。

肉桂

十六到十八世紀中，香料價格普遍下降，但肉桂的售價仍相對較高。一六三八年，尼德蘭東印度公司在錫蘭建立基地，收購肉桂；至十七世紀初，大英的東印度公司勢力已經逐漸滲入印度，控制當地香料貿易。尼德蘭東印度公司先是聯合大英東印度公司，於一六五八年共同驅逐葡萄牙人；在共同敵人消失後，兩國繼之互相競爭當地香料市場，發

無論是凡德費爾德 (Jan Jansz van de Velde, 1620–1662)《有高腳啤酒杯的靜物畫》(*Still Life with a Tall Beer Glass*, 1647) 中裝有胡椒的中式瓷盤，或是自尼德蘭東印度公司「白獅號」沉船打撈到的胡椒，皆為此種香料在歐洲流通的證據。

生數次戰事。其中，一六六五年兩國爆發第二次英荷戰爭，雙方於一六六七年議和，簽訂《布雷達和約》(*Treaty of Breda*)，英格蘭商人退出印尼的班達群島(Banda Islands)，轉而積極經營印度，並在印度南端的喀拉拉邦(Kerala)建立貿易據點，逐漸控制錫蘭的肉桂貿易，倫敦自此成為歐洲肉桂最大的集散中心。

此後，印度與錫蘭肉桂銷往歐洲的數量大增、價格亦下降，當地糕餅業者可以大量使用肉桂。十八世紀以後，歐洲各種餅乾與糕點中，經常添加肉桂，「香料餅」即當中最著名的一項。

蔗糖

十六世紀中，葡萄牙人首先在巴西種植甘蔗，生產蔗糖，運回歐洲銷售，大發利市。一六二五年以後，尼德蘭人也跟進，在南美洲建立屯墾殖民地，生產蔗糖；自從各殖民國家紛紛建立蔗糖生產基地之後，就連北美洲、古巴等地都成了重要的蔗糖產地。十八世紀以來，五分之四的歐洲蔗糖來自大英與法國的西印度殖民地，蔗糖已經成為歐洲非常普遍的食材，例如在一七七〇年時，英格蘭的人均蔗糖消費量是一七一〇年時的五倍。由於使用蔗糖為原料的食物逐漸增加，餐飲業也出現了一種新的分支：甜點製造(confectionery)。

克拉斯 (Pieter Claesz, c. 1597–1660) 的《有著火雞派的靜物畫》(*Still Life with a Turkey Pie*, 1627) 中，既有華麗的火雞派，還可見舶來品如鸚鵡螺容器、中式大盤、鹽與胡椒，被敲開的甜派內更填滿了多種水果和香料。

甜點製造業不同於其他糕餅業，也與烘焙業差異頗大，其特點是使用大量的蔗糖。但稍後烘焙業脫離中世紀以來的傳統，出現一種「烘焙甜點」，又稱為麵粉甜點(flour confection)，使用雞蛋、牛奶與奶油製成。「甜點製造」(sugar confectionery)則以蔗糖為主，加上乾果、堅果等食材，製成甜點出售；或將蔗糖與各種食材混合、燉煮，例如將水果加上大量蔗糖，熬製成糖分更高的蜜餞(candied fruit)。另有一種以可可粉為原料，生產巧克力甜點的糖果鋪(chocolate confection)。這些蔗糖甜點業早在十七世紀前後就已經存在，原本專為貴族階級服務，工作上需要更多的技巧與藝術表達；到十八世紀以後，才逐漸走向平民階級。

工業革命以後烹飪環境的改變

十八世紀以後，西歐許多地區使用蒸氣引擎為重要的動力來源，大幅改變礦場生產、交通運輸的效能。歐洲各國對自然科學如化學、合金的研究越來越多，也將之應用到日常生活中，比方爐具與鍋具便有明顯變化，自然也改變了飲食的樣貌。十八世紀以後，歐洲的鐵器價格下降，逐漸用於製造爐具與鍋具，烹調方式有了顯著的不同。

爐具設計

工業革命發生之後，歐洲出現許多人口較為集中的市鎮，為了解決人民居住問題，新型的集合式建築如雨後春筍般出現。城市建築大多改採磚塊為建材，多半附有廚房，內建壁爐、烤箱與爐具，以供烹飪。由於當時人們仍以木材為主要燃料，故為節省能源，建造爐具時，通常會採用新式的彎管煙囪，讓熱氣可以在牆壁間繞行，不只避免生柴火時的濃煙，也可以使牆壁保溫，便於取暖。

一六一八年，德國人克斯勒 (Franz Kessler, c. 1580–1650) 印行專書《節省材火的藝術》(*Holzsparkunst*)，討論如何有效利用爐火的熱力，同時烹飪與取暖，並避免中世紀明火爐灶產生的煙燻問題。法國也有許多爐具製造商努力發展各種兼具烹飪與取暖的爐具，解決城市中的供暖問題，讓生活更為舒適。巴黎羅浮宮 (Louvre) 在一六二四年所安裝的爐具，以管線將爐火的餘熱導進地板之下，以便利用餘熱，類似概念也在各地出現。一六八六年，法國人達斯美 (André Dalesme, 1643–1727) 利用鐵製爐具，發展出一種「無煙爐」，透過充分燃燒木材，將產生的煙量降到最低。一七四二年，北美洲的富蘭克林 (Benjamin Franklin, 1706–1790) 則設計一種虹吸裝置，可以將煙完全排出室外。

鍋具發展

製作鍋具時的主要考量包括耐用、導熱與安全。從兩河流域文明發展以來，埃及、西亞乃至希臘、羅馬各地多用陶土製作烹飪所需的各種工具，陶土的爐灶與鍋碗相當普遍，雖然製作簡單，但並不耐用。西元前四世紀，西歐進入鐵器時代，但直到七世紀時，歐洲才開始使用「鑄鐵煮鍋」(cast-iron kettle)，鑄鐵吊鍋 (cast-iron cauldrons) 到十二世紀以後才在貴族階級的廚房中出現。

然而鑄鐵容易生鏽，價格又高；與此相比，銅鍋也是理想的烹飪工具，但價格又更高，所以一般人仍是以陶土鍋為主要烹飪工具。此外，當時烹飪使用柴火作為燃料，但柴火並不便宜。因此一般平民家庭為節省時間與燃料，不可能同時使用數口鍋子，也不會每日烹飪，通常選用大型鍋具，熬煮麥粥，一次便可備齊三日的分量。到了工業革命以後，因為煉鐵技術進步，金屬製造或鑄造的能力也強化，加上城市住宅設計和爐具系統的改良，使烹飪變得方便許多，出現新的鍋具可供人們搭配，平民家庭也能購買多種尺寸的鍋具，以配合食材的分量。

銅製鍋具

紅銅（純銅）在非貴重金屬中導熱與延展的表現最佳，所以在古代就有紅銅製作的鍋具。紅銅鍋具經過實證最適合製作甜點，當含有硫的雞蛋在紅銅碗中攪發時，紅銅容易與硫作用，讓蛋白迅速發泡；此外，紅銅鍋具不易蓄熱的特性，讓製作果醬時能精準控制溫度。儘管果酸可能與銅發生化學反應，但果糖與添加的糖分會阻斷這種化學反應，使之不致產生危害人體的物質，使用上相當安全，所以紅銅鍋具至今仍為許多甜點與糕餅業者的

尼德蘭畫家德爾夫 (Cornelis Jacobsz Delff, 1570–1643) 的《四元素之託寓》(*Allegory of the Four Elements*, c. 1600)。紅銅鍋具常出現於靜物畫中，為畫家展現繪畫技巧的方式。

首選。十八世紀以後，製作工藝進步，工匠將紅銅鍋具鍍銀、鎳或錫，減少物質化合的反應，製作出來的鍋具更安全。

黃銅是銅與鋅的合金，歐洲的黃銅製造業在中世紀時開始發展，除了供應鐘錶、樂器等製造業外，也漸成為鍋具或各種容器製作的重要原料。十六世紀時，水力動力使用普及，使得礦物增產，黃銅產量隨之增加。一五五九年時，德意志西北部大城阿亨成為黃銅重要產地。十七世紀中，尼德蘭有許多作坊專門生產黃銅製器皿，提供的商品精緻且價格具競爭力，使尼德蘭成為黃銅製品的生產中心。至十七世紀末期，英格蘭地區也建立了黃銅工業，並習慣使用黃銅製作鍋具或其他器皿。

當時銅器的製作是以鑄造為主，原本使用黏土或黏性頗高的亞黏土 (loam) 製模，再灌入液態的黃銅汁，冷卻後成型即可。後來在尼德蘭改以砂土為範，成品更為精緻。十八世紀初，英格蘭鍋具製造商達比 (Abraham Darby, 1678–1717) 前往尼德蘭學習這種作法，回到英格蘭西南部的布里斯托 (Bristol) 大量生產砂土範鑄的黃銅鍋具，並於一七〇七年獲得英格蘭政府的專利許可。因為這種鍋具習自尼德蘭，故稱「尼德蘭鍋」(Dutch Oven)。

鑄鐵鍋具

儘管十七世紀時黃銅產量增加，使黃銅鍋具價格稍微下降，但仍非一般人所能負擔。

許多工廠仍以鑄鐵為鍋具的原料，雖然鑄鐵鍋沉重而操作不易，但價格優勢的緣故，還是受到一般人的歡迎，成為歐洲與北美洲許多地區的主流鍋具。像是尼德蘭鍋也改以鑄鐵為材料，除了鍋體之外，另範鑄鍋蓋，頗有密封效果。鑄鐵鍋導熱性不佳，適合餘火慢燉，而材質厚重的鍋蓋與鍋體能緊密結合，產生加壓與保溫的效果，縮短烹煮食物的時間。稍後，又有廠家發展出一種三腳吊掛的尼德蘭鍋，可直接在鍋底生火，或用吊環在火塘上煮湯燉菜；不僅在家庭中可以使用，也能用於野炊。

十八世紀，鑄鐵鍋普遍使用之後，也發展出新的烘焙功能，例如將鑄鐵鍋放置在壁爐中烘焙麵包、厚餅水果派（cobbler）

加蓋的三腳尼德蘭鍋，扣於鍋耳的吊環使之能吊掛加熱。

或蛋糕等，相當節省燃料，並確保用火安全。許多廚師也喜歡用鑄鐵平底煎鍋製作雞蛋類食材，受熱較為均勻。鑄鐵鍋在長期適當的使用下，會在鍋面形成可防止沾黏的特殊膜層，類似現代「不沾鍋」的塗層。此外，根據研究，使用鑄鐵鍋烹飪時，鑄鐵會釋放出鐵質，可以一定程度改善人們飲食中鐵質攝取不足的問題；但鐵元素含量的多寡，與食材特性及烹飪的時間有關，例如燉煮含有酸味的番茄所含鐵質遠高於單純的炒蛋。

從食譜看新的烹調方式

今人欲認識古人的飲食，因為缺乏實際的物件，通常僅能從有限的圖畫中試圖想像，但文字和圖像描述氣味，恐皆完全無法傳神，就算根據古人的食譜重建，也有相當困難。從古典時期到近代以前，有許多廚師或餐飲工作者會蒐集專業食譜或寫作專業筆記，內容主要記載食材、調味及烹調時間，對工序細節較少說明，因為專業人員閱讀時，自然能夠了解；還有一種教學用食譜，記錄更多的烹飪細節，以便訓練需求日增的專業廚師。到了十七世紀以後，供一般人參酌的「家居食譜」逐漸盛行。

食譜可以透露出許多信息，除了反映一個時代的飲食習慣外，也讓後人得以認識當時的醫學知識、烹飪環境及食物供應。

食譜的社會面向

十七世紀以後，歐洲社會結構發生變化，許多年輕人移居到大城市，組成親子兩代人同居的核心家庭。城市居家生活條件改善，人們能在家中烹飪，但因為鍋具與烹飪條件變化，且新式香料、食材不斷出現，加上核心家庭成員簡單，必須自行解決三餐，但缺乏同居長輩對居家烹飪的指導與建議，因此核心家庭在飲食上不僅可能苦於食物缺乏變化，甚至無法自行烹調，比方特定節日才會食用的「節慶食物」，其製作較為繁複，烹飪難度頗高。此外，食材取用上也頗為受限，例如貴族會在耶誕節食用燒烤野味，這

耶誕布丁 (Christmas pudding) 為耶誕節才會出現的甜點，製作方式複雜耗時，右圖的布丁依傳統以布料包覆，並吊掛數週使之乾燥，以增強風味。

經典節慶食物——耶誕布丁

材料：

A	綜合果乾	-----	350 克
	李子	---------	10 顆
	黑糖	---------	100 克
	萊姆酒	-------	4 大匙
	黑啤酒	-------	100 毫升
B	核桃	---------	100 克
	扁桃仁粉	-----	100 克
	白麵包粉	-----	100 克
	中筋麵粉	-----	50 克
	奶油	----------	100 克
	肉荳蔻粉	-----	1/2 茶匙
	肉桂粉	--------	1 大匙
	綜合香料	-----	1 大匙
	糖衣櫻桃	-----	100 克
	蛋	------------	3 顆

作法：

1 李子去皮切丁、粉類全數過篩、奶油刨成細絲、蛋打散
2 將 A 倒入碗中，拌勻後蓋上蓋子靜置一天
3 將 B 全數加入 A，混合均勻後再靜置一天
4 布丁盆上油，倒入食材並壓實
5 用兩層烘焙紙和一層錫箔紙將布丁盆密封
6 準備一只大鍋，倒入水至 3 分滿，再放入布丁盆
7 蓋上鍋蓋，小火燜 7 個小時，期間須不時確認水位，避免空燒
8 取出布丁，待冷卻後再蓋上烤盤紙，用線纏繞盆沿、密封
9 靜置於涼爽乾燥的環境 4 到 5 週，食用前再加熱即可

是貴族在秋深期間的狩獵成果；目前還有吃鹿肉、野雞等的習慣，一般平民則以火雞、烤鴨等取代。還有一些節慶與鄉村生活有關，例如前文提過的聖馬丁日。所以，當時許多出版商開始編輯出版烹飪指南、家居指南等書籍，供人閱讀，頗受歡迎，各種飲食烹調的介紹，更是其中重要的內容[2]。

例如一五九八年，瑞士的安娜威克（Anna Wecker, ?–1596）發行一本《好吃的新食譜》（*Ein Köstlich new Kochbuch*），為德語地區第一本由女士撰寫並印刷出版的食譜。威克的丈夫是一名醫生，安娜則提供病人各種飲食的諮詢，所以這本書中蒐集的食譜，也有「食療」的概念，內容包括：如何調理蔬菜、水果、肉品、家禽、野味、魚類、烘焙；還針對病人、孕婦與產婦、老人與體弱者的飲食及調理提供建議。由於當時法國的烹飪逐漸為歐洲各地仿效，威克也在其食譜中介紹了許多法式菜餚。

一六六一年，英格蘭的漢娜．吳麗（Hannah Woolley, 1622–1675）也出版一本新食譜。吳麗原本擔任貴族管家，從主人處學習許多醫學知識，後來在學校中任教，並開始撰寫與理家、烹飪相關的書籍，例如一六六四年的《廚師指南》（*The Cooks Guide*）、一六七〇年出版《女王般的櫃子》（*The Queen-Like Closet*），以及一六七三年的《貴族婦女指南》（*The*

2 類似中國《萬寶全書》等的「類書」，即某種百科全書或生活指南。

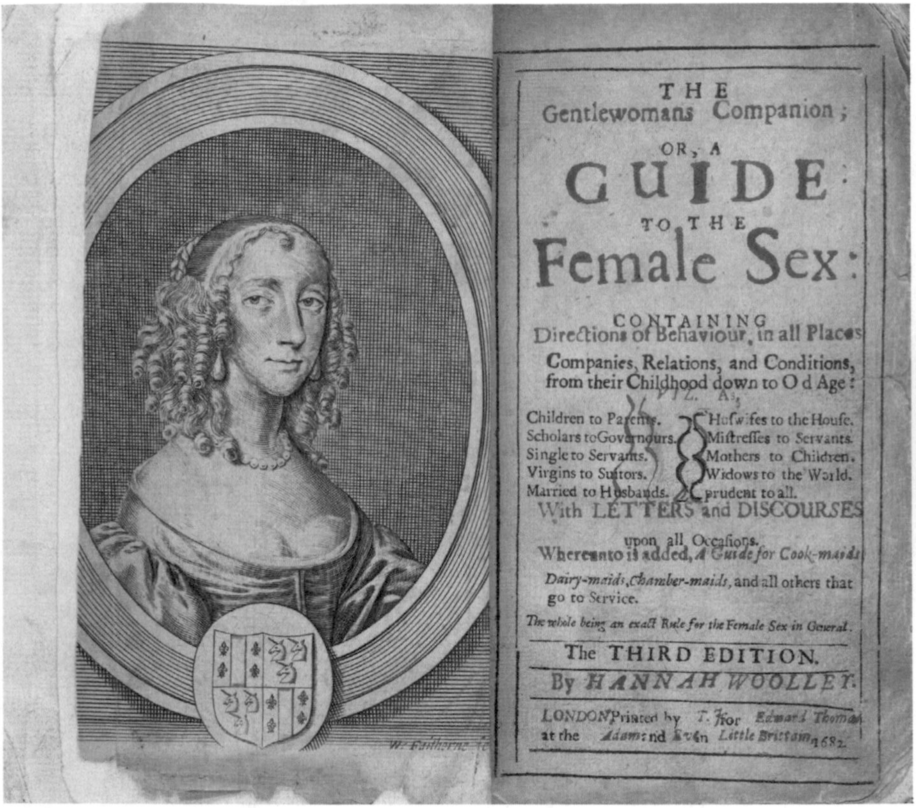

THE
Gentlewomans Companion;
OR, A
GUIDE
TO THE
Female Sex:
CONTAINING
Directions of Behaviour, in all Places
Companies, Relations, and Conditions,
from their Childhood down to Old Age:
viz. As,

Children to Parents. Scholars to Governours. Single to Servants. Virgins to Suitors. Married to Husbands.
Huswifes to the House. Mistresses to Servants. Mothers to Children. Widows to the World. prudent to all.

With LETTERS and DISCOURSES
upon all Occasions.
Whereunto is added, A Guide for Cook-maids
Dairy-maids, Chamber-maids, and all others that
go to Service.
The whole being an exact Rule for the Female Sex in General.

The THIRD EDITION.
By HANNAH WOOLLEY.

LONDON Printed by T. J. for Edward Thomas
at the Adam and Eve in Little Brittain, 1682.

《貴族婦女指南》第三版書影

Gentlewoman's Companion，或稱 *A Guide to the Female Sex*）。其中，《女王般的櫃子》不斷再版，並且譯成德語，稱為《在女性房間中排遣時間》(*Frauenzimmers Zeitvertreib*)。

食譜的文化面向

到了十七世紀晚期，法國文化為歐洲其他文化所效法。許多歐洲貴族在日常生活中使用法語，模仿巴黎的新事物，就連飲食也都學習法式菜餚作法。一六八二年，柏林布蘭登堡宮廷醫師愛斯霍茲 (Johann Sigismund Elsholtz, 1623–1688) 出版的食譜，目標受眾為德意志的貴族、高級教士與富商等上層人士，是故除了介紹德意志地區的傳統烹飪外，更選擇許多法國食譜、介紹法式烹飪。

但法式烹飪也並非一直沿襲法國傳統，而是引進了大量義大利與地中海地區的菜餚，逐漸演化。例如一六五一年，法國出版的食譜《主廚方斯華》(*Le cuisinier François*) 中除了整理法式烹飪傳統，也將義大利傳來的烹飪新概念與法國地方菜餚結合。食譜訴求簡單原則，希望保持食材的原味；並特別強調醬汁製作，認為食材只需簡單烹飪，加上各種醬汁，即成美味。

十八世紀以後，從越來越多的食譜出版品中可以看出，這種義大利與法國菜式結合的新手法成為主流，在歐洲許多地方獲得極大的回響。例如，中世紀烹飪較少使用東方「香料」調味，食材也限於既有作物或肉品。但當香料價格下降，用量自然擴大，法國廚師率先於烹飪時加入許多新的食材與香料，更以新的方式呈現食物。

如一七一九年薩爾茲堡大主教哈拉賀 (Franz Anton von Harrach, 1665–1727) 的家庭廚師哈格 (Conrad Hagger, 1666–1747) 私人收藏的食譜，被輯成兩冊、共一千七百頁的鉅著加以出版。書中不只提供當時所能夠蒐集到的各種傳統德國菜式、麵食與糕點的食譜，更一一指出德國菜式受到的義大利、法國乃至西班牙烹飪的影響，說明此時期的德國烹飪正在轉型，脫離中世紀傳統而與當時歐洲的主流菜式匯流，例如哈格在介紹一道鰻魚食譜時，便使用了蔗糖與肉桂粉等調味料。

一七〇六年，萊比錫 (Leipzig) 作家艾格 (Susanna Eger, 1640–1713) 在其出版的食譜中，蒐集了許多薩克森地區的傳統食譜，加上其他地區的著名菜餚，一共有九百多道德意志菜色[3]；由於本書為提供烹飪初學者參考，因此她在食譜中不僅精準說明各種食材的數量，還提供各種貨幣及重量的換算表。表示當時不僅德意志地區，包括全歐洲的度量衡體制並

3 這本食譜於一七四五年才出版。

不統一，計量問題使食譜流通並不容易。不過此時德意志讀者已對傳統菜色不感興趣，故本書流傳不廣。

十八世紀中，巴黎出版一本食譜《布爾喬亞烹飪書》(*La Cuisinière Bourgeoise*)，常以其他食譜中的菜餚為基礎加上一些創意，創造新的菜色，反映出社會名流與菁英的飲食習慣。書中刻意表現繁複、花俏的菜色，也保留中世紀以來貴族傳統的片肉技巧及擺盤裝飾。不過，本書使用的計量並不精準，顯然其設定的讀者為專業人士。本書另外一個特色是，不再討論食物的醫療功能，但介紹了各種香精、洗髮水與粉撲等時尚相關的事物；文字上則相應的採用當時社會流行語法，放棄許多古典用詞。這本食譜流行了一段時間，但數十年後，歐洲出版的食譜又回到以平民階級為主要對象的路線，給予精準的計量，並且強調一些地方傳統菜色。

飲酒文化的改變

人類釀酒的歷史有數千年，但將釀造酒加工蒸餾成酒精濃度較高的蒸餾酒，一般稱為「燒酒」的技術，則僅有一千年左右。學界認為：阿拉伯化學家最先發展出蒸餾技術，製成醫療用酒精（aqua ardens，指「可燃燒的水」）。至於供作飲用的燒酒，則應當是在拜占庭帝國時期才出現，當時有酒廠將第一次蒸餾出的酒液再次蒸餾，酒精濃度更為提高。一三四七年，歐洲爆發俗稱「黑死病」的鼠疫，因為人們相信燒酒可以防治，使燒酒的生產和消費量漸增，人們也習於飲用。即便疫情平息，人們也並未放棄飲用燒酒的習慣，而逐漸成為日常飲料。然而，「燒酒」的酒精濃度較高也較易成癮，飲用過度會造成許多社會問題，故各地政府經常頒布各種有關燒酒的限制與禁令。

十三世紀出現最早有關燒酒的書面記載，是一位佛羅倫斯的醫生阿德羅替 (Taddeo Alderotti, c. 1215–1295) 撰寫的論文《生命之水的特性》(*De virtutibus aquae vitae*)，文中仔細說明蒸餾工序的細節。由於蒸餾過程需要人工與燃料，價格高昂，所以早期的燒酒售價甚高。十五世紀時，史特拉斯堡的醫生布隆實維克 (Hieronymus Brunschwig, 1450–1512) 留下許多燒酒的紀錄，於一五一二年輯成《蒸餾全書》(*Große Destillierbuch*) 出版，並附有各種圖片。

燒酒除了以葡萄酒為原料以外，也可以用蘋果、穀類等釀酒蒸餾。十六世紀以後，歐洲各地都出現地方性的「名產燒酒」，例如法國的阿馬涅克白蘭地 (Armagnac)，及產於法國的科涅克 (Cognac) 的干邑白蘭地。一五七五年，尼德蘭的波爾 (de Bouve) 家族也投入烈酒生產，使用杜松子調味，稱為琴酒(genever)；十八世紀以後，英格蘭也開始製造琴酒，稱為Gin。

一六八九年，英格蘭發生政爭，國會將嫁到尼德蘭的英格蘭教派信徒瑪莉公主(Mary II, 1662–1694)及其夫威廉三世迎回倫敦，兩人共同執政。威廉三世將杜松子酒引進英格蘭，大量製造，並給予免稅特權，同時提高法國酒類進口的關稅。這時，北美洲生產的穀物大量進口到英格蘭，價格下降，英格蘭商人便將品質較差、不適合釀造啤酒的穀類，賣到琴酒工廠作為生產琴酒的原料。當時並無法規限定酒廠生產琴酒的酒精濃度，所以各廠產品濃淡不一，但價格都相當便宜，使得琴酒與貧窮畫上等號。一六九五年到一七三五年間，英格蘭突然興起一陣「琴酒瘋潮」(Gin Craze)，街頭出現數千家琴酒店，成為窮人的重要飲料，上流社會則飲用啤酒。一七五一年，英國畫家賀加斯(William Hogarth, 1697–1764)的兩幅畫作《啤酒

《蒸餾全書》的書影

街》(*Beer Street*)及《琴酒巷》(*Gin Lane*)，顯示了當時英格蘭地區貧窮與酗酒的慘況。《琴酒巷》中充滿殺嬰、飢餓、瘋狂、自殺的景象，《啤酒街》的居民則表現出健康、快樂與自信。

為了改善琴酒造成的社會問題，英格蘭政府先是於一七三六年頒布〈一七三六年琴酒法〉(*The Gin Act*, 1736)，提高消費稅，結果導致街頭暴動，幾年後宣布放棄。一七九一年，再度制定〈琴酒法〉(*Gin Act*)，管制琴酒生產與品質，才改變了琴酒的社會形象。英格蘭上層社會也開始嘗試琴酒，使琴酒逐漸成為英格蘭的「國飲」。

十八世紀以後，除了英格蘭的「琴酒瘋」，歐洲各地也因為酒精價格下降，人民消費能力增加，出現酒精成癮問題，各地發生與英格蘭的「琴酒時疫」(Gin-Epidemie)極為類似的「燒酒瘟疫」(Branntweinpest)現象。例如德意志地區原本以穀物或水果釀酒，再蒸餾成燒酒；十八世紀以後，改以馬鈴薯為製造燒酒的原料，其售價低於啤酒或葡萄酒，頗受下層社會歡迎。天寒之時，飲燒酒不僅可以驅寒，還可以忘卻飢餓。然而燒酒的酒精濃度較高，醉酒或成癮的速度也快過啤酒或葡萄酒，工廠中因為飲酒而造成的公安事故也因此增加。

針對酒精造成的各種社會問題，歐洲各國早就推動各種方法，勸導人民減少酒精消

GIN LANE.
S. GRIPE PAWN-BROKER
GIN ROYAL
Gin cursed Fiend, with Fury fraught,
Makes human Race a Prey;
It enters by a deadly Draught,
And steals our Life away.
Virtue and Truth, driv'n to Despair,
It's Rage compells to fly,
But cherishes, with hellish Care,
Theft, Murder, Perjury.
Damn'd Cup! that on the Vitals preys,
That liquid Fire contains
Which Madness to the Heart conveys,
And rolls it thro' the Veins.

混亂不堪的《琴酒巷》

BEER STREET.
Beer, happy Produce of our Isle
Can sinewy Strength impart,
And wearied with Fatigue and Toil,
Can chear each manly Heart.
Labour and Art upheld by Thee
Successfully advance,
We quaff Thy balmy Juice with Glee
And Water leave to France.
Genius of Health, thy grateful Taste
Rivals the Cup of Jove,
And warms each English generous Breast
With Liberty and Love.

井然有序的《啤酒街》

耗。德意志地區早在十六世紀時就有團體宣傳節制飲酒，例如黑森的貴族莫里茲（Landgraf Moritz von Hessen, 1572–1632）於一六〇〇年組織「節制會」（Temperenzorden），規定會員：「兩年之內不得爛醉，一餐飯中最多飲用七杯酒。」當然，這種規定並非要成員放棄飲酒，只是要求其有所節制。但這類團體根本無法持久，一段時日之後便消散了。還有普魯士國王費里德利希一世（Friedrich I, 1657–1713）也在一七一一年下令禁止狂飲，教會亦加入節制飲酒的運動，在各個教派的努力之下，德意志地區的人均飲酒量逐漸下降。

除了德意志人以外，波蘭與俄羅斯人也以善飲聞名。波蘭的上層階級經常飲用葡萄酒及甜酒，農民則飲用啤酒或燒酒，而且常常一大早就喝燒酒。十八世紀時，俄羅斯的上層階級習慣飲用西班牙或法國進口的葡萄酒，酒精濃度高的烈酒則是下層社會的重要飲品。一七一四年，俄羅斯皇帝彼得（Peter the Great, 1672–1725）為了嚇阻過度飲酒，特製重達六公斤多的「酩酊勳章」（The medal for drunkenness）。當警察抓到醉漢，便將此鑄鐵製「勳章」栓在脖子上配戴一週，無法取下，若加上鐵鍊，則全部重量超過七公斤，以稍示警惕。

第九章　間關萬里，飲食交流：十九世紀前期的飲食文化

一八六七年六月，普魯士國王威廉一世（Wilhelm I, 1797–1888）與俄羅斯皇帝亞歷山大二世（Alexander II, 1818–1881）都在巴黎參觀世界博覽會。威廉一世下榻於「英格蘭咖啡館」（café Anglais），要求飯店舉辦一場盛宴，邀請亞歷山大及其子（皇儲，日後的亞歷山大三世 Alexander III, 1845–1894）與會，由於三人後來都是皇帝，好事者因此稱這餐飯為「三皇宴」（Dîner des trois empereurs）。威廉一世不計代價，只求此宴盡善盡美，宴席包含十六道菜，八種葡萄酒，一共吃了八個小時；每人餐費為四百法郎，換算為今日幣值大約是九千歐元。吃到夜裡一點時，亞歷山大抱怨沒有吃到鵝肝，主廚遂為之解釋法國傳統：六月時不適合食用鵝肝，此一說法為亞歷山大接受。當年十月，鵝肝上市後，英格蘭咖啡館還特別派人將鵝肝送到莫斯科及柏林，皆大歡喜。

十九世紀的歐洲經歷重大變化，法國爆發革命後，引起大英、奧地利、德意志與俄羅斯等國家干涉，造成長期動亂。法國境內許多貴族因為革命風潮，失去其原有的社會地位與財富，甚至被迫出亡。新興的社會階級出現，他們不僅繼承原有貴族階級的政治地位，也發展出新的文化內容與飲食習慣。法國革命之後，與飲食相關的最重要變化，便是新式餐館大量出現，完全改變舊有餐館的風貌與飲食內容，就連使用的餐具也不同於以往。

十九世紀也是一個移民的世紀，飢荒、政治運動、宗教問題等，促使愛爾蘭、法國及德意志等地區出現大規模人民外移現象，他們大部分離鄉背井前往新世界的美國。這些移民將既有的生活習慣帶到美國，使得美國的文化樣貌融合了歐洲各地的不同風情，飲食習慣也因移民的原鄉而有不同，大約在此同時，中國餐館也逐漸出現在東南亞各地，甚至進軍歐洲、北美。另一方面，帝國主義者向世界推進時，許多「殖民地」食物則反向進入歐洲，像是十九世紀初期出現在倫敦街頭的印度餐廳。

飲食場所的變遷

十七世紀之前家庭結構多為大家庭，三、四代人同居一處，提供飲食等不同的生活需求，社會功能完整，與現代人所熟悉的核心家庭制有甚大差別。人人在家中飲食，鮮少有外食需求，所以大部分地方並無餐館。當時因為朝聖、商業等週期性行旅活動，會發生移動人口集中一處的狀況，而出現就餐的需要；這時，在通衢大道上自然有人出售飲食，餐廳便逐漸出現，龐貝城便是一例。

龐貝位於義大利南部沙諾河 (Sarno) 畔，始建於西元前六〇〇年左右，自希臘時代便為重要商港，西元前八十年起，為羅馬控制。西元七十九年，龐貝附近的維蘇威火山 (Mount Vesuvius) 爆發，城市為火山灰掩埋，到十八世紀以後才漸漸出土。十九世紀起，當地政府開始大規模挖掘，今人才得以了解當時的各種社會樣貌。

研究顯示：西元一世紀時，龐貝是一個熱鬧的商港，全城面積僅七十公頃，卻住了兩萬人。當時城中居民多數為海員與商人，必須依賴外食。據統計，城內大大小小與飲食相關的場所高達一百六十多個，形成一條集中的飲食街，但餐廳提供的飲食水準不一。

大體而言，羅馬時期市面販售的外食多由鄉村自由人經營，他們廚藝有限，資金不足，僅能開設提供飲料的酒、或製作熟食的「熱食店」(thermopolia) 和攤販，以販售一些簡單的飲食，賺取微薄的利潤。此外，也有提供專門女性服務的極其豪華的餐廳，以及十分考究、雕梁畫棟的私人會所。該種餐廳的廚師多為奴隸出身，他們接受專業訓練而技術精湛，專為貴族與富人服務。

五世紀以後，羅馬將重心移往地中海地區，西歐與中歐地區形成封閉的莊園經濟體，道路缺乏維護，交通極為困難，造成商業減少、行旅有限，這些因素既導致食材缺乏，更使中歐的飲食文化呈現急速倒退的情況。偶有經商的行旅出現在餐館時，也是大家同坐一桌，店主僅能提供有限的食物，通常內容簡單且烹飪技術不佳，僅供果腹，毫無樂趣可言。

儘管如此，許多村莊及村民仍然有交通和社交的需求。村民往往會在特定地點會面、飲酒，小城鎮中也有固定的集市，人們可以將家中生產的農牧產品帶來，交換或購買重要的生活物資，如鹽、針線、

龐貝城內的熱食店

工藝品、藥品或是首飾與化妝品等。趕集之時，自然產生飲食需求，市集上便有商販提供。

中世紀前期，歐洲各地的領主與教會為了管理百姓，各自制定不同的規範，法令多如牛毛，牽涉餐飲業的法律規範包括屠宰、烘焙、釀造等。除此之外，各個職業行會也對會員有各種規範與約束，例如販售酒品者必須取得執照並繳稅；開設及經營餐廳必須先加入行會，行會為保障既得利益，更嚴格限制餐館的總量，不輕易同意新設；若欲開業，則首先要面對繁複的申請手續及繳交高額費用，並受行會法規限制，當然也要繳稅。因此城鎮中的餐飲業數量有限，缺乏競爭，也無須改善其服務品質。

十四世紀以後，人口與貨物流動增加，商務逐漸發達，許多地方已經有固定的交通路線，郵務車往往兼營貨運與客運。商人往來各地或個人需要旅行時，可以搭乘郵車，按照既定路線前進，在相當距離設有驛站，提供旅客住宿與飲食，並讓馬匹休息。至於旅館中的飲食並不精緻，且受到法規的限制，也僅能提供簡單的食物。在《坎特伯里故事集》和蒙田的《義大利遊記》中，對這類設施多有描述。

在交通要衝地區，常有熱食酒館（tavern）提供旅客休息、過夜及飲食。tavern 起源甚早，來自拉丁文的 taberna，意為「棚子」或「小屋」。但中世紀時，如欲同時經營酒店與客棧，必須申請兩種許可：要想經營酒館，必須根據各地的「酒店法」(Krugrecht)，先向當局申請販酒許可，獲得執照後才能營業，否則酒館不得提供住宿服務；經營客棧業務，也須申請。如果這類熱食酒館同時也獲得經營住宿的執照時，便成為營業內容較廣的「客棧」(inn)。英格蘭地區，客棧兼營酒館的情況較為普及，此時客棧的意義與功能便與酒館重疊，一般人也會到客棧中飲酒。

酒館是中世紀時提供歐洲各地男性飲酒的重心，具有傳播與社交功能，但提供的服務不一，規模也不同。自古以來，歐洲人因居住空間逼仄，

小特尼爾茲 (David Teniers the Younger, 1610–1690) 的《熱食酒館一景》(*Tavern Scene*, 1658) 描繪民眾在熱食酒館內飲酒作樂。

加上地處溫帶，入秋以後便不適合室外活動；夏日則日照時間長，但農事有限，所以男子往往在農活後前往固定酒館，與同儕一起活動。德意志地區的村莊中便有專門出售啤酒的小酒館，供村民喝酒、社交、打牌娛樂，稱為「村中酒館」(Dorfkrug)。

這類酒館並非私人會所，顧客均可上門消費，稱為「公眾會館」(public house)，簡稱pub。因中世紀以來的習慣，社區與酒館的聯繫非常清楚，酒館顧客相當固定。酒館除販售葡萄酒與啤酒等含酒精飲料外，也可能附帶販售簡單的食物，如熱湯與麵包。在學生較多的大學城中，這類酒館數量較多，但仍有總量管制。如果計畫經營餐館，也必須申請營業許可；如果計畫在餐館中販售酒品，則須依法另外申請販酒許可。

近代餐館的變化

中世紀時，歐洲飲食以日耳曼部落飲食方式為主，貴族食用燒烤肉品，平民則以麵包、麥糊果腹，相當簡單，並無太多烹調技法或是裝飾。到十七世紀，地中海地區的飲食內容與方式，尤其是拜占庭的宮廷飲食文化，經由義大利半島傳入西歐，改變歐洲的宮廷飲食文化。到十九世紀時，這種飲食文化才透過新興的餐館，向城居的市民階級傳播。

宮廷飲食與餐館

一六〇〇年，麥迪奇家族的瑪麗．麥迪奇嫁給法國國王亨利四世，婚禮在佛羅倫斯舉行，宴請四千名賓客，場面十分壯觀，也讓法國人見識到義大利飲食文化的發展。隨著兩方的婚姻結合，許多義大利貴族、藝術家與工匠也隨著瑪麗進入法國宮廷服務，將義大利文化傳入法國，並逐漸發展成路易十四時期影響全歐的法國文化。

十八世紀中，法國文化最極致的表現為其宮廷文化，語言、服裝、飲食與娛樂等都為歐洲各國宮廷刻意仿效。歐洲許多王室平日便使用法語，飲食亦率皆以法式菜餚為準，所有菜單都使用法文，就連廚師都要從法國聘請。

一七八九年法國大革命發生後，對法國的貴族社會造成極大的衝擊。一七九三年，雅各賓派 (Jacobins) 採取暴力手段統治法國，雖然為時不長，但造成嚴重的社會混亂，許多「革命的敵人」遭處決。據統計，全法國有一萬六千五百九十四人被革命法庭處死，五十萬人遭逮捕，另約有四萬人在沒有審判的情況下遭處死，光是巴黎一地就有兩千六百三十九人命喪斷頭臺，包括國王、王后及許多貴族名流如羅蘭夫人 (Madame Roland, 1754–1793)。法國政治結構經此變動，宮廷文化受到嚴重影響。

大革命後的巴黎餐館

法國大革命之前，巴黎的餐館不到一百家，一八〇〇年時，迅速增加到五、六百家。因為法國大革命時，許多貴族逃亡他鄉，原本服務於貴族宅邸的廚師因此失業，只能另謀出路。許多人選擇留在巴黎開設餐廳，服務當時留在巴黎的各地議會代表、新興的中間階級、富商等人用餐所需；餐館還可以提供各種小型會晤、大型會議的場地需求。當時巴黎經營餐館者多為主廚及其團隊，這些餐廳讓原本屬於貴族社會的飲食也可以走入新興的市民階級。

十九世紀初，巴黎的名廚卡雷姆(Marie-Antoine Carême, 1784–1833)及美食評論家薩瓦蘭(Jean Anthelme Brillat-Savarin, 1755–1826)等人身體力行，將原本十七世紀以後法國貴族社會發展出來的「高等菜系」(haute cuisine)：例如使用牛舌、魚子醬等貴重或非當季的食材，加上繁複的烹調手續，進餐時講

名廚卡雷姆

究環境與賓客間的互動，處處顯現出貴族品味與財富的飲食內容，逐漸轉變成「大菜系」(grande cuisine)：即將原本貴族家宴中的許多飲食概念移植到新的餐廳中，成為此後法式餐飲的主流。雖然兩種菜系的基本烹飪概念一致，然而走入民間的法式高等菜系就缺乏了一些優雅與豪華，但仍強調菜餚的色與味，也注重各道菜餚間的順序，讓飲食有完整的搭配，凸顯出食物的不同層次。

卡雷姆為當時美食評論家認定的法國高等菜餚奠基者，及近代餐館業的創始者之一。他在法國大革命期間遭父母遺棄，之後在一家廉價餐館任雜役，換取生活所需，後來前往巴黎貴族區附近的糕餅店當學徒。店主賞識卡雷姆的天分，讓他充分學習，他在學習期滿後自行開業。卡雷姆到一八一三年為止都是製作糕餅，及使用各種食材製作精美的蛋糕等，有金字塔、廟宇、古蹟等造型，頗受好評。他也結合許多食材與創新製法，例如使用蜂蜜、扁桃仁等，製作甜食，包括泰里蘭 (Talleyrand, 1754–1838) 與拿破崙等高官，都向他訂購蛋糕，一八〇四到一八一四年間，泰里蘭宴客時使用的甜點全由卡雷姆供應。但卡雷姆精益求精，又學習烹飪技巧，他甚至承辦了一八一〇年拿破崙與奧地利的瑪莉—路易莎 (Marie-Louise I, 1791–1847) 的婚宴。

拿破崙雖不重視飲食，但明白飲食文化與外交活動的緊密關係，他讓外交部長泰里蘭

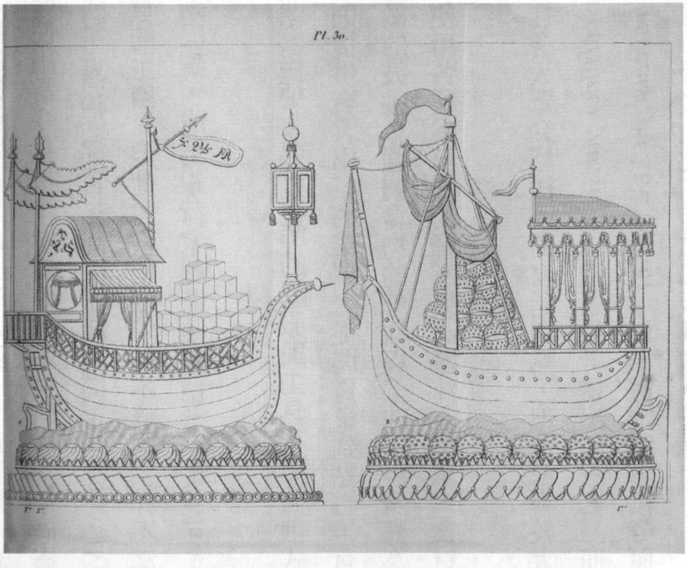

卡雷姆華美的蛋糕設計，出自其《巴黎皇家糕點師》(*Le pâtissier royal parisien*, 1841) 第二冊。

購置一座位於巴黎近郊的城堡，當作外交人員的集會場所。泰里蘭委託卡雷姆設計一套可以使用一年的菜單，菜色不可重複，只能使用當令食材，卡雷姆也不負所託。拿破崙下臺後，卡雷姆前往倫敦擔任大英當時的攝政王喬治（即日後的國王喬治四世 George IV, 1762–1830）的主廚；又到聖彼得堡出任俄皇的主廚。但他對當地環境甚不適應，亦不滿意俄國皇室的飲食預算，所以不久後就回到巴黎，成為銀行家羅斯柴爾德 (James Mayer Rothschild, 1792–1868) 的主廚。

卡雷姆對現代法國廚藝的影響相當全面，包括了設計廚師的制服與工具；參照俄式的宮廷飲食，調整法式擺盤的方式；飲宴時則提供賓客出菜的菜單，從開胃菜到點心，有條不紊，讓賓客了解用餐進度。他受到泰里蘭的鼓勵，強調食物的外觀與美味，視廚藝為藝術的整體表現，他最重要的烹飪概念是：使用各種香草、新鮮蔬果，醬汁宜簡單，食材不須太多；他也調製新口味醬汁設計新菜色。

一八一五年，卡雷姆出版一本書籍，向社會大眾介紹法國的宮廷甜點，但他影響較大的著作是一八二八年出版的《巴黎廚藝》(*Le cuisinier parisien*)，他還另計畫出版一套三冊的《十九世紀法國廚藝》(*L'Art de la cuisine francaise au XIX. siècle*)。但卡雷姆因為積勞與肺病，於一八三三年去世，無法完成這個計畫，最後由他的徒弟出版其中兩冊。

十九世紀中期以後的餐飲發展

十九世紀初，從「高等菜系」逐漸發展而來的「大菜系」特別強調簡單與方便，講究味覺優先，食物搭配醬汁，每道菜的搭配都必須「和諧」。十九世紀中期起，當各地的餐館如雨後春筍般開張，又發展成「市民階級的大菜系」，成為十九世紀以來歐洲餐飲的主流。在此同時，歐洲許多向公眾開放的設施，如車站、餐廳、百貨公司等，在建築及裝潢中應用了所謂的「新藝術」(Art Nouveau)。新藝術反對深重的藝術傳統及美學批判，其概念為結合美學和應用藝術，求能雅俗共賞，它的影響藉著工業化、城市化及科技發展快速傳播，餐廳於此是一個重要的節點，是風格展現的成果又是風格傳播的起點，彰顯大眾文化及大眾社會的到來。

城鎮中的工人階級也有飲食的需求。一八五五年，巴黎一位肉商燉煮肉湯，提供市場中的攤商簡單的熱食，稱為「湯鍋」(bouillon)，物美價廉，方便迅速，生意相當興隆，許多人紛紛仿效。一九〇〇年時，光是巴黎一地就出現了兩百五十家類似的湯鍋，提供各種快速、簡單且便宜的餐飲。歐洲各地也都可以看到這種經營模式，有些店主還提供閱讀區

新藝術運動的設計取材自大自然元素，以活潑的曲線著稱。上圖為比利時布魯塞爾老城區具新藝術風格的餐廳，下圖則是十九世紀末應用此風格的杯具組。

及其他設備，不再只是「快餐店」。

法國廚藝走向歐洲

十八世紀以後，法國文化為歐洲的強勢文化，各國的政治制度、文化風尚，莫不以之為圭臬。一八一五年，解決拿破崙戰後秩序的維也納和會上，法國外交部長泰里蘭也一直以法式美食與各國外交人員交流，將法式美食推廣到歐洲的上層社會。即便是與法國敵對的國家，如普魯士，在文化上亦以法國為依歸。

威廉一世的御廚杜布瓦 (Urbain Dubois, 1818–1901) 出生於普羅旺斯的特雷 (Trets)，從小在家族經營的飯館中做學徒。一八四〇年，他決定前往巴黎，進入大飯館學習。五年之後，杜布瓦眼見巴黎人才輩出、不易出頭，乃轉往歐洲其他國家，另謀機會。他先在俄國貴族歐羅夫親王 (Prince Alexey Orlov, 1787–1862) 府邸擔任主廚，由於這位親王喜好法式飲食，杜布瓦乃調整法式菜餚成適合俄國宮廷的口味，比如他發展一道以其雇主之名為名的「歐羅夫小牛肉」(Veal Prince Alexey Orlov)，作法相當繁複、耗時：小牛肉燉煮後，切薄片，每片間夾以蘑菇泥與洋蔥醬，再淋上乳酪醬汁，回爐烘烤即成。這道菜頗得歐羅夫親王之心，每每點之，雖有個俄國名字，卻是道地的法國菜。

俄國宮廷的最愛——歐羅夫小牛肉

材料：

- 馬鈴薯 -------- 8 顆
- 小牛肉 -------- 500 公克
- 洋蔥 ---------- 4 顆
- 蘑菇 ---------- 300 公克
- 起司 ---------- 300 公克
- 大蒜蛋黃醬 --- 適量
- A ｛鹽 ------------ 適量
- A ｛胡椒 ---------- 適量
- 橄欖油 -------- 適量

作法：

1 烤箱預熱至 200 度，馬鈴薯洗淨去皮

2 馬鈴薯和小牛肉切薄片、洋蔥切絲、蘑菇切丁

3 將橄欖油均勻抹在長方形深烤盤中，鋪上馬鈴薯後，撒上 A

4 撒上一半的洋蔥絲，再淋上大蒜蛋黃醬

5 鋪上小牛肉片，再撒上 A

6 鋪上混合後的洋蔥絲和蘑菇丁，再淋上大蒜蛋黃醬

7 送入烤箱烤約 45 分鐘後取出，均勻撒上起司

8 再置回烤箱烤至起司呈金黃色，即可上桌

註：正統的歐羅夫小牛肉作法繁複，此食譜為精簡後的家常版。

一八六〇年，杜布瓦轉往柏林，服務於攝政王威廉的官邸。同年威廉即位為王後，杜布瓦升格為御廚。一八七〇年，德法交戰，杜布瓦處境尷尬，便卸職回家，俟德、法兩國訂立和約後，才重回柏林。此時，新帝國定都柏林，他更成了帝國御廚。杜布瓦希望將其畢生所知記錄留存，因此力邀另一位法國名廚貢納德 (Émile Bernard, 1826–1897) 前來柏林共事，自己才能專心整理舊作，將之擴充為兩大冊的《藝術烹調》(*Cuisine artistique, étude de l'école modern*)、《兩百道市民食譜》(*Cuisine Bourgeoise 200 menus*)，書中不僅說明如何烹調菜餚，還指導餐桌布置、餐具擺設，成為法國飲食的重要經典。杜布瓦在柏林停留到一八八〇年才返回故土。

一八九〇年代，普魯士宮廷仍保存兩百多年來的傳統，以法國菜為主，威廉二世 (Wilhelm II, 1859–1941) 於一八八八年六月繼位為普魯士國王兼德意志皇帝，保持他祖父長久以來建立的飲食習慣，宮廷中提供的菜色皆為法式。他在位期間的菜單多保存於檔案館中，讓我們可以清楚了解當時的宮廷飲食內容。以一九〇〇年一月二十七日，威廉二世在二十世紀的第一個生日宴會為例：菜點包括頭道烏龜清湯 (Consommé Tortue)，兩道主菜分別是鱒魚佐義大利醬汁 (Truites de Gatchina Italienne sur Ravigotte) 與南特式烤雉雞與嫩鴨 (Faisane et Canetons de Nante rotis)，另有前菜馬鈴薯餅雞塊、蔬菜餅與生菜沙拉盤；

甜點包括布丁與慕斯(mousse)。

擺盤與上菜

歐洲宮廷飲食中，宴會時的菜餚大體上可以分成三個部分：第一組為開胃菜，包括湯品、冷盤與前菜。第二組為主菜，包括煎炒熱菜、蔬菜及甜品。當時的甜品並非今日大家熟知的甜點，反與「主食」的概念接近，多為麵粉製成的糕點、麵包或是煎餅，以水果、蜂蜜等調味，分冷、熱兩種；有些甜品也可作為飯後甜點。第三組則為飯後甜點與餐後飲料。

中古以來至十八世紀以前，歐洲各國對宴會時如何上菜、如何擺放餐具，

威廉二世每年的生日宴都會設計精美的菜單，圖為一八九八年的菜單。

採取不同作法 (Service)，有「法式擺盤秩序」(Service à la française) 與「俄式擺盤秩序」(Service à la russe) 兩個重要的派別。

西歐地區的貴族舉行宴會時，服務人員往往將各色菜餚同時陳列於桌上，看來豐盛異常，主人與賓客則各自取用喜好的食物。這種菜餚上餐桌後再由賓客自行取用的方式，稱為「法式擺盤秩序」，不僅節省人力與時間，主客的位置也可以近些，便於交談。

「俄式擺盤秩序」則需要大量人力與專業訓練，俄羅斯貴族進餐時，由服務人員將一道道菜餚依序提供到主人及每位賓客面前，並確保每道菜餚都同時呈現在每位用餐者面前。一道菜餚結束之後，才奉上下一道菜，避免所有食物同時上桌後降溫，影響食物風味，也可以讓賓主同時用餐，無需等待。

「俄式擺盤秩序」的另一個優點是讓烹飪者可以計畫烹飪順序，以因應各式菜餚在製作工序上難易不同的需求，歐洲許多餐廳至今仍標榜「俄式擺盤秩序」的上菜方式。在許多講究品質的法國餐廳中，如果只提供小規模的飲宴，不需要同時為數百名賓客服務時，會採用「俄式擺盤秩序」。英格蘭地區的高級餐廳也採取這樣的服務方式，但稱為「英式擺盤秩序」。

十九世紀時，許多餐館延續中世紀以來的作法，每天僅提供固定菜餚，每位食客的餐費也固定，尚沒有「點餐」制度。十九世紀末，曾任職倫敦麗池酒店 (Hotel Ritz) 的法國名師艾斯柯飛 (Georges Auguste Escoffier, 1846–1935) 為適應城居中間階級的需求，他將卡雷姆的各種飲食概念稍加簡化，將醬汁限定在五種基本款式，也改變廚房的工作氣氛，將原本喧囂的工作場所改變成一個乾淨、安靜且遵守秩序的環境。他還出版了一本《廚藝指南》(*Le Guide Culinaire*, 1903)，至今仍有參考價值。

艾斯柯飛將傳承自卡雷姆的烹飪概念帶到大英，再輾轉傳播到北美洲。至今這種法式的餐館規則，包括廚房內廚師的組織，仍通行於世界各地。其他歐洲國家與北美洲等國家的餐廳引入巴黎新制度後，除非舉辦大型宴會，否則多以一桌為單位，人數較少，服務通常更為個人化。而用餐者可以參考菜單、隨自己喜好點餐，進餐的時間也較有彈性；不像宴會時菜餚固定，並無選擇。

大英、歐陸或北美各國的餐飲服務中還有另一項重要特徵：餐館並非獨立經營，而是附屬於旅館；在知名的大型旅館中，才有供應「大菜系」的餐館。十九世紀以後，歐洲許多地區因為工業發達，城市經濟頗為繁榮，餐廳也如雨後春筍般四處出現，許多知名廚師往往以精緻的宮廷料理為號召，吸引客源；直到二十世紀以後，高級餐廳才開始獨立於旅館之外。

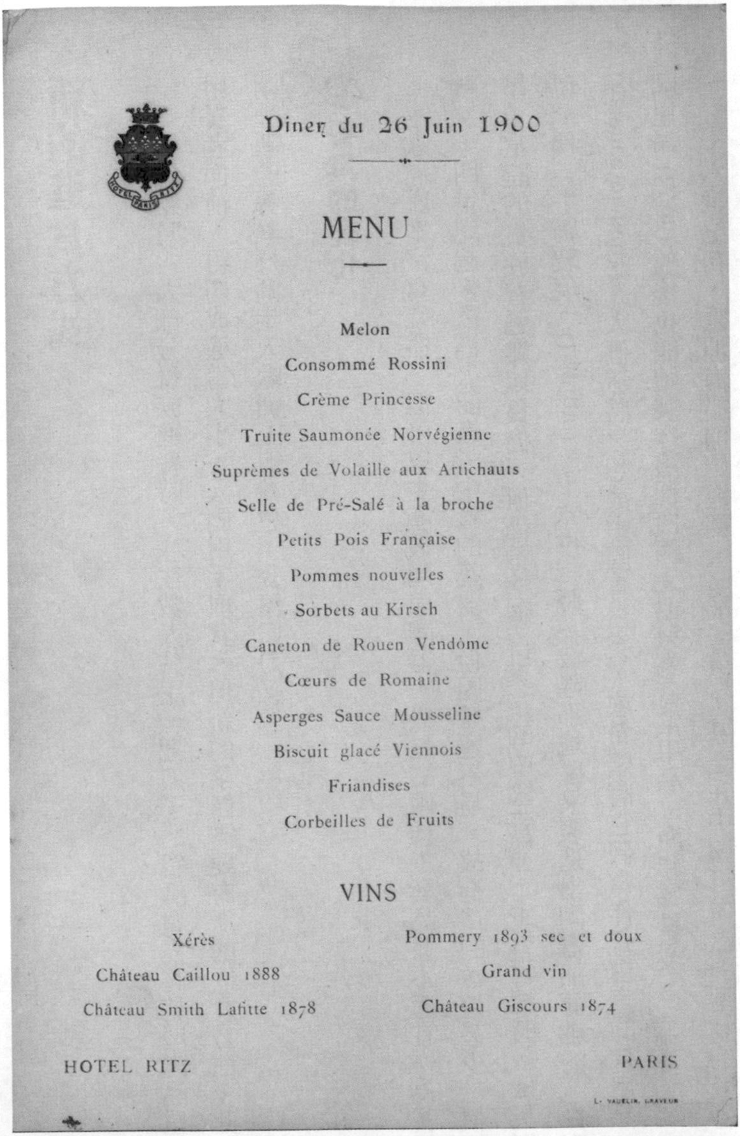

Diner du 26 Juin 1900

MENU

Melon
Consommé Rossini
Crème Princesse
Truite Saumonée Norvégienne
Suprèmes de Volaille aux Artichauts
Selle de Pré-Salé à la broche
Petits Pois Française
Pommes nouvelles
Sorbets au Kirsch
Caneton de Rouen Vendôme
Cœurs de Romaine
Asperges Sauce Mousseline
Biscuit glacé Viennois
Friandises
Corbeilles de Fruits

VINS

Xérès
Château Caillou 1888
Château Smith Lafitte 1878
Pommery 1893 sec et doux
Grand vin
Château Giscours 1874

HOTEL RITZ PARIS

L. VAUELIN, GRAVEUR

巴黎麗池酒店一九〇〇年六月二十六日的菜單，當日有鮭魚、洋薊雞柳、法式青豆、烤馬鈴薯、盧昂鴨、櫻桃白蘭地雪寶、水果拼盤等餐點供饗客選擇。

新的進食方式

中世紀時，大部分貴族進餐時，往往數人共用一把刀子，廚師會先將整塊肉品呈現在用餐者面前，再切成適當大小，人們用手取食。但新的菜餚需要有新的飲食方法，此時有兩種新的餐具逐漸走入歐洲上流社會：瓷盤與刀叉。

餐具的變化

歐洲原本沒有瓷器，但可以生產玻璃與陶器，只是這兩種工藝品並不適宜作為餐盤材料。十四世紀起，歐洲人認識了中國的瓷器，但因搬運不易，故進口的數量甚少、價格高昂，當時的貴族普遍難以負擔，但仍希望獲得真正的中國瓷器。十五世紀時，威尼斯出現一種「牛奶玻璃」(Lattimo)，十六世紀時，波隆那地區又製造出陶器加薄釉的「白陶」(Faience blanche)，人們皆將之想成中國青白瓷，或希望將它們當作青白瓷的代用品。法國里昂 (Lyon) 隨後也開始製作這種白陶，但只為日常用品，而非餐具。

十六世紀初，歐洲海船開始運回大量的瓷器，甚至在中國訂做歐洲型制的瓷器，例如歐式酒壺、酒杯、帶有家徽的杯盤器皿等。此外，許多歐洲人仍不斷研究、仿製中國瓷器，而法國派出的工業間諜殷弘緒在中國取得製作瓷器的技術，更找到其原料高嶺土。德意志地區則是另闢蹊徑，率先燒出第一批不同於中國瓷器的歐洲瓷器。一七一〇年，歐洲「白瓷」開始生產。一七四〇年以後，法國賽夫和廠 (Sèvres Manufactory) 及英國的威基伍德 (Wedgewood) 工廠也都能生產瓷器，技術亦越來越純熟。

歐洲人可以自行生產瓷器後，瓷器的售價下降，開始有貴族嘗試將瓷器作為餐盤，搭配刀叉，感覺甚為良好，從此餐盤與刀叉成為上流社會的標準餐具。

近代以前，只有特定的社會階級能食用整塊燒烤的肉品，一般平民能見到的整塊肉品大約限於雞肉或禽鳥，現代人熟悉的豬排或牛排尚未出現。廚房使用鐵製刀叉進行日常烹飪，但出現在餐桌上未免粗糙。一般貴族負擔得起價格不菲的合金如白鑞或銀器餐具，但必須經常保養、以防氧化。一般平民家庭食用這類食材時，則直接以手取食，自然沒有使用刀叉餐具的需求。

十八世紀後半葉賽夫和廠出產的糖罐

直到十八世紀以後，烹飪文化交流，菜餚烹飪方法改變，不僅菜餚逐漸多樣，人們也喜用大量醬汁。許多人不喜歡食物變涼，或者事先切割導致食物流失汁液，所以在進食當下才切割。例如將肉片捲上乳酪與蔬菜製成的「菜捲」(roulade) 便須用刀稍微切割，才能入口。顯然菜餚的變化與刀叉的發展有直接的關係，當人們將菜捲放在瓷盤上時，呈現出最新的飲食概念與方法，宣告了餐桌禮儀即將發生變化。

刀叉等餐具的原料非常多元，木材、獸骨、獸角、鋅或錫等皆可，但最重要的材質應屬鋼鐵與銀。十八世紀以前，銀器應是貴族階級最重要的餐具材質，可以耐酸、抗菌，只是遇到含硫化物的食材如蛋、魚等時，會產生黑色的硫化銀。所以食魚時的餐具通常必須鍍

菜捲

金，食用蛋類或魚子醬時，多使用動物角質餐具。十九世紀以前，銀質餐具多為銀匠手工打造，十九世紀以後才有工業化大量生產。

但十九世紀時，銀價居高不下，市場對餐具的需求又逐漸增加，因此發展出各種新的合金以製作餐具。例如一八二四年時普魯士出現一種名為「新銀器」(Neusilber) 的餐具，是銅、鋅與鎳的合金，實際上完全不含銀。法國則出現一種鋅與銻的合金，也有類似銀的效果。不過，這些金屬材質的餐具外表往往還會再鍍銀，以保持傳統餐具的外觀，加上售價便宜許多，一般人大多使用這類餐具，銀質餐具遂逐漸消失。一八五〇年以後，德意志生產工會規定，鍍銀餐具中的含銀比重必須明確標示，以十二把湯匙的含銀總量為準，通常為九十公克，也有四十、六十或一百公克者。

著名的克魯伯工業集團原本以煉鐵製鋼為業。一八四三年，集團尚未成形之前，企業主克魯伯 (Alfred Krupp, 1812–1887) 在奧地利與薛樂 (Wilhelm Alexander Ritter von Schoeller, 1805–1886) 投資成立博恩朵夫金屬製造廠 (Berndorfer Metallwarenfabrik)，生產刀叉等各色合金餐具。合金餐具相較於貴金屬餐具價格較為便宜，但餐叉在當時飲食習慣中尚未普及，導致博恩朵夫金屬製造廠慘淡的銷售業績與赤字，終使克魯伯公司放棄餐具生產業，轉與普魯士軍方合作生產重型軍火。

十九世紀中期以後，隨著煉鐵與合金技術進步，刀叉造價更為便宜。二十世紀以後，畜牧業隨農產技術改良而快速發展，拉丁美洲的肉品因為冷凍技術發展，易於長途運輸到各地，並以低廉的價格出售，使世界肉類消耗量大為提高。飲食內容的改變增加對刀叉的需求，因為原本的木質餐具無法切割肉類食材，金屬製的餐刀與叉子逐漸盛行，生產餐具的工廠也逐漸出現。城居的中間階級乃率先購置金屬材質的餐具，並將使用餐具的優點與方便往下層階級傳播，可見刀叉使用的普及仍經過了相當長的一段時間。

餐桌禮節的發展

歐洲人使用餐盤與餐具進餐相當晚，這些與其自中世紀初以來的飲食習慣有明顯不同，所以產生了許多問題，像是：如何使用刀叉取食？有哪些注意事項與禮節？十九世紀以來，歐洲各國的禮儀專家與餐飲業者努力塑造出標準規範。

餐桌禮節一直是歐洲社會主流價值中表現個人教養的重要環節。從文藝復興時期起，有關飲食規矩和餐桌禮節的訓導就是正式教育的內容，但因為當時的餐具使用及飲食方式仍在發展之中，故餐桌禮節的內容尚不具體；到十八世紀以後，用餐相關的禮節定義變得越來越精準，也越來越受重視。例如十八世紀的德意志貴族克尼格（Adolph Knigge,

1752–1796)，他服務於貴族與宮廷，對於上流社會的交際甚有心得。一七八八年，他出版了一本《論人際關係》(*Über den Umgang mit Menschen*)，教導讀者如何在人際交往中應對進退、如何自處以及如何跟不同脾性的人群溝通，本書至今仍是德意志地區有關飲食、服裝與餐桌禮節的重要指南。

一九五六年，一位德國外交官出版《禮儀之書》(*Buch der Etikette*)，深入介紹許多禮儀規範，其中包含如何穿著、如何如廁等細節，引發許多有關禮儀 (Etikette) 的討論。這說明禮節具有「個人」與「主觀」的特性，所謂的規範也未必有約束能力。如使用刀叉的方式，歐洲大陸與大英就有不同，與北美洲差異更大。

歐洲地區從十九世紀以後普遍使用刀叉等餐具，在不同地區形成自己的內部規範，例如刀叉的握法或是餐前的擺放，食用排餐時，是否先切成塊，或邊吃邊切等，都各自表述。歐洲貴族對於餐具的擺放方式，規定亦多，平民階級未必熟悉，即便經過適當學習，也未必能夠遵守，如何使用餐巾便是一例。一般家庭並不使用餐巾，頂多以餐巾紙代替，但許多較為講究的餐廳，都使用餐巾。平常飲食時，在坐定之後便可以將餐巾展開，置於腿上，但遇有正式宴會時，則應當等待女主人坐定，打開餐巾，並置於腿上時，其餘賓客才開始展布餐巾。進餐中途如需離席，應將餐巾置於椅子上，用餐完畢後，才將餐巾摺好，放回座位的左側。

叉子的功能為固定塊狀或片狀食物，便於切割及取食。大體而言，歐洲人均以左手持叉，叉尖及弧面朝下，右手持刀，食指壓住刀背，便於施力；慣用左手者亦同，以免餐桌上發生碰撞。美洲人執叉方式類似拿鉛筆一般，叉尖與弧面朝上。他們往往將塊狀或片狀的食物先切割成小塊，再放下刀子，改用右手持叉取食。刀叉不宜高舉，以離盤面五公分以內為度。刀叉暫不使用時，應放在盤子左右兩側；若進餐時不需要使用餐刀，可以留置於桌面。用餐畢後，刀叉同放在右側四點鐘位置，刀刃面朝內。

一般擺放餐具遵循刀在右側、叉在左側，湯匙在上方，如有生菜或多道主菜時，刀叉可能不只一付，因此應當注意「由外而內」(outside-in)的使用原則。通常進食的順序是湯、生菜、主菜而後點心及飲料。進餐中，將已經用畢的餐具留在餐盤餐碗中，不要放回桌面。水杯或飲料杯應當置於右側、餐刀的上方，用右手取用；麵包碟則在左側。

就坐時，賓客應當聽從主人的導引，正式宴會中主人往往事先安排座次、席上設有桌牌，指示每位賓客的位置；賓客則應當聽從主人的引導，以利就坐。西餐的主位與中餐概念相近，主客坐在面朝出口處，主人坐在主客的左手邊，其他人則根據身分，依次入座。

上菜通常由左側進行，在正式餐會當中，應當等到每一位的食物都上菜完畢，主人示意之後，才可開始進食；較不正式的家庭宴會場合中，主人可將食物盤交給客人，依次傳遞；客人則依喜好自行取用。喝湯時，應當注意的禮節包括不可發出聲音，使用湯匙時，湯匙應當向外水平滑出，手肘盡量靠近自身，以免妨礙他人。湯品將盡時，應當在靠近身體的一側將盤子稍稍舉起，集中湯汁，便於取用。

用餐完畢後，正式場合中有服務人員收取餐具，一般家庭宴會中客人也可協助主人善後。餐畢，女主人可以示意男主人，並將餐巾放在餐桌上，起立邀請客人前往其他房間享用咖啡、飯後酒或甜點。賓客告別時，應當迅速且誠懇道謝，避免冗長的告辭程序。

法國畫家葛倫 (Jules-Alexandre Grün, 1868–1938) 的《晚宴尾聲》(*The End of Dinner*, 1913)，勾勒家庭晚宴接近尾聲，賓客相談甚歡。

歐洲飲食文化向北美傳播

十七世紀以後，許多歐洲人向外移民，除了一些殖民者前往拉丁美洲與亞洲之外，更有許多農民因為宗教或經濟因素，往「新大陸」遷徙。這些歐洲移民多源自英格蘭與尼德蘭兩地，這些人往往群體遷移到今日美國的東北部地區；此後一百多年間，蘇格蘭、愛爾蘭與威爾斯的移民也陸續抵達「新英格蘭」區 (New England)。

十七世紀到十八世紀間，許多德國西南部和瑞士地區的移民抵達今日的賓夕法尼亞州 (Pennsylvania)。他們絕大多屬於抗議教派，生活簡單樸素，因為宗教因素，更傾向建立自己的社區，不與其他教派混居。一直到二十世紀中期以前，當地的德意志移民並未向外聯姻，一直保持其原有的文化與血統及飲食習慣。

十九世紀中期，歐洲許多地區移民抵達美國中西部 (Midwest)，尤其是南北戰爭時期 (American Civil War, 1861–1865)，許多歐洲移民遷居北美洲的內陸地區，德意志移民多遷往俄亥俄州 (Ohio)、威斯康辛州 (Wisconsin)、伊利諾州 (Illinois) 及密蘇里州 (Missouri) 東部，北歐移民則集中在威斯康辛州、明尼蘇達州 (Minnesota) 及愛荷華州 (Iowa) 北部，這些人多以務農為生。一八九〇年以後，另一波的歐洲移民從南歐、中歐及東歐移入美國，包括義大利、希臘、匈牙利、葡萄牙、西班牙、羅馬尼亞、烏克蘭及波蘭人。另有一批移民來自中南美洲，主要集中在德州 (Texas)、加州 (California)、紐約 (New York) 與佛羅里達 (Florida) 等地。羅馬天主教徒和猶太人則喜歡遷居到城市之中，經營各種行業。

這些移民或建立村落帶入原鄉的生活方式，或在新的居留地過著與原鄉差不多的生活。這些來自歐洲不同區域的人們，也將各地的飲食文化帶入新大陸，在美國各地販售源自歐洲不同地區的飲食。例如來自斯堪地那維亞的傳統食物「鹼漬魚」

鹼漬魚灑上培根丁，可搭配豆泥和馬鈴薯食用。

(lutefisk)，是風乾鱈魚浸泡於草木灰溶液後，形成的一種膠狀食物，氣味強烈刺鼻，美國明尼蘇達州的北歐移民至今仍繼續食用。德式香腸隨著德意志移民、披薩與番茄肉醬麵則隨著義大利移民，約在同時進入美國，成為美國最普遍的食物之一。猶太人販售的貝果也有明確的族群標記。因此，這些各自具有不同飲食傳統的人們在陌生環境中要滿足口腹之慾，並無困難。

城市中的食物則有些區別，城市人的主食為麵包、乳製品及各種罐頭食品，就連番茄、豆類等蔬菜也製成罐頭。二十世紀以後也有許多提供現成食品的小型「廚房」(kitchenette)，另有些「美食店」(delicatessen's)，提供從德國進口的食物如香腸、火腿、起司、燻魚等。從德意志地區移入的猶太社區中則有各種以牛肉為主的食物，如燉煮牛肉(corned beef) 及醃燻牛肉 (pastrami) 等。

熱狗

美洲地區稱源自德意志的香腸為「熱狗」(hotdog)。在德國原鄉，香腸一直是夾入麵包同食，可以當作速食的正餐。街頭則販售夾入香腸的小麵包，佐以煎炒過的碎洋蔥。二十世紀初期德式香腸漸漸在美國普及，成為一項重要的速食，並改名成為「熱狗」，但這個名稱的來源因年深月遠，無法明確考證。

自古以來，許多屠戶會將屠體中用途不大的下料與腳料絞碎、磨漿，加入調味香料，灌入洗淨的腸子中，煮熟後，即成香腸。這又與其他用絞肉或肉塊調味製成的醃香腸不同，醃香腸可以久放，肉漿腸煮熟後，無法久藏，必須立刻食用。這類肉漿腸的尺寸不一、味道各異，肉鋪中陳列販售，供夾麵包之用。許多不同尺寸與風味的香腸往往以地名稱之，如法蘭克福 (Frankfurter)、維也納 (Wiener)、里昂 (Lyoner) 或是克拉考 (Krakauer) 等，若要追溯起源，恐怕都是徒勞。

德意志移民甚早就將原本在德國食用的香腸帶進美國，直到十九世紀中，才有德國移民在紐約布魯克林區的康尼島 (Coney Island) 街頭擺攤販售「法蘭克福香腸」。攤位稍後擴張成店面，兼營啤酒、飲料與餐點，生意頗佳。德式香腸

一九三六年紐約曼哈頓街頭的熱狗攤，餐車車身和雨傘上寫有「法蘭克福香腸和冰檸檬汁」。

漸漸為人所熟悉。

派餅

派餅出現甚早，歐洲各地皆有，英格蘭地區的烹飪中也有各種派餅（pies），是其飲食特色。派餅是一種速食食品，將麵粉糰揉後擀成派皮，再加上各種餡料烘焙而成，大小不一，食用上冷熱皆可，作正餐或點心都很適合。英格蘭派餅亦隨著移民進入美國，鹹味的派餅餡有肉醬、蛋、起司或蔬菜等，以肉餡為主。各種甜味派餅的出現，則可溯及大英控制了加勒比海地區的蔗糖生產後，蔗糖得以便宜的輸入北美。甜派餅餡有果醬、漿果、堅果、甜味蔬菜（如南瓜）或是直接放入紅糖，其中

蘋果派是北美常見的甜派

漿果餡的派餅餡料通常依季節而定，春天時採用大黃、草莓，夏季有桃、櫻桃、覆盆子、葡萄等，秋季則以蘋果為主。

早期移民喜歡烘焙派餅有兩個主要原因：據說當初英格蘭移民抵達美國時，所攜帶的麵粉有限，又無法立即取得收成，而派餅需要的麵粉量較少，可以節省糧食，所以移民一直以派餅為主食。尤其是蘋果派使用隨處可得的蘋果，多加蘋果，便可以將同樣總量的麵粉供給較多人食用；若獵得飛禽與野味，則一概剁碎調味，製成肉派。此外，烘焙派餅的爐子較容易搭建，所需的溫度遠比烘焙麵包為低，不容易失敗。所以蘋果派之類的食物，已經成了美國人的飲食標記。一七〇〇年，在美國問世的食譜中就表列了許多派餅。

貝果

貝果的來源說法不一，有人以為這是波蘭猶太族群使用的意第緒語，這種麵餅原為婦女生產後親友致贈的賀禮。十七世紀以後，這種食物在波蘭相當常見，成為許多斯拉夫族群的主食。貝果這個名詞源自德語 Beugel，意為「圓圈」或「環」，因為製作貝果時，須在醒麵之後將麵糰製成環狀，然後置入水中煮過，再放入爐中烘焙，可以蘸上芝麻、罌粟籽，滋味芳香，且因為麵糰中間有洞，受熱較易且均勻，能產生焦香效果。但這種麵餅的製作方式在世界各地都有，例如土耳其的「芝麻圈」(simit, sesame ring)，俄國與烏克蘭的「布卜力克」麵包 (bublik) 及中國的「光餅」，故未必為猶太人的發明。

倒是來自東歐的猶太族群抵達美國以後，多聚居於大城市中，一方面必須謀生，也須滿足猶太族群對於潔食的需求，所以有猶太商人開始製作貝果販售，加上東歐移民對這種食物並不陌生，需求量甚大，生意不惡，以後也發展出各種口味。貝果在紐約等城市中生根，甚至進入連鎖速食系統，成為早餐重要食材，除了搭配果醬之外，貝果還能加上燻魚、各種起司及醬料。

搭配煙燻鮭魚、酪梨、洋蔥和菠菜的貝果

大英菜餚的混種

反過來說，當然也有殖民地飲食影響殖民國家的例子。大英王國統治印度時期，駐紮當地的大英官員也嘗試印度菜餚，並將印度菜的重要元素如調味、醬汁等融入其日常飲食，逐漸形成英—印菜（Anglo-Indian cuisine），例如一七九〇年前後出現的「印度燉飯」(kedgeree) 及一七九一年出現的「咖哩肉湯」(mulligatawny soup)。

原本印度菜餚中會將米飯與豆類一起燉煮，統稱為「燉飯」(khichari)，各有風味。印度燉飯使用鱈魚塊、米飯、西洋芹、白煮蛋一起燉煮，再以咖哩、鮮奶油或奶油調味，有時也加上一些葡萄乾，食用時冷熱皆宜。這種加了魚塊的食譜，特別受到大英官員的鍾愛，並將之傳入大英。維多利亞女王 (Queen Victoria, 1819–1901) 時期，許多人將這道燉飯當作早餐；一七九〇年起，也被記載在大英出版的食譜中。

咖哩肉湯原本為印度南方的菜餚，十八世紀末起開始在大英流行，也出現在大英的食譜中。但當時各種食譜的作法不一，並無標準；後來甚至改變原本印度的素食形式，加入了肉品。其他在大英流行的印度菜還有酸辣醬、醃牛舌、炸魚、咖哩丸子等。

酸辣醬 (chutney) 是印度烹調系統中的重要元素，內容變化甚多，無論番茄、花生、

印度燉飯（上）和印度肉湯（下）皆為相當受歡迎的英—印菜餚

酸奶、小黃瓜等均可調製成醬汁，往往加上薄荷葉，作為沾料食用。酸辣醬料對大英影響甚大，大英菜色中便出現各種新的酸甜醬汁，搭配各種菜色或配料食用。另一道「肉粥」(pish pash)是在米粥中加上肉末，出現於十九世紀中期，經常給嬰幼童食用。一八〇九年，倫敦出現了第一個印度餐館「印度斯坦咖啡館」(Hindoostanee Coffee House)，販售的每一道菜都使用米、辣椒與咖哩粉，也有阿拉伯風味的調料，咖啡館中甚至還有一個專供客人吸水煙的空間。

至於中式食物，要等到二十世紀以後，因為大量中國移民進入美洲與歐洲，開設餐館，才將中式食物介紹到這些地方，就連中式餐具——筷子也漸為歐美人士所熟悉。

第十章　九鼎八簋，簞食一瓢：

二十世紀以後的新發展

一八九七年，一位美國牙醫師嘗試把砂糖融化後從細孔中高速甩出，形成細絲。幾經實驗，這些細糖絲可先染色，繞在籤子上，成為彩色大糖球。一九〇四年，這種糖絲球首次在聖路易斯市舉行的世界博覽會中公開販售，稱為「仙女絲」(Fairy floss)，售價二十五美分，差不多是紐約中國餐館一份炒飯的價格，但廣受歡迎。一九二〇年以後，仙女絲改稱棉花糖(Cotton candy)，至今依然風行世界各地。棉花糖的原材料只有少許砂糖加上色素，但加熱後完全改變其外觀，成為一種新食品，這大概是較早的「分子食物」。

一九三〇年代，歐洲經濟不景氣，許多人離鄉背井移往美、加地區，這些移民也促成了飲食文化的大規模流動。第二次世界大戰之後，因為戰亂，經濟破敗，各地出現許多移民風潮，從文化角度看，國際化的趨勢已經不可逆轉，飲食文化也正加速混合、融合與重新組合。

一九六〇年代起，城市化的速度因為戰後的經濟復甦而加快，許多國家的城居人口比例已經超過80%。這樣的社會發展，引發一連串與飲食有關的問題，諸如糧食供應鏈必須延伸，以滿足不同社會階層、城居人口擴大後的外食需求，及供應不同宗教信仰與飲食習慣需求。

冷凍技術保存食物

冷凍技術的發展

細菌生長與繁殖需要幾個重要條件，包括營養、溫度、酸鹼度與空氣。足夠的營養可以提供細菌新陳代謝所需的能量；對不同細菌而言，多數細菌喜歡中性或弱鹼性的環境，也有細菌喜好酸性環境；有的細菌喜好氧氣，也有厭氧細菌，甚至有細菌需要無氧環境。如果改變特定細菌的生長環境，便可以抑制細菌活動。其中，溫度一直是重要的選項，對不同的細菌來說，適當溫度的條件不同，嗜冷、嗜溫或嗜熱，各有所需。

生活在溫帶地區的人們一方面從早期的生活實踐中了解，低溫環境可以延長食物的保存期限；另一方面也學會在冬天時保存結凍的冰塊，留到夏天使用。中國最晚在周代起就能利用地窖保存冰塊，以備夏日所需[1]。西方歷史發展過程中，冰窖也甚早出現。古埃及人與美索不達米亞地區的居民也都有保存冰的技術，羅馬人將之發揚光大，甚至對不同海拔高度取得的冰塊有不同的評價；羅馬的尼祿也曾建立一條運送冰塊的路線，以在冬天取得冰塊。

夏天販售冰塊一直是東西兩個世界中許多人的重要營生，羅馬詩人馬提亞爾 (Marcus Valerius Martialis, c. 38–c. 102) 也說過：用來冰鎮酒的冰塊要比酒貴。歐洲中古時期已經開始用木造的保溫空間，或深挖地窖，以貯藏冰塊，保存食物。十六世紀以後，歐洲有許多地方的居民開始在花園中建造磚製冰窖，保存冰塊，這種作法一直沿用到十九世紀。

1《詩・豳風・七月》：「二之日鑿冰沖沖，三之日納于凌陰。」

十八世紀中，有人開始嘗試人工製冰。蘇格蘭學者克倫 (William Cullen, 1710–1790) 就研究人工製冰技術，希望提供人造保鮮與保冷環境。他於一七五五年設計了一種小型的製冰機，利用乙醚 (diethyl ether) 的化學特性，製成少量的冰，但價格過於高昂，沒有商業價值。此後，英格蘭化學家也不斷嘗試製冰，都沒有突破成本困難，效果不彰。

一八〇〇年代起，歐美許多家庭中已備有利用冰塊降溫的木造原始冰箱 (ice box)，利用隔熱技術，避免冰塊快速溶解，達到保冷目的。不過這種冰箱因為經常處於潮濕狀態，會有發霉與發臭的問題，但在現代冷凍技術出現以前，仍無可取代。到了一九一一年，通用電氣公司發表一種家用冰箱，以瓦斯為動力推動壓縮機，成功縮小冰箱的體積，但並不實用，到一九二七年通用電氣才又推出一款電動冰箱。一九三〇年，富吉第 (Frigidaire) 推出一種體積小、價格便宜的冰箱，頗受市場

十九世紀的木造原始冰箱

歡迎，家用冰箱逐漸普及。

冰箱對生活型態與飲食的影響

在冷凍技術發明之前，絕大多數的食物都無法長期保存，或者保存食物需要依賴鹽、醃漬、燻製或浸泡等方式，對健康都有一定的影響。人們的飲食受限於一地物產，不同季節各有其當令食材，人們必須依據季節飲食；市場也限於當地生產消費，食物里程(food mileage)相對少。

冷凍技術發展讓各種來自遠方的食材得以出現在餐桌上，而交通運輸技術進步，運費降低，更使異地食材走進許多人的日常生活。十九世紀晚期到二十世紀初為其一個重要的起點。例如十九世紀末，紐西蘭地區的畜牧業因為草場面積擴大及羊隻選種技術發展，羊產量大增。此時又有冷凍運輸船開通紐西蘭與不列顛航線，紐西蘭的羊肉開始銷往不列顛地區，隨後也銷往其他國家；二十世紀初起，紐西蘭的經濟便因為冷凍技術的發展而出現榮景。

待到家庭用冰箱出現後，飲食內容與時機都有重大變化。加上現代保鮮技術並不需使用鹽，人類對鈉的攝取量明顯降低，自然有益健康。另一方面，冰箱保存食物，使得掌廚者不需經常購物，生活更為從容、便利。

一九五〇年代，電冰箱已經成為歐美地區相當普遍的家庭電器。原本的冷凍技術可用於冷凍食材，例如冷凍蔬菜、肉品，便於家庭或餐廳烹調。後來更發展出冷凍食品，例如包子、水餃，消費者只需經過簡單的加熱手續，便可食用。但冷凍食品的選擇有限，西方的冷凍食品主要為蔬菜、魚塊、麵包或是薯條等，須以烤箱加熱，並非「速食」。一九五〇年以後，微波爐的發明讓冷凍食品有了新發展，再度改變人類的飲食習慣。

一九五〇、一九六〇年代的冰箱

微波爐的歷史

自古以來，人類都是以燃燒產生熱來烹飪食物。陶製鍋具的出現，改變了烹飪模式。稍後，烤窯也漸漸盛行，人們在泥塑的密閉空間中，先將爐壁加熱，再置放食材，間接加熱，烘焙食物。無論何種方式，食物加熱過程都是從外而內，不僅花費時間長，而且食物往往外焦裡生，內外無法同時煮熟。而微波爐利用電磁波加熱，完全不同於傳統方式，成為人類用火熟食以後的一次重大革命。

在微波爐發明之前，許多冷凍食品無助於外食者解決餐飲問題。原本食品工業研發各種冷凍餐飲，仍需調理才可食用，例如冷凍湯包、水餃或披薩等，都需要水煮或烘烤，對城市當中缺乏烹飪設施的部分人口仍屬不便。十九世紀時，科學家已經發現微波效應，但尚無法利用；到一九六〇年代，美國與日本才首先應用微波烹調。微波可以迅速穿透絕緣物體，激發水分子以相同頻率振盪，讓分子互相摩擦生熱，同時使食物內外加熱，故可在極短時間內煮熟食物。使用微波爐加熱並不是重新烹調食物，而是加熱還原。無論冷凍食物原本是以蒸、炒、燉、煮或汆燙等何種方法烹調，經過包裝冷凍後，食物原本樣貌得以保存，微波後即可食用，也沒有營養流失問題。

微波爐的普及使用，使冷凍食品業者也改變其生產流程，製作適合微波加熱的冷凍食品。微波食品包含兩個不同的方式：人們在家內製作食品或購買現成食物，裝盒後冷藏或冷凍保存，需要時以微波爐加熱即可；也可以在超市中購買廠商研發的「微波食品」，加熱食用。這兩種方式的概念是一致的：將已經製成的熟食迅速解凍加熱，以供食用。但是自行製作、冷凍後再加熱的飲食方式與一般家庭飲食無甚區別。購買現成微波食品，冷凍保存，隨時可食，才是現代速食的環節。

近幾年，微波食品製造業不斷研發菜色、推陳出新，無論中式或西式，餐點的選擇越來越多，逐漸成為現代人飲食的重要內容。不過使用微波爐加熱時，有許多必須注意的事項，例如帶殼蛋品不應微波，或封裝緊密的食品必須注意爆裂，嬰兒食品必須謹慎，避免加熱不勻，脂肪含量高而水分含量低的食物，如堅果、乳酪等容易焦糊。同時也要注意容器的包裝和材料，尤其是塑膠材質的耐熱度。不過這些問題使用其他工具如烤箱時也會產生，與微波本身無關。

速食工業興起

當人們預知無法烹調時，都會準備已經烹調好、便於攜帶的食物，且大多數無需使用餐具，以供隨時食用。人類在農業社會中，生活有一定秩序，即便飲食的內容單調有限，仍有一定的飲食程序與規範，例如與家人同食、有固定的場所、在特定節慶有特定的飲食，用餐也有明顯的社會階級差異。古往今來，許多人口密集的城市之中，居民往往因為沒有烹飪場所，或因為缺乏烹飪能力，必須靠簡單的外食果腹。例如古羅馬城市中，麵包多由大型烘焙坊製作提供，人們只需加上肉片、肉餅或其他合適的餡料即可食用，應當是「速食」的起源；西亞地區製作的烤饢也是同樣概念，中國的包子、饅頭也都屬於「即食」。近代以來的三明治、漢堡等，與今日的速食更是有直接淵源。

城市發展與速食需求

速食包含與用餐有關的三個重要因素：時間、場所、方式。近代以後，大城市中出現許多因為時間不足，無法安心進食的消費者，他們頗希望能有即時可食的食物。進入十八世紀以後，較大規模的生產工廠出現，對勞動人力的需求擴大，因而吸引許多農村人口進入工廠，或者學校設立招徠大量學生等狀況，瞬間出現大量外食的需求，因為這些地方沒有烹飪場所或公辦食堂提供食物，如此便自然出現提供飲食的店鋪。另一方面，移入城市的農村人口中，有些人會選擇低成本的飲食業謀生，他們只須將簡單的食材處理、烹調後便可銷售，只要可口衛生、價錢合理，即可獲得穩定利潤。

大城市中，現代產銷概念也應用到飲食服務業。商家透過大量採購、減少店租，降低經營成本。如果產品種類減少，生產流程簡化，以機械取代人工，可以在定量時間單位內服務更多顧客，且能降低售價，這種思考邏輯不斷推廣後，現代速食業便日益蓬勃發展，在許多工業化、城市化地區漸漸成為生活常態。而部分飲食店發展成較大商店，並廣設分店，採工廠集中生產、分銷方式，成為現代速食集團的雛形。

大都會區對外食的需求有增無減。十九世紀以後，倫敦人口大幅增加，一八〇一年時，倫敦市中心人口約八十八萬，到一八六一年時，中心區人口已接近兩百六十五萬，自然出現飲食問題。一九五〇年以後，世界各地都出現都市化現象，短時間內移入大量人口，更因為工人階級收入有限，夫妻雙方均需工作，形成雙薪家庭，而無暇烹飪，或因為缺乏烹飪訓練，逐漸以外食或外購解決飲食問題。

當時在英格蘭地區的工業城市里茲 (Leeds)、利物浦 (Liverpool) 等地出現大量勞工階級，他們的居住環境狹窄，缺乏烹飪工具、場所、時間與烹飪技巧，全部依賴現成的外食；且他們的工資相對不高，又食指浩繁。一八六〇年代，倫敦出現了第一家販售現成炸魚與薯條 (fish and chips) 的速食商店，陸續也有許多商家或攤販在藍領階級作業或群居的地區販售炸魚與薯條。到一九一〇年時，當時倫敦市中心區人口近五百萬，速食攤也迅速增加；同年，大英人口約為四千兩百萬，而販售炸魚薯條的攤販超過二萬五千家。一九二〇年時，炸魚攤增加為三萬五千家。金氏紀錄中記載，一九五二年，單是西約克郡拉姆斯登

炸魚與薯條又被視為英國的國民小吃

速食店 (Harry Ramsden's) 就售出一萬份炸魚薯條，可見當地外食情況普遍。

炸魚與薯條是英格蘭地區的傳統食物，飽含油脂與鹹味，處理方便，風味也不差，成為最早的速食內容；此後又加入三明治、香腸、漢堡、炸雞與披薩，都具有油膩與鹹味的相同特徵，頗受歡迎，成為一般人可以廉價取得的日常飲食，也為今日西式速食的主要內容。顧客購買之後，自行找尋用餐處所，或攜帶返家食用，這種情況與一千八百年前的羅馬城頗為相似。

一九五〇年代以後，此類的速食販售逐漸普及，在英倫地區習稱為外賣 (takeaway)，許多商販使用車輛裝載，隨時移動。人群聚集之處如學校、市集，經常可以見到這種「餐車」，販售的內容大同小異，多半加上碳酸飲料。速食的內容大多具有高熱量、高糖、高鹽與高膽固醇的共通特性，雖然引人食指大動，然而長期積累，難免造成健康負擔。但十九世紀時，英格蘭人平均壽命約為四十歲，德意志地區男人平均壽命為三十五歲七個月，女性為三十八歲四個月。食物安全問題並非當時人的主要考量。

時至今日，仍有許多族群如觀光客、上班族、學生、勞工階級等，無法在固定廚房製作食物，必須購買立即可食的餐點。在日漸擴張的城居人口中，此類族群大量出現時，便擴大了對速食產業的需求。如此，現代速食不僅有了量變，也出現質變，不但食物型態變得越發多元，例如便利超商的微波食品、炸雞漢堡店的美式速食、街頭攤販、自助餐等，連進餐的場所也無限擴大，可以坐在店中進餐，也可以邊走邊吃。許多速食餐廳提供桌椅，但有些餐廳僅能有個置物平臺，人們必須站著進食，如日本的「立食」麵館，飲食者無法悠哉進食，必須「速食」。

二十一世紀飲食工業的發展新趨勢

二十一世紀以來，飲食工業有了新的發展趨勢，即是「即熱、即食」。其實即食文化在歐洲傳統飲食文化中原已存在，如肉店或超市中販售各種切片的香腸、火腿或起司，食用時僅需搭配麵包。隨著現代交通技術進步，物流發達及超商據點增加，「即時」有了新的發展，它代表著食物不再經過廚師烹飪。這種新型態飲食方式，消費者僅需購買各種加工食品，再自行簡單處理後，即可食用。

「即食」主要為烹調後冷凍的微波食物，食用之前以微波爐、烤箱或蒸籠加熱即可，如餐廳外賣的速食，諸如美式炸雞、漢堡等，也是即購即食。歐洲的冷凍微波食品也相當普遍，調味處理後包裝的豬排、鱈魚、雞塊等，僅需簡單烹飪即可食用。也有將食材搭配組合後包裝，烹飪時無須另行切割、調味，即可烹煮的「即時」。至於熱湯與醬汁，也是使用工業調配後脫水或濃縮的調味包，簡單加水、攪勻、加熱即可。還有一種即食式的餐飲形式為鍋邊烹調，例如涮涮鍋餐廳會將所有食材事先處理，顧客僅需自行汆燙，即可食用。這類餐廳甚至不需聘僱廚師，節省極大費用。

此外，中央廚房及使用調理包供餐的連鎖餐廳取代廚師的位置。歐洲許多連鎖餐廳也利用物流的便利，由中央廚房製作調理包，配送至各地餐廳，得以節省營運成本並擴大利潤。這類調理包因為劑量精準，風味穩定，頗受歡迎，但也缺乏變化。中央廚房與連鎖店出現後，許多餐廳之中已經沒有廚師的身影，僅剩下隨時可以取代的服務人力，是對歐洲飲食文化的嚴重挑戰。

雖然飲食文化正面臨這種工業食品的挑戰，但仍有許多專業餐廳，強調「主廚精緻烹調」，提供高消費族群餐飲，仍能維持其既有的烹調與服務，講究用餐環境與禮節，形成兩極化現象。

速食工業的全球化

現代速食興起的另一個重要原因是跨國的速食企業。一八九五年，德國的揆西撒納公司(Quisisana)在柏林開設全球第一家自動販售機店，提供咖啡及飲料，一時頗受歡迎。

上圖為揆西撒納公司開設的自動販售機店，下圖則為一九三〇年代紐約曼哈頓的自動販售機店。

一九〇二年，美國商人將自動販售機從柏林引進費城，也開設類似的店鋪。一九一二年，紐約進一步用自動販售機提供糕點，受到許多好奇者的歡迎。此後，自動販售機店鋪以「減輕媽媽的負擔」(Less work for Mother) 為訴求，如雨後春筍遍及美國各地，提供的商品種類越來越多，成為第一代的連鎖外賣店 (Take-out)。

一九二〇年代初期，美國又出現了販售漢堡的攤販，他們的產品逐漸標準化，容量與包裝固定，售價便宜；顧客的選擇雖然有限，但也縮短點餐與排隊時間。此後這種快速餐廳互相模仿，普遍設置，大型工廠也專門製作漢堡專用麵包及肉餅，小商家只需加工煎熟即可出售，形成產業分工。到了一九四〇年代，現代人熟悉的速食產品如薯條、漢堡、奶昔、咖啡與可樂都已經出現在漢堡店中。一九四〇年時，加州的漢堡連鎖店麥當勞 (McDonald's Corporation) 改變原有的攤販形式，正式成立公司，招募加盟商家，形成大型的連鎖店。一九五三年，佛羅里達的漢堡王 (Burger King) 仿效麥當勞的經營模式，也組成大型連鎖商店，這些大型連鎖商店定義了現代速食的主要內容：漢堡、薯條、炸雞與可樂。美國擁有世界上最大的速食工業，估計其相關產業僱用了四百七十萬勞工，美國同時也是最大的消費市場。

速食內容並不止於此。第二次世界大戰之後，許多殖民地陸續獨立，大英帝國逐漸解體，許多殖民地人民紛紛前往西歐地區尋求新生活。他們謀生方法之一便是從事服務業，經營小店或攤販，各地美食因此出現在倫敦、里茲、巴黎等大城市中，豐富了速食的內容，除了炸魚與薯條之外，歐美各國新的速食內容還包括披薩餅、土耳其捲餅（doner kebab）、印度咖哩、摩洛哥的庫斯庫斯燉菜（couscous stew）、中式炒飯及炸春捲等。

一九五〇年代以後，隨著美國文化迅速傳播，這種美式速食也輕易地在世界各地建立銷售通路，大量據點輔以行銷廣告，將速食與現代化緊密連結，有效推廣速食，外食與速食成了二十世紀以後大部分已開發國家的主要飲食方式之一。連鎖速食開設分店時，雖然標榜美式味覺、經營與管理，但也必須因應各地文化，稍作修正，例如伊斯蘭教地區不販售豬肉製品，印度地區則避免豬肉或牛肉，有些都會區還提供適合猶太教信徒食用的「潔食」。許多地方原本就存在的簡易食品也仿效美式經營，販賣三明治、包子、飯糰等各種速食，透過無處不在的便利超商提供速食者更多元的選擇。另一方面，許多零售店如便利商店或加油站，也販售三明治、甜甜圈或熱狗等速食，速食文化更透過國際連鎖商店，向各地傳播。二〇一八年時，全球速食工業的生產總值高達美金五千七百億元。二〇一九年以後，全球因受新冠肺炎（COVID-19）疫情影響，宅配與外賣更加快了速食產業的發展。

但是速食產業發達也引發許多相關的衛生問題，例如暴食症、肥胖症等與飲食過度的疾病已經引起政府相關部門注意。由於速食的內容千篇一律：炸雞、三明治、薯條、洋蔥圈、炸魚、漢堡、披薩、熱狗、冰淇淋等，無法提供均衡的飲食，儘管有些速食餐店提供薯泥、沙拉等菜色，但也無法改變這種狀態。此外，食用速食並不需要餐具，無須餐桌或任何人際交流與禮節[2]，加上現代電子服務業發達，遠端點餐及外送服務盛行，甚至可以虛擬方式完成，人們就進食一事毋須與其他人直接接觸。速食多半屬於簡單烹調，人們經常是單獨進食，既無須講究飲食應使用的餐具、搭配的飲料或適當的環境，更不需要各種飲食禮節，諸如與同桌者的應對進退、討論、交流等，這種新的「飲食文化」是十八世紀以來漸漸發展的飲食規範或人際關係的退化。

食品化學、生物科技與飲食概念

化學起源甚早，阿拉伯的煉金術（Alchemie，al 即阿拉伯文的定冠詞，Chemie 為希臘文）是歐洲化學的重要起源。近代以前，化學偏向應用實作，火藥、煉金或保存食物

2 例如洛杉磯市（Los Angeles）南區的餐飲業中，45％屬於速食業連鎖店，提供的座位有限，食客必須點餐後外帶，另覓進食的地點。

多屬經驗的累積，較缺乏學理基礎。十八世紀以後，化學知識逐漸增加，學科內容也開始確立，化學逐漸成為一種重要的自然科學，其中食品化學就是一個重要環節。十八世紀末，許多化學家開始從日常生活著手，研究食品、動植物或礦物。一七八五年，學者從蘋果中萃取出蘋果酸，可用於緩和食物中的酸味，也能為食物增添特殊香氣，因此廣泛使用在酒類、飲料、果醬等；一八一三年，《農業化學元素》(*Elements of Agricultural Chemistry*) 問世。此後，化學研究經常以食材為重點，逐漸發展出營養學或食品科學 (food science) 等研究領域。至二十世紀末，化學知識也應用到現代飲食如「分子食物」上，改變了人類許多飲食內容、方式，甚至認知。

賈比爾 (Dschābir ibn Hayyān, 721–815)，其名在西方轉寫為 Geber、Jeber 或 Yeber，是一位涉獵廣泛的阿拉伯學者，被稱為「化學之父」。煉金術便是他所提出的理論，其著作在十四世紀時陸續傳入歐洲，對歐洲化學發展有重要影響。

食品保存技術與食品科學

多數食品含有蛋白質與碳水化合物、脂肪等，這些成分也是各種微生物的最佳營養成分。自然環境中的各種微生物隨時會沾染到食材之上，進行代謝作用，這個過程可能釋放各種毒素，導致食物「腐敗」，不慎誤食時，還會引起各種疾病，小至腹瀉，大到敗血症，都是食物中毒的表現。

食物中毒的成因大致可以分成：細菌性（如沙門氏菌，金黃色葡萄球菌）、病毒性（小圓結構病毒引發非細菌性腸胃炎）、原生生物性（如蘋果汁和水中的小隱孢子蟲）、水產品毒素性（如貝類中毒，或如真菌毒素造成的麥角中毒）等類。近年來，還有所謂的化學性食物中毒，即許多化學物質經由飲食管道進入人體，尤其以食物製作過程中用來防腐、著色、增甜、增味與增稠等的添加物最為常見，添加劑一旦使用過量或變質，都會引發食物中毒。

食品保存及防腐

食品腐敗變質的因素甚多，包括環境保存條件不佳，濕度與溫度有利於細菌滋生等。

自然環境中普遍存在各種黴菌及酵母菌，一旦找到適當的生存環境，便會滋生，從飲食角度而言即食物腐敗，容易引起各種疾病。有些食物中毒的症狀並不明顯，影響可能要較長時間後才會出現，例如臺灣的溫度、濕度頗適合黃麴毒素（Aflatoxin）生成，除了花生、玉米、米外，其他食材包括穀類、魚、肉類等都可能有黃麴菌附著，滋生後產生黃麴毒素。黃麴毒素可能造成急性中毒，也可能慢慢累積，導致慢性肝病和肝硬化，甚至是肝癌。

預防食品腐敗變質的唯一途徑是抑制微生物繁殖，避免微生物汙染。主要方法包括以下幾種，這些防腐作法可能會使用在同一產品中：

1. 低溫保藏：抑制微生物繁殖。
2. 高溫殺菌：不僅可以消滅微生物，也破壞食品中酶的活性；另外搭配密封、真空等方法，以利保存。
3. 提高滲透壓：用鹽、糖、蜂蜜、醋等材料浸漬食品，可以提高食品的滲透壓，造成微生物的高滲狀態，以剝奪微生物的水分，自然殺死微生物。醃漬食物溶液，以食鹽而論，在濃度介於8％～10％之間時，大部分微生物會停止繁殖；若達到15％～20％之間，微生物便無法生存，再搭配低溫，效果更佳。糖漬法則以濃度60％～65％左右的糖液浸漬食材，抑制微生物繁殖，需另外搭配密封和乾燥環境，否則糖液會吸收空氣中的水分，導致濃度降低，微生物便能存活；蜂蜜也有類似效果。

4. 乾燥與脫水保存：微生物需要水才能存活、繁殖，故能利用烘焙、光照等方式，除去食材中的水分，也可以抑制微生物滋長。一般應用到果脯、茶葉、筍乾等食物之保存。
5. 輻射保存：利用輻射滅菌或抑制植物生長，以達保存目的，延長食物的使用期限，例如避免大蒜、馬鈴薯發芽。輻射不會提高食材的溫度，不會破壞食材的營養，屬於「冷滅菌」。
6. 化學防腐：使用各種化學藥劑，抑制微生物滋生。

食品添加劑

現代社會中，許多食物的生產方式已經不同於以往，多為工廠大規模生產。這種工業生產規模的好處是企業營銷量大，可以設置專門的研發部門，不斷提升製作工藝或強化開發新技術與產品。不過，工廠生產的食品往往需要經過長途運輸，展銷販售的時間也較長，消費者購買後也不見得立即食用。因此，製造者往往在生產過程中添加許多防腐劑、色素等，一方面延長保存期限，也能美化產品，刺激消費者的購買慾。

例如色素自古以來便已經常使用，人們在烹飪時為了使食物美觀，往往使用諸如番紅花、薑黃、甜菜、紅椒粉等在食物中添加顏色。十九世紀化工技術發達後，許多人工合成的食用色素出現，成為重要的食品添加劑。食物染色，可使食品美觀，但添加劑的成分為何？是否會傷害人體健康？有些食用色素的原料可能為動物，製造商是否為素食消費者提供適當標示？這些都是現代食品工業必須面對的課題，因此各國相關政府部門對添加劑的使用也都制定標準、統一管理。

新的飲食概念

二十世紀以後，醫學與食品科學逐漸發展，開始提出有關飲食的新觀念。

自古以來，許多社會都以糖為貴，視之為「美食」。十六世紀以後，歐洲海外冒險者不斷尋求甘蔗來源，擴大甘蔗種植面積，蔗糖產量大增，售價也逐漸降低，蔗糖不再是貴族階級獨享的「奢侈品」。十九世紀時，日本殖民主義理論家認為：糖的消耗量代表一個

胭脂蟲是天然紅色色素，二〇一二年美國星巴克的產品便因使用胭脂蟲作為色素而未標示，引發素食團體抗議。

國家富裕的程度，因此積極發展甜食產業，並從臺灣等殖民地大量輸入蔗糖，以追上歐美先進的腳步。

許多地區的蔗糖消費量在十九世紀以後與日俱增，人們開始注意到許多與糖有關的疾病。現代醫學研究指出，糖除了造成蛀牙、肥胖，引發糖尿病、高血脂及脂肪肝外，還會導致「糖類成癮」，不斷威脅人類健康。當長期血糖偏高時，不僅自律神經系統受到影響，也容易導致便秘等健康問題。為了解決糖類攝取過多的問題，科學家一方面提倡「戒糖」；另一方面，也不斷開發各種糖的代用品，因此有甘味劑、代糖等化學產品，以滿足人類對甜味的需求，但這些化學甜味劑對人體的損益不明，尚待研究。除了糖以外，人們對於其他許多食物也都有類似的新思維，少鹽、少油都是新的健康指標。

另外一項重要的生物體必要成分蛋白質，如蛋和肉，除了較早出現的「大豆蛋白肉」（素肉）外，在二十世紀末期，科學家希望能夠以人工合成方式提供更多可靠的蛋白質來源。二十一世紀起，許多人投入「人造肉」的研究，亦即「幹細胞肉」。幹細胞肉則是將糖、氨基酸、油脂和營養物質作為「幹細胞」的營養來源，使肌肉在動物體外生長，成為肉品。目前這種技術仍處於研發階段，造價非常昂貴，但是許多科學家相信，人造肉可以解決地球人口不斷增加引發的食物短缺問題，人造肉也可以避免汙染，解決各種傳染疾病擴散。但是許多人對此有道德疑慮，人造肉是否違反宗教教義？如果有人用人類幹細胞造肉，供作食用，也可能引發各種倫理方面的討論。

另外值得注意的是，許多科學研究實際上受到商業營運的影響。例如一九五〇年代開始，美國的糖業協會就以各種方式影響營養學者，希望他們在醫學相關雜誌上主張「糖無害」的觀點，許多民眾也因此失去戒心。蛋白質也是一個例子：蛋白質，尤其是雞蛋是否應有「日攝取量」的限制，至今各種說法反覆，尚無定論。

大豆蛋白肉外型和口感與真實的肉品相差無幾

新的飲食創造：分子廚藝

光從「分子食物」這個名詞來看，並沒有任何特定意涵，因為所有有機食物都是由分子組成，是否都可稱之為「分子食物」？其實現代人所稱的「分子食物」絕大部分為現代工藝產物，所以有些地方稱之為「現代主義廚藝」、「廚藝物理學」或是「實驗廚藝」。分子廚藝（Molecular gastronomy）是利用生物化學、物理及化學方法，烹調及處理食物，改變食物的結構與外觀。一九九〇年，法國化學家偶斯（Hervé This）開始使用這個概念；一九九二年，許多學者在西西里召開「分子與物理廚藝」研討會，希望將新的技術應用到既有食譜當中。但偶斯並非最早試驗分子烹飪者，中國在數百年前已運用分子廚藝，洋菜即是一例。洋菜由藻類提煉，呈白色半透明狀，中國對洋菜的認識與海南島（古稱瓊州）居民煮麒麟菜凝凍成膠有關，故稱「瓊膠」，或稱「瓊脂」。瓊膠加水及其他食材一併熬煮，凝結為塊狀後食用，例如茶凍、羊羹等；在華北地區另有「肉凍」，將豬皮等結締組織與其他食材共同熬煮後釋出膠質，調味後冷卻凝固，即成各種「凍」，如肉凍、蔬菜凍等，都與現代分子廚藝的概念類似。

歐洲也有許多利用動物膠質製作的食物，與中國肉凍作法與原理相同。例如德國的豬頭肉凍（Schweinskopfsülze），牛與羊的頭骨也多是如此處理；英格蘭與蘇格蘭地區的「頭起司」（head cheese）或者「燉頭骨」（potted heid）亦同。由於頭骨的膠質與結締組織經燉煮之後看不出原來的形狀，而且熬煮時加上各種調味料，也已影響或遮蓋食材的原味，成品便具備分子食物的基本要素。十九世紀以後，工業發達，可以將動物膠質製成透明片狀出售，稱為「明膠」或「吉利丁」（gelatin）或植物性的吉利T（jelly T），除了用於化妝品及製作藥品膠囊之外，也常用於食品工業，如果凍、蛋糕或棉花糖等都含有明膠成分。此外，蛋白質也可以用來改變食材的味覺與樣態，法式的蛋白霜（meringue）即是將蛋白打成泡沫狀，混入細白糖烘焙而成，不使用麵粉，卻有麥餅的酥脆口感，馬卡龍（macaron）可為代表。

技術的進步可以簡化原本繁複的工序或降低製作成本，讓分子食物能更為普及。例如棉花糖的生產技術早在十五世紀就已經出現於義大利，但因為製作不易，僅是王公貴族的遊戲。一九〇四年，美國首先出現製作棉花糖的機器。人們將糖溶解為糖漿後，置於高速旋轉的機械中，高速甩出糖漿，糖漿遇到空氣瞬間冷卻成為糖絲，再用竹籤捲成團狀食用，也可添加色素，製成各種顏色的「棉花團」，與原本白色結晶狀態完全不同，由於節

分子廚藝的先聲——頭起司

材料：

豬頭	--------	1 顆
水	--------	適量
鹽	--------	適量
胡椒	--------	適量

作法：

1. 將豬頭去除毛髮、眼珠和大腦後，放進湯鍋中，加水直到水完全淹過豬頭
2. 蓋上鍋蓋，小火燜煮 24 小時
3. 保留鍋中高湯，並將豬頭移到淺盤上冷卻
4. 將肉從豬頭上剝除、集合於大碗中
5. 撒上鹽和胡椒調味
6. 撈去鍋中高湯的雜質和碎骨，再小火燜煮，使高湯呈濃稠狀
7. 將剝下的碎肉放入深碗後，倒入熬煮過的高湯，直到完全淹過肉塊
8. 放入冰箱，直到高湯完全凝固即完成

註：頭起司乃中世紀農人宰殺豬隻後，為有效利用各部位而發展出來的菜餚，深具「惜食」概念。若無法取得豬頭，亦可使用帶骨豬腳和豬蹄筋等部位製作此料理。

省製作時間與成本，棉花糖從此走入民間。

一九五〇年代起，科學技術進步，人類可以更容易控制溫度，也讓分子廚藝有了更大的發展空間。膠質與溫度控制能輕易改變食材形狀，化學技術能夠製造各種「香味」，在這些方法交叉運用下，混淆了人們對食材的既定認知，例如人們能以食用膠製成神似魚子醬且帶有香瓜風味的小顆粒，或利用氮氣製造食物冒煙的效果。簡言之，分子食物就是利用物理與化學的方法，重組一些食材的味道與口感，改變食用者視覺、味覺及記憶的實驗，多半成為追求時尚者的遊戲。雖然在一九九〇年以後，這種方法在許多餐館中逐漸出現，但因處理技術複雜，所需設備極多，並非一般餐館願意效法；同時這種飲食型式因為偏離人們的視覺認知，未必能廣為一般人所接受；所以大部分的分子食物至今仍只存在於小眾市場。

一九四〇年代品嘗棉花糖的女孩

新的飲食文化：慢食運動 (Slow Food)

十九世紀以來，許多國家不斷推動工業化，許多商業公司也積極走入國際市場，改變了許多人的生活作息，包括飲食習慣與內容，造成各種生理與心理的不適應。從醫學角度看，過度的糖、鹽與脂肪的攝取、過分精細的食物、用餐時間縮短等因素都會影響健康；人群與家庭關係也因速食的興起而逐漸改變，包括人類自我孤立與關係疏離等。當然，速食的出現也對傳統飲食文化造成極大衝擊，許多需要長時間製作的食物無法適應快速的現代生活步調，逐漸消失。一九八〇年代，許多人已經對此種發展趨勢極為擔心，呼籲社會關心飲食的相關課題，開始提倡「慢食」運動。

一九八六年，麥當勞飲食集團計畫在羅馬市中心的西班牙廣場 (Piazza di Spagna) 附近開設分店，引起部分羅馬市民抗議；此後，抗議速食的呼籲得到許多回響。義大利人佩特里尼 (Carlo Petrini) 首先在義大利的皮德蒙 (Piedmont) 提出「改變速食」的訴求，希望保持義大利的傳統烹飪與飲食文化，鼓勵小農生產具有特色的食材，如有機蔬菜、無生長激素的野放牲口等，以對抗大型農場使用各種化學與生物技術生產的食材，不僅可以維持當地的自然環境，也可以創造新的文化產業。一九八九年，國際慢食協會因此創立，其口號為「優良、潔淨和公平的食物」(good, clean and fair food)，協會總部設於義大利都林 (Turin) 附近的布拉 (Bra)。

「慢食運動」的概念幾乎立刻得到全世界的響應，幾年間便出現了一千三百個類似組織，分布在一百五十個國家，他們的共同目標是建構「地方廚藝」、「地方農民」與「地方味覺」，各地協會也組織各種活動，例如品酒會、特產展售會，及出版各種刊物，以推動慢食文化。二〇〇五年，臺灣申請加入國際慢食協會，成立臺灣分會，協會秉持總會宗旨「提倡及推廣生態飲食文化，保護生物多元性及促進生產者與再生產者和教育消費者的良性互動」。

響應慢食運動餐廳牆外的蝸牛裝飾。行動緩慢的蝸牛為慢食運動的象徵物之一。

結論：為何要認識歐洲飲食文化

歐洲地區自古以來便是個文化交流極其頻繁的地帶，今日的歐洲文化實際上揉和了希羅文明、日耳曼文明、基督教文明，甚至部分的伊斯蘭文明，這些文化元素各自對今日歐洲的飲食文化發揮著影響力，塑造歐洲飲食文化的傳統。本書提到人們根據希臘的「體液說」定性各種食物的特性，「醫食同源」是中、西方文明皆有的重要概念；或者在人們的飲食中哪些是配合著特定的節日及特定典故，例如人們在聖馬丁節必須食用鵝肉，猶太人的食物必須通過「潔食」的規範；基督教為了與猶太文化劃清關係，而在聖體聖事中使用酒與麵包，乃至早期的許多醬汁乃自阿拉伯世界學習而來，故中世紀歐洲亦將醬汁稱為「薩拉森」(Saracen)。

在今日的國際社會中，西方人開始嘗試亞洲菜餚，東方民族亦習於西式飲食。許多人更因為受商業宣傳的潛移默化，慶祝與其傳統文化毫不相關的節日，而與這些節日緊密聯繫的特定飲食，諸如情人節巧克力、耶誕節大餐等，更鋪墊出其儀式感。至於這些飲食文化與傳統的具體內容為何？鮮少有人認真思索。有多少人慶祝耶誕，但又有多少人認識波蘭人的耶誕餐點？又有多少人體會波蘭耶誕大餐桌上的鯉魚有種深沉的悲哀？底棲魚類本就土腥味甚重，當地貴族自然不會委屈自己，然而束縛於土地之上的佃農，只有鯉魚可以消受。中世紀時，食物短缺是為常態，齋戒便是強制節制食欲，以留下餘糧的唯一手段，因此宗教節慶往往簡化為單一而有限的味覺。對許多人而言，齋戒未必表現虔敬，只彰顯自古以來人類食物來源不足的困境。他們更無法了解二十世紀以後，許多地區平民豐衣足食的任性。歷史上，大部分人在大部分時間裡都處於飢餓狀態，中世紀的下層階級對於「極樂世界」(Cockaigne) 的想像：不是能夠吃上一桌好菜，而是能在手中有「滿滿的一盤」，「吃飽」成為一個人生活水準的重要評判。

十三世紀以來，歐洲貴族社會為自我教育而發展出一套「飲食文化」，這套教養在十四到十六世紀歐洲開始向下層階級滲透，逐漸能化民成俗。最終，物質條件與教養結合，發展成今日西歐飲食文化。這個主題自然是本書的重點之一。

歐洲歷史與世界飲食

餵飽人民是所有政權必須費心的重要大事，歐洲許多國家推動的向外擴張政策也往往出於此種意圖，並逐漸演變成不斷對外擴張的帝國主義。十五世紀末，伊比利半島王室摻和到香料貿易中，先後在美洲、亞洲、非洲各地建立屯墾殖民地，只要氣候條件適合，一律優先栽種荳蔻、胡椒、蔗糖或咖啡。香料貿易逐漸擴大為「哥倫布大交換」。試想：居住於北極圈內的涅涅次人(Nenets)不時吃著源自安地斯山區的馬鈴薯，喝著放入大量砂糖的紅茶。這種景象始於何時？

十六世紀以後，因為交通條件改善，長距離、大規模的物資交換成為常態之後，飲食文化也有極大改變：原本稀有的食材逐漸普及，供應也擴大，使得飲食質與量均有變化。英格蘭王亨利八世視為珍饈的蔗糖，出現於極圈遊牧民族的餐桌，咖啡也從北非游牧部落的帳篷進入世界每一個角落。過去三百年來，人類飲食起了翻天覆地的變化。

不僅如此，二十世紀以來，麥當勞、肯德基(KFC)、雀巢(Nestle)幾個跨國公司生產的食品，決定了數十億人的飲食。瑞士雀巢公司在全球設置五百多家工廠，生產嬰兒食品、咖啡、巧克力乃至貓狗乾糧，還投資其他食品產業。麥當勞是世界上最大的速食食物連鎖店集團，亦是面對最多批評的國際速食集團之一。麥當勞企業版圖遍及世界一百多國、共計三千七百餘家分店，企業利用各種促銷方式，吸引各年齡層顧客，在許多地區甚至是「文明與進步」的象徵，更有經濟學者以其產品售價作為評估各國貨幣購買力指標。這類跨國公司的擴張，相當程度的說明經濟與文化帝國主義的運作方式。

飲食的文化「轉向」

當人類社會逐漸分化之後，飲食的改變先行。《世說新語．汰侈篇》蒐集了十二個有關豪奢的軼事，其中有七個與飲食有關，說明到了魏晉時期，炫耀性飲食仍是上層社會樂此不疲之事。西方世界亦然，羅馬極盛時期，羅馬城內歌舞昇平，貴族日常留連在浴堂中，不斷飲食。至於一般百姓，僅以菜湯、麵包果腹，相去何止天壤。

飲食既是身分表徵，也常用於辨明各官員的職守，《尚書．說命》記載殷商的武丁任命傅說為相，就以飲食為譬：「若作酒醴，爾惟麴蘗；若作和羹，爾惟鹽梅」（我要釀酒，你就是酒麴；我要燉湯，你就是調味品），用烹飪說明宰相的功能，就如老子說的「治大國若烹小鮮」。在中世紀歐洲的許多重要官銜也與飲食有關，尚飲是神聖羅馬帝國的宮廷要職，與司馬同樣，一位管酒、一位管馬，日後都成了地位顯赫的選侯。大小諸侯也紛紛仿效，身邊都有酒監、馬監，可見王公貴族如何重視飲食。

農業社會中，食物供應必須依循時令而有所變化。宗教祭祀活動中也體現季節、生產活動，許多文化中的飲食內容亦與宗教活動關係密切。近代以前的歐洲飲食文化，大致圍繞著社會階級、宗教活動等主題開展。因此，餐桌就是人類最早的課堂，是古代人類學習各種知識、理解社會關係乃至實踐生活禮儀的重要場所。當然，社會階級的不同，導致學習的內容有所差異。貴族社會進餐時的禮儀規範繁複，討論內容多元廣闊，更講究食物變化與烹調技術。所以飲食活動往往可以是社會關係的總體呈現。

直到大眾社會逐漸浮現，透過餐廳和食譜的普及，人們的飲食愈來愈同質化，飲食取得不需群策群力，其「文化」成分也漸漸失落。大城市出現、社會結構受到工業文化的影響、核心家庭制度取代大家庭等，都使烹飪與飲食行為不同於往昔。速食改變了人們的用餐習慣與環境，「急迫、匆忙」是今人進食的心情，此一心緒又使人們更傾向獨自用餐，進而造成人際關係的疏離，飲食遂逐漸失去社會功能。近年來，義大利人開始提倡的「慢食運動」迅速傳播各地，一呼百諾，就是對這種趨勢的反省。

新時代的飲食「文化」？

從「吃飽」的視角看，二十一世紀是一個最好的時代，也是個最壞的時代。農業技術進步，交通發達，各地的農作物、畜牧產物可以迅速交換。人類最重要的主食包括玉米、小麥、稻米與馬鈴薯。許多國家生產的穀類作物外銷各地，滿足糧食需求，例如美國中西部的玉米帶 (Corn Belt) 自一八五〇年代以來生產大量的玉米，除了成為人類的食物之外，也用以榨油、作為飼料；東歐地區是世界重要農業生產及出口地區，出產油品、玉米、大麥及黑麥等，向有「歐洲糧倉」之稱；美國、加拿大與巴西三國生產的肉品占全球肉品貿易總量的65％。食物產銷系統穩定發展，供應充足，這是空前的榮景。

此外，飲食文化交流也十分迅速，反應在巴黎與柏林居民使用筷子挾取壽司與生魚片、非洲奈羅比(Nairobi)市中心的西式速食、阿拉伯半島杜哈城(Doha)的中式熱炒；甚至北極圈遊牧民族涅涅次人經常飲用的紅茶和食用的馬鈴薯。更別說許多原本珍奇的香料與食材，如松露菌菇、伊比利亞火腿(Jamón ibérico)也出現於各地的高級餐館中。處處都顯現出一種繁榮、發達、豐衣足食的景象。但另一方面，這也是飲食文化史上一個禮崩樂壞的時代。人類辛苦建立的飲食禮節逐漸瓦解，許多人既不注意如何正確使用餐具，也對進餐時應有的應對進退毫無所知。到處可見年輕族群在親友、同儕共食之際，仍是手機在握，寵辱不驚，世界與我何有哉。家庭與社會功能逐漸式微，甚至語言、人際關係都受影響。

過去，人們飢寒交迫，人生中耗費大量時間進行生產活動，為了求生耗盡一生心力。然而，在產食專業化的今日，大部分人能夠飽食終日，人生不為求生束縛，卻反致無事可做，暴露人生空虛的問題。而其克服的方式，便是藉由食物入口之際，立刻自生理反應中得到的幸福與滿足感的回饋，許多人因而到處尋找美食，「不為無益之事，何遣有涯之生」。不僅媒體投其所好，提供各種「私房」、「攻略」，描述各地特殊美食，彷彿不食此物，人生虛度。好事者也隨之起舞，面對各種不知所謂的食物擺弄姿勢，以便打卡、拍照。但是問起滋味如何？卻是詞窮。味覺本應各有所好、因人而異，大眾文化盛行之後，卻連味覺都有「趨同」現象，古代中國的廚子早便憂心「羊羹雖美，眾口難調」，西方俗諺本也有「張三的美食，李四的毒藥」(One man's meat is another man's poison.)的說法，但現代社會中，外力塑造的「客觀美食」吸引人大排長龍，至論這些食物究竟好在哪裡？大部分人卻根本無法說明。

當然，這不僅只是窮極無聊之人的問題，也包括速食與連鎖店的出現，將烹飪變為一種可以量化的機械生產活動。生產線上，精準的定量雖然保障品質，卻也限制人類的味覺。就連廚師的訓練也逐漸標準化，對飲食、味覺的反應也要求同一「標準」，近年來對「米其林」的正反意見，就凸顯這種「標準化」與「個性化」的衝突。

飲食史將美食的定義留給讀者深思，主要著重討論食材的發展與交換、工藝技術發展與烹飪的關係、飲食與社會結構及文化發展的關聯，乃至於味覺的變化。老子明訓「天下皆知美之為美，斯惡已」，可以有多層的解讀。應用在飲食上——當英格蘭人一邊吃著早餐黑血腸，另一邊卻批評台灣的豬血糕是「古怪食物」，寧有公道？而國人一邊吃著臭豆腐，一邊讚美其香味，又豈非「香臭不辨」？巧克力糖的歷史僅百餘年，英格蘭商人卻可以將之與羅馬時期的基督教士連結，將之營造為在「情人節」贈送巧克力糖的消費手段，甚至風行許多國家，這種文化入侵現象，在伊斯蘭地區引發各種反制活動。

人類飲食經歷了「為活而吃」、「吃有吃相」，至今日的「為吃而活」，若將吃作為人生追求，為何又表現得如此缺乏個性？「吃了什麼」只是一種自我渲染的手段，卻失去了飲食文化中最重要的「品味鑒賞」之能力（我怎麼吃），大眾文化追求「主流」，卻導致文化素質的實質衰落。不僅如此，進食也難以填滿的心靈空虛，轉化為生理病態，以所謂的「文明病」呈現出來，包含肥胖、暴食、厭食、飲食障礙、減肥等，不斷折磨著現代人。儘管現代的物質文明空前進步，人們掌握了大量古人難以想像的做事條件，但在精神上卻百無聊賴、心靈無處安放，無怪美食指南能夠大行其道。若人們從飲食文化的脈絡中良加考慮，便能診斷出當前人類文化發展似乎出現了某種扭曲，而這也確實是文明歷史發展上值得令人深思的現象。

進階閱讀參考書目

悉尼．W．明茲 (Sidney W. Mintz) 著，林為正譯，《吃：漫遊飲食行為，文化與歷史的金三角地帶》。臺北市：藍鯨，2001。

海德倫．梅克勒 (Heidrund Merkle) 著，薛文瑜譯，《饗宴的歷史：一段由味覺與美學交織而成的感官之旅》。臺北縣新店市：左岸文化，2004。

史都華．李．艾倫 (Stewart Lee Allen) 著，朱衣譯，《惡魔花園：禁忌的美味》。臺北市：時報文化，2005。

菲立普．費南德茲─阿梅斯托 (Felipe Fernandez-Armesto) 著，韓良憶譯，《食物的歷史：透視人類的飲食與文明》。臺北縣新店市：左岸文化，2005。

瑪格洛娜．圖珊─薩瑪 (Maguelonne Toussaint-Samat) 著，管筱明譯，《布爾喬亞飲食史》。廣州市：花城，2007。

君特．希爾希費德爾 (Gunther Hirschfelder) 著，張志成譯，《歐洲飲食文化：吃吃喝喝五千年》。臺北縣新店市：左岸文化，2009。

諾貝特・埃利亞斯 (Norbert Elias) 著，王佩莉、袁志英譯，《文明的進程：文明的社會起源和心理起源的研究》。上海：譯文出版社，2009。

馬文・哈里斯 (Marvin Harris) 著，葉舒憲、戶曉輝譯，《什麼都能吃：令人驚異的飲食文化》。臺北市：書林，2010。

娜塔莉・波恩胥帝希—阿夢德 (Nathalie Pernstich-Amend)、孔拉德・波恩胥帝希 (Konras Pernstich) 著，莊仲黎譯，《香料之王：胡椒的世界史與美味料理：關於人類的權力、貪婪和樂趣》。新北市：遠足文化，2013。

蔡倩玟，《食藝：法國飲食文化的風貌與流變》。新北市：衛城出版，2015。

艾莉莎・萊文 (Alysa Levene) 著，鄭煥昇、謝雅文、廖亭雲譯，《蛋糕裡的文化史：從家族情感、跨國貿易到社群認同，品嘗最可口的社會文化》。臺北市：行人出版，2017。

查爾斯・史賓斯 (Charles Spence) 著，陸維濃譯，《美味的科學：從擺盤、食器到用餐情境的飲食新科學》。臺北市：商周文化，2018。

Bynum, Caroline Walker. *Holy Feast and Holy Fast: The Religious Significance of Food to Medieval Women*. Berkeley, CA: University of California Press, 1988.

Laurioux, Bruno. *Tafelfreuden im Mittelalter: Kulturgeschichte des Essens und Trinkens in Bildern und Dokumenten*. Stuttgart: Belser, 1992.

Redon, Odile, Francoise Sabban, and Silvano Serventi. *The Medieval Kitchen: Recipes from France and Italy*. Translated by Edward Schneider; original drawings by Patricia Glee Smith. Chicago, IL: University of Chicago Press, 1998.

Bober, Phyllis Pray. *Art, Culture, and Cuisine: Ancient and Medieval Gastronomy*. Chicago, IL: University of Chicago Press, 1999.

Petrini, Carlo. *Slow Food: The Case for Taste*. Translated by William McCuaig. Foreword by Alice Waters. New York, NY: Columbia University Press, 2001.

Bryant, Carol A. *The Cultural Feast: An Introduction to Food and Society*. Belmont, CA: Thomson, c2003.

Adamson, Melitta Weiss. *Food in Medieval Times*. Westport, CT: Greenwood Press, 2004.

Lien, Marianne E., and Brigitte Nerlich. *The Politics of Food*. Oxford, U.K.; New York: Berg, 2004.

Tomasik, Timothy J., and Juliann M. Vitullo. *At the Table: Metaphorical and Material Cultures of Food in Medieval and Early Modern Europe*. Turnhout: Brepols Publishers, 2007.

Civitello, Linda. *Cuisine and Culture: A History of Food and People*. Hoboken, NJ: John Wiley, 2008.

Freidenreich, David M. *Foreigners and Their Food: Constructing Otherness in Jewish, Christian, and Islamic Law*. Berkeley, CA: University of California Press, 2011.

Klemetilla, Hannele. *The Medieval Kitchen: A Social History with Recipes*. London: Reaktion Books Ltd, 2012.

Anderson, E. N. *Everyone Eats: Understanding Food and Culture*. New York, NY: New York University Press, 2014.

Jackson, Peter. *Anxious Appetites: Food and Consumer Culture*. London: Bloomsbury Academic, 2015.

Montanari, Massimo. *Medieval Tastes Food, Cooking, and the Table*. New York, NY: Columbia University Press, 2015.

Woolgar, C. M. *Food and Popular Mentalities*. New Haven, CT: Yale University Press, 2016.

Hostetter, Aaron Kenneth. *Political Appetites: Food in Medieval English Romance*. Columbus,

OH: Ohio State University Press, 2017.

Vroom Joanita, Yona Waksman, and Roos Van Oosten, eds. *Medieval Masterchef: Archaeological and Historical Perspectives on Eastern Cuisine and Western Foodways*. Turnhout: Brepols, 2017.

Ott, Christine. *Identität geht durch den Magen: Mythen der Esskultur*. Frankfurt am Main: S. Fischer, 2017.

Kraig, Bruce. *Food Cultures of the United States: Recipes, Customs, and Issues*. Santa Barbara, CA: Greenwood, 2020.

Anna Dünnebier, and Gert von Paczensky. *Leere Töpfe, volle Töpfe: die Kulturgeschichte des Essens und Trinkens*. Berlin: Die Andere Bibliothek, 2021.

圖片出處：Shutterstock: 13, 15, 27, 29, 73 below, 90, 107, 160, 170, 172, 180, 206, 218, 228, 235, 257, 260, 261, 266 above, 281, 283 left, 284, 300, 310, 312, 320, 327, 330, 332, 334, 342, 347, 359, 361, 364; Flickr: 17, 230; Wikimedia Commons, Bullenwächter (CC BY-SA 3.0): 25; Wikimedia Commons, Nicolas Perrault III (CC0): 32; Wikimedia Commons: 38, 46, 67 below, 69, 82, 86, 87, 89, 95, 106, 124,

129, 131, 147, 151, 156, 158, 162, 171, 185, 204-205, 210, 236, 242, 291, 293, 294, 305, 314, 325, 351 above, 365, 367; Courtesy of the Metropolitan Museum of Art, New York: 41, 42, 44, 55, 58, 59, 60, 63, 68, 93, 141, 193 above, 195, 216 upper left, 216 upper right, 219, 220, 319; Wikipeida, Schwarzsauer.JPG (CC BY-SA 3.0): 54; Wikimedia Commons, Mattes: 67 above; Flickr, Carole Raddato (CC BY-SA 2.0): 71; Flickr, Carlo Raso: 73 above; Wikimedia Commons, Carole Raddato (CC BY-SA 2.0): 74; Wikimedia Commons, Mike Peel (CC BY-SA 4.0): 77; Courtesy of National Gallery of Art, Washington, DC: 105, 302; Wikimedia Commons, Caroline Léna Becker (CC BY 3.0): 109; Courtesy of Rijksmuseum, Amsterdam: 112, 136, 176-177, 183, 199, 208, 216 lower left, 216 lower right, 221, 232, 239, 266 below, 272, 274-275, 310 below; Wikimedia Commons, Calstanhope (CC BY-SA 4.0): 137; Courtesy of Historiches Museum Basel, Basel: 168; Internet Archive: 189; Wikimedia Commons, Marie-Lan Nguyen: 193 below; Courtesy of Library of Congress, Washington, DC: 197, 307; Courtesy of Getty Museum, Los Angeles: 213; Flickr, Francesco Dazzi (CC BY-SA 2.0): 238; Courtesy of Minneapolis Institute of Art, Minneapolis: 279; Wikimedia Commons, DO'Neil (CC BY-SA 3.0): 283 right; Courtesy of Wellcome Collection, London: 286, 355; Courtesy of New York Public Library, New York: 317, 329, 351 below; Wikimedia Commons, Kjetil Lenes: 340.

◎飲膳佳會：餐桌上的文化史

周惠民／著

全書六十七篇散文，所論縱貫古今、橫跨中西，或是介紹飲食的相關知識，或是細究食材的身世之謎，從法王路易十四的桌上佳餚到臺灣夜市的平民小吃，作者筆下的用餐禮儀、市井吃食，有的看似離我們遙不可及，有的看似平凡無奇，無論如何，它們背後都有意義深刻的歷史起源與文化由來，值得讀者細細品味。

◎明朝酒文化（二版）

王春瑜／著

在中國歷史的長河之中，酒從一種飲品變成一種文化，上至政治、外交、律法，下至文學、禮俗、醫學等，都有酒的身影。王春瑜以小見大，用酒的角度作為出發點，探究明朝政治社會文化的發展，以酒為墨，渲染出一幅幅鮮活生動的明朝社會生活。

◎肚大能容——中國飲食文化散記（修訂三版）

逯耀東／著

吃，在中國人的生活中扮演著重要的角色。但要能吃出學問，可就不是件簡單的事了！逯耀東教授可說是中國飲食文化的開拓者，將開門七件事——油、鹽、柴、米、醬、醋、茶等瑣事提升到文化的層次。透過歷史的考察、文學的筆觸，與社會文化變遷相銜接，烹調出一篇篇飄香的美文。

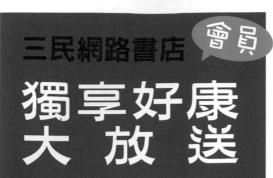

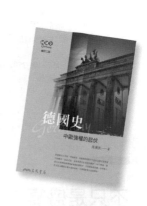

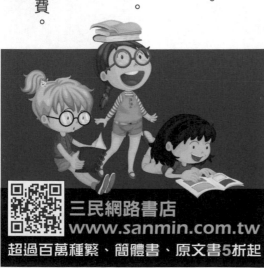

國家圖書館出版品預行編目資料

不只是盛宴：餐盤裡的歐洲文化史／周惠民著.——
初版一刷.——臺北市：三民，2022
面； 公分.——(歷史天空)

ISBN 978-957-14-7501-1（平裝）
1. 文化史 2. 歐洲

740.3 111011846

歷史天空

不只是盛宴：餐盤裡的歐洲文化史

作　　者｜周惠民
責任編輯｜陳羿彣
美術編輯｜張長蓉

發 行 人｜劉振強
出 版 者｜三民書局股份有限公司
地　　址｜臺北市復興北路 386 號 (復北門市)
臺北市重慶南路一段 61 號 (重南門市)
電　　話｜(02)25006600
網　　址｜三民網路書店 https://www.sanmin.com.tw

出版日期｜初版一刷 2022 年 10 月
書籍編號｜S740730
I S B N｜978-957-14-7501-1

三民書局